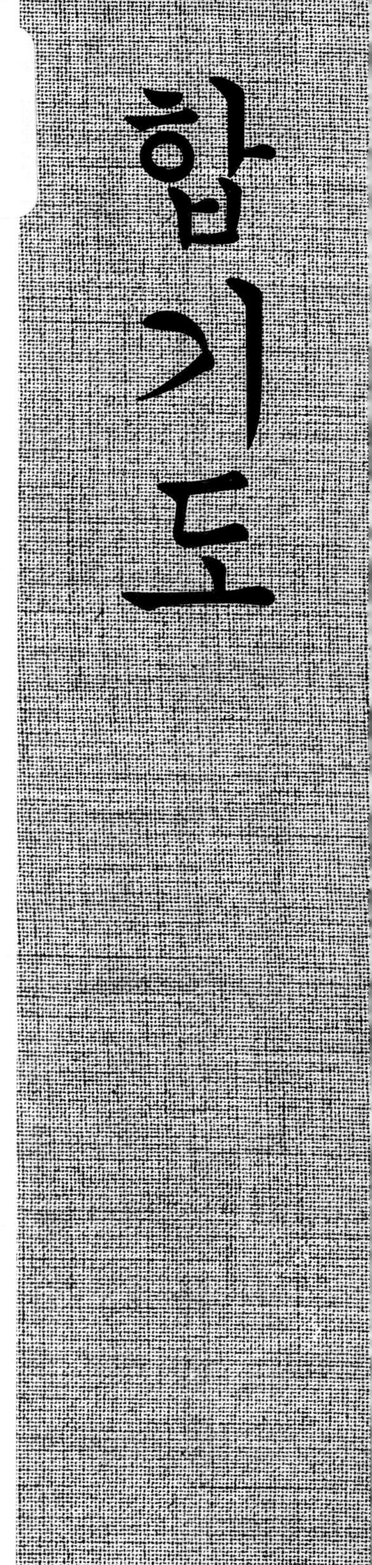
합기도

HAP KI DO

Die vielseitige koreanische Selbstverteidigung

von

Hui S Choe

Aus dem Englischen übersetzt von
Marcus Rosenstein
mit 552 Abbildungen

1. Auflage
2010

VERLAG WEINMANN — BERLIN

Autor und Verlag haften in keiner Weise für Verletzungen, die bei der Ausübung der hier beschriebenen Instruktionen und Ausführungen auftreten können. Eine Haftung für Personen-, Sach- und Vermögensschäden ist ausgeschlossen.

Bibliografische Information Der Deutschen Nationalbibliothek
Die Deutsche Nationalbibliothek verzeichnet diese Publikation in der Deutschen Nationalbibliografie; detaillierte bibliografische Daten sind im Internet über http://dnb.ddb.de abrufbar.

Herstellung: Druckerei Eppler & Buntdruck

Inhalt

Der Autor

Meister Choe (gesprochen Schai) Hui Son wurde in Seoul, Südkorea, geboren und wuchs dort auf. Im Alter von sechs Jahren widmete er sich der Kampfkunst und erlernte sowohl Taekwondo als auch Hapkido. Mit neun Jahren erhielt er den schwarzen Gürtel (1. Dan) in Taekwondo aus der Hand des obersten Großmeisters Ko. Derzeit ist Meister Choe Träger des 6. Dan im Taekwondo. Den schwarzen Gürtel (1. Dan) im Hapkido erhielt er im Alter von 13 Jahren von Großmeister Yoon, Byoung Ok. Inzwischen ist Master Choe Träger des 7. Dan im Hapkido.

Während seiner Sekundarschulzeit erweiterte Master Choe sein Kampfsportwissen durch das Erlernen des Shaolin Kung Fu. Außerdem erweiterte er seine Fähigkeiten und Kenntnisse in Hapkido und Taekwondo. Von Großmeister Omoto erlernte er die Philosophie des Kendo.

1980 wurde Master Choe Ausbildungsleiter der U.S. Army in Camp Stanley, Südkorea. Später diente er seinem Land als Soldat in der südkoreanischen Marine. Nach seinem Militärdienst eröffnete er seine eigene Hapkido-Schule in Seoul. 1987 diente er seinem Land als persönlicher Leibwächter des südkoreanischen Premierministers Kim, Jong Pil. 1988 wurde er Mitglied des Trainerstabs der olympischen Gewichtheberauswahl Südkoreas.

1989 siedelte Master Choe in die Vereingten Staaten von Amerika über und eröffnete „Choe´s Hap Ki Do School“ in Spanaway im Staat Washington. 1999 eröffnete er eine weitere Hapkido-Schule in Federal Way, WA. Außerdem unterrichtet er Hapkido bei den Militärangehörigen von Fort Lewis, WA.

Derzeit ist Meister Choe Präsident der World Hap Ki Do Association.

- 7. Dan Schwarzgurt Hapkido
- 6. Dan Schwarzgurt Taekwondo
- Kum-Moo-Kwan Do Jang-Lehrer der Koreanischen Hapkido Association
- Kampfsportausbilder des Militärpersonals in Fort Lewis
- Autor der Bücher „Basic Hapkido“ und „Practical Hapkido Textbook“
- Regisseur der Videofilme „Hapkido Basic 1“ und „Hapkido Advanced 2“
- Eingetragener Meister für Hapkido und Taekwondo im US-Staat Washington.

Was ist Hap Ki Do?

Hap Ki Do ist eine Technik der Koordination, eine Methode, Geist und Körper zu stärken und die körperlichen und mentalen Kräfte des Menschen mit einander in Einklang zu bringen, so dass er sich zu einem einheitlicheren Wesen entwickelt. Der Begriff an sich bedeutet: Methode oder Weg (Do), Harmonie von Geist und Seele (Hap), innere und äußere Kraft (Ki). Man sollte stets versuchen, Gewalt zu vermeiden. Hält dich jedoch jemand fest, versucht dich zu schlagen oder in irgendeiner Weise körperlich anzugreifen und die Angelegenheit ist nicht mehr mit Worten beizulegen, bleibt dir nur noch die Möglichkeit, dich zu verteidigen. Die koreanische Kunst der Selbstverteidigung Hap Ki Do gilt als „weiche" Form der Kampfkünste im Gegensatz zu den „harten" Stilarten, die Kraft gegen Kraft setzen und den Ausgang des Kampf damit zu einer Sache von Körpergröße und Kraft machen. Der Hapkidoin dämpft oder lenkt den Energiefluss eines Angreifers auf friedliche Weise ab. Dieses Ablenken ermöglicht es ihm, die gegnerische Kraft selbst wieder gegen den Angreifer und damit zu dessen Niederlage einzusetzen. Durch Druckausübung auf Gelenke und unterschiedliche Druckpunkte benötigt man sehr wenig Kraft, um einen Gegner zu besiegen.

Hap Ki Do leitet den Angriff nicht nur um, sondern setzt ihn wieder gegen den Angreifer ein, um Offensivtechniken folgen zu lassen, die seine Gewalttätigkeiten unter Kontrolle bringen oder ihn an weiteren

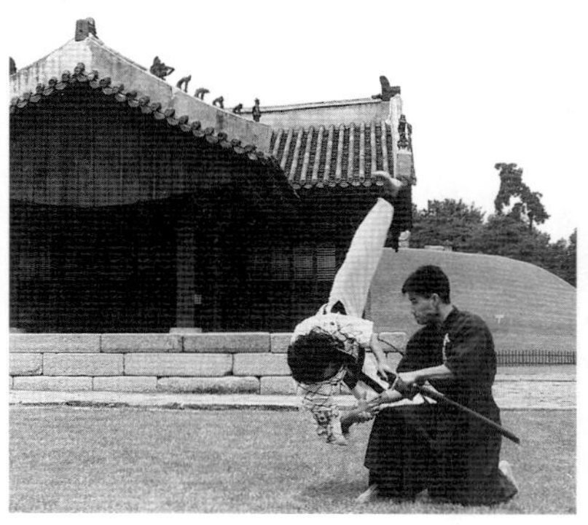

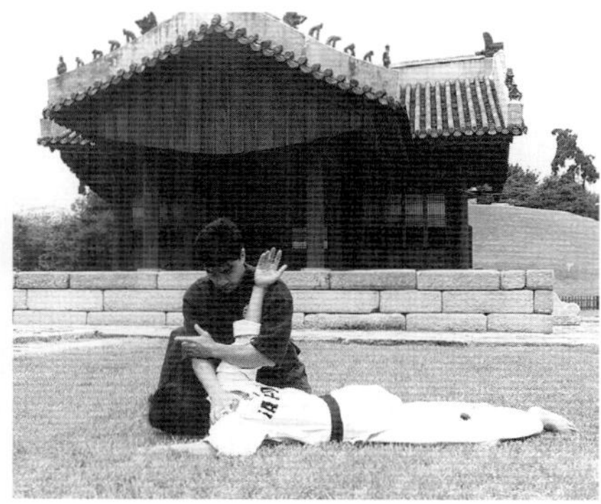

gegen dich gerichteten Aktionen hindern. Der Hap Ki Do-Kämpfer hat die vollständige Kontrolle über die Konfrontation, indem er Aggressionen herunterschraubt, ohne weiteren unkontrollierbaren Schaden erforderlich zu machen, wie man es bei vielen „harten" Stilen kennt.

Hap Ki Do sorgt für eine allumfassende körperliche Ertüchtigung und verbessert dabei Gleichgewichtssinn, Körperhaltung, Beweglichkeit,

Schnelligkeit, Muskeltonus sowie die Kraft der Gelenke und - was am wichtigsten ist - die eigene Zuversicht durch körperliche und geistige Disziplin.

Das vorrangige Ziel des Hap Ki Do ist natürlich das Wohlergehen des Ausübenden. Dabei erlernt man zwar Techniken für die Selbstverteidigung, viel wichtiger ist jedoch, dass die charakterliche Entwicklung des Einzelnen in den Mittelpunkt rückt. Eine ausgeglichene Persönlichkeit kann nur verwirklicht werden, wenn der Geist aufrichtig ist. Höflichkeit, Respekt, Bescheidenheit, Loyalität, Großzügigkeit und Hingabe sind nicht nur der Ursprung, sondern auch der Lohn des Hap Ki Do!

Die Geschichte des Hap Ki Do

Gleich zu Beginn sollte klar gestellt werden, dass eine Kampfkunst nicht von irgendeiner bestimmten Person erfunden oder erschaffen wird. Die Techniken werden von zahlreichen Beteiligten über viele Jahre hinweg entwickelt. So wie Ringen, Boxen und Fechten charakteristisch für die westliche Welt sind, sind die Kampfkünste im Verlauf einer langen Geschichte in asiatischen Ländern entstanden.

Im Zeitalter der „Drei Königreiche" (Sam-Kuk-Shi-Dae von 57 v.Chr. bis 668 n.Chr.) konkurrierten drei Königreiche auf der koreanischen Halbinsel: *Ko-Gu-Ryo* (37 v.Chr.) im Norden, *Paek-Jab* (18 v.Chr.) im Südwesten und *Shilla* (57 v.Chr.) im Südosten. Die Einführung von Kampfkunsttechniken ähnlich dem heutigen Hap Ki Do erfolgte im alten Korea mit dem Aufkommen des Buddhismus in *Ko-Gu-Ryo* um 372 v.Chr. Beweise für die Existenz von Hap Ki Do-Techniken während des Zeitalters der Drei Königreiche finden sich sowohl auf vielen alten Wand- und Höhlenmalereien als auch bei Skulpturen aus dieser Zeit.

Während des *Shilla*-Reiches (57. v.Chr. bis 660 n.Chr.) sowie des *Vereinigten Shilla*-Königreiches (676 n.Chr. bis 935 n.Chr.) versammelte jeder König eine aus jungen Rittern bestehende Elitetruppe um sich herum, die *Hwa-Rang-* (blühende Jugend) Krieger, die mit eiserner Disziplin ausgestattet, nach strengen ethischen Grundsätzen lebten und hervorragende Kämpfer waren. Diesen Kriegern, die die künftigen Reichsoberhäupter ausbilden sollten, brachte man für ihre körperliche Fitness und mentale Disziplin sowie zu ihrer Selbstverteidigung Hap Ki Do bei.

Das *Shilla*-Königreich wurde 935 n.Chr. von der *Ko-Ryu*-Dynastie gestürzt. Hiervon leitet sich auch der Name „Korea" ab. Während der *Ko-Ryu*-Dynastie (918 bis 1392 n.Chr.) war der Buddhismus die Staatsreligion, die die Politik und Verwaltung ebenso stark beeinflusste wie die Kampfkünste. Viele Könige, darunter auch die Könige *Eyi-Jong* und *Choong-Hei,* holten Hap Ki Do-Experten an ihren Hof, um dort Kampfkünste zu präsentieren. Dies war der Beginn des Hap Ki Do als königliche Kampfkunst.

Der Mönch und Großmeister *Su-San* unterwies die Mönche, die die japanischen Eindringlinge während der *In-Jin-Wae-Ran*-Invasion erfolgreich zurückdrängten, in Hap Ki Do. Dies war ein hervorragendes Beispiel für den Einsatz des Hap Ki Do in großem Stil.

In der neuen *Cho-Son*-Dynastie (1392-1910), die häufig auch *Yi*-Dynastie genannt wird, erfolgte der Zusammenbruch des Buddhismus, der in der Folgezeit von der Lehre des Konfuzius abgelöst wurde, welche die wissenschaftlichen Disziplinen schätzt und körperliche Gewalt sowie den Kampf verachtet. Dies führte zum Niedergang der Kampfkünste. Malerei, Bildhauerei und das Schreiben ersetzten die Kunst zu kämpfen. Nach und nach machte sich eine antimilitaristische Stimmung im Land breit. Gegen Ende des 19. Jh. begegneten die Koreaner der Kampfkunst mit Ablehnung, in vielen Gegenden wurde sie sogar verboten. Hap Ki Do konnte seinen Fortbestand nur durch einzelne Meister, buddhistische Mönche und den Königshäusern angehörende Familien bewahren, die die Kampfkunst in der Abgeschiedenheit praktizierten. Als Versuch, den vollständigen Verlust der Kampfkünste zu verhindern, beauftragte König *Jung-Jo* seinen General *Lee-Duk-Mo*, ein Buch mit sämtlichen bekannten Kampftechniken zusammenzustellen. In dem unter dem Namen *Moo-Yae-Do-Bo-Tong-Ji* erschienenen Buch wurden viele ausführliche Beispiele für Hap Ki Do-Techniken festgehalten.

Die Cho-Son Dynastie wurde 1910 von den Japanern gestürzt. Von 1910 bis 1945 wurde Korea von Japan regiert. Unter der japanischen Herrschaft wurden alle bürgerlichen Freiheiten für nichtig erklärt. Die Japaner schlossen viele Privatschulen und errichteten ihre eigenen staatlichen Schulen, die darauf ausgerichtet waren, die koreanische Jugend der japanischen Kultur anzugleichen. Dabei unterdrückten sie die koreanische Sprache und Geschichte zugunsten ihrer eigenen. Erneut litt der Kampfsport, da die japanischen Besatzer die Ausübung koreanischer Kampfkünste nicht zuließen. Aber wie schon zuvor führte ein Häuflein Begeisterter das Training fort und widersetzte sich auf diese stille Art und Weise den eingedrungenen Herrschern.

1945, nachdem Korea die Kontrolle über das eigene Land wiedererlangt hatte, begann sich die Kampfkunst in der verteidigungswilligen Nation neuer Beliebtheit zu erfreuen. Hap Ki Do wurde von Choi Yong-Sol wieder ins Leben gerufen, dem Mann, dem man den Titel des

Gründers oder Vaters des modernen Hap Ki Do verlieh. Vor seinem Tod im Jahr 1987 vermittelte der Höchste Großmeister Choi einigen wenigen herausragenden Schülern sämtliche Hap Ki Do-Techniken, die ihrerseits die Aufgabe übernahmen, Hap Ki Do in einem modernen Korea bekannt zu machen. Heute findet man in ganz Korea keine einzige Stadt, in der es keine Hap Ki Do-Schulen gibt. In sämtlichen

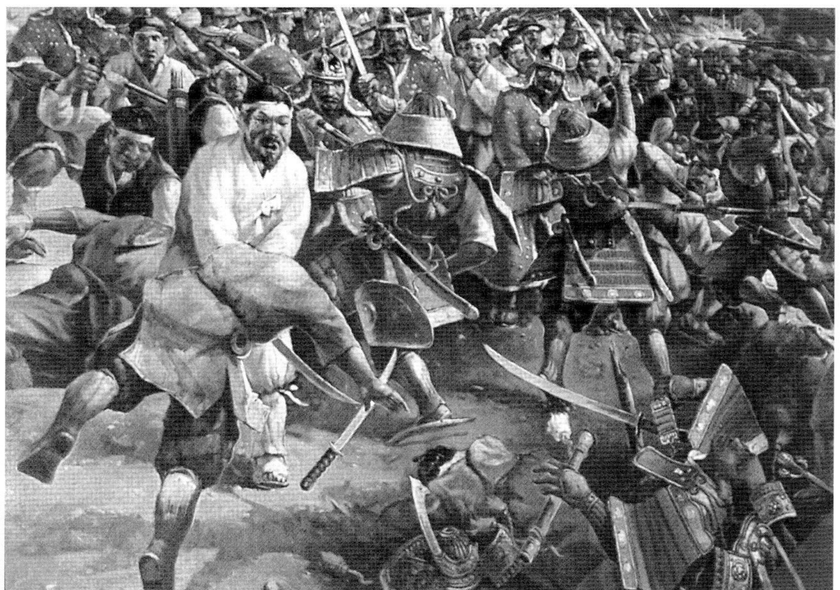

Regierungsorganisationen und in allen Militärakademien und Spezialmilitäreinheiten gibt es inzwischen mehr als eine Million Hap Ki Do-Trainer und Kämpfer.

In anderen Ländern wie zum Beispiel den USA, Deutschland, Kanada, Spanien, Brasilien, Argentinien, Mexiko, China und Frankreich besteht ein solides Netzwerk von Hap Ki Do-Schulen, dessen Fortbestand dank des unermüdlichen Einsatzes der Hap Ki Do-Meister auf der ganzen Welt gewährleistet ist.

Die Vermittlung der Grundlagen des Kampfsports

Seit 1990 unterrichte ich Schüler in Jeon-Tong-Moo-Sul (traditionelle Kampfkunst). Von dem Tag an, als ich mit dem Kampfsportunterricht begann, dachte ich mir, dass ich auch die östliche Philosophie vermitteln müsse, um das Verständnis meiner Schüler zu erweitern.

Zu dieser Zeit waren meine Sprachkenntnisse jedoch sehr schlecht und meine Fähigkeit, mich ihnen verständlich zu machen, war begrenzt. Der Kampfsport versucht, Geist und Körper miteinander in Einklang zu bringen, doch ich konnte meinen Schülern nur die Techniken zeigen. Es war, als versuche man ohne Ball jemandem das Fußballspielen beizubringen. Daraufhin begann ich intensiv die Sprache zu lernen und arbeitete daran, meinen Schülern, das nötige philosophische Hintergrundwissen zu vermitteln. Ich beginne meine Stunden immer damit, dass ich sie Platz nehmen, ihre Augen schließen und sich auf ihre Atmung konzentrieren lasse. Nach einigen Minuten sage ich ihnen, dass sie sich entspannen und ihren Geist wie einen wolkenlosen Himmel freimachen sollen. Es gibt weder Angst noch Stress, nur Frieden. Für Kinder ist diese Übung offenbar schwieriger als für Erwachsene, aber sie gewöhnen sich schnell daran.

Niemand weiß irgendetwas bevor er auf die Welt kommt. Die für das Leben wichtigen Dinge erlernt man schrittweise, Tag für Tag. Meine Freude erfahre ich dadurch, dass ich meine Schüler mit Hilfe von Beispielen aus meinem eigenen Leben und einem unbeugsamen Geist, der aus meinem inneren Frieden kommt, unterrichte.

Kampfsporttechniken

Normalerweise befinden sich zwischen 20 und 30 Schüler in einem Lehrgang. Es gibt unterschiedliche Arten von Schülern mit unterschiedlichen Einstellungen. Die fleißigen unter ihnen bereiten sich auf den Unterricht vor. Sie üben ihre Techniken und sind bereit, etwas dazuzulernen. Die weniger gut organisierten kommen zu spät, trainieren kaum und sind anscheinend frustriert, weil sie sich nicht mehr an das erinnern, was sie eigentlich können sollten. Die athletischen Schüler lernen ihre Techniken im Allgmeinen schneller, aber auch sie müssen noch trainieren, um sich im Ernstfall daran erinnern zu können. Wie auch immer..... es gibt keine Abkürzungen auf dem Weg zum Erlernen einer Kampfsportart. Die üblichen Aussteiger sind die Ungeduldigen. Im Kampfsport muss man versuchen, nicht nur das Physische, sondern auch das Emotionale und das Spirituelle zu erlernen, was oft wesentlich mehr Zeit in Anspruch nimmt. Für einen Trainer oder Meister ist es überaus wichtig, dass er sich in guter körperlicher

Verfassung hält. Er sollte der Inbegriff von Kraft und Beweglichkeit sein, um seine Schüler dazu anzuregen, genauso werden zu wollen. Manche Lehrmeister stellen ihr Training ein, was zur Gleichgültigkeit unter ihren Schülern führt. So etwas gab es in früheren Zeiten nicht. Die Meister trainierten bis ins hohe Alter. Dabei ging das Lernen über eine derart lange Zeit weit über die reine Technik hinaus und gestaltete sich vielmehr als ein Weg der Erleuchtung oder eine Zen-Erfahrung. Eine solche Zen-Erfahrung kann man in allem finden, was man über eine lange Zeit oder immer wieder tut.

Vor langer Zeit gab es in Korea einen berühmten Metzger, der eine Kuh unglaublich schnell und effizient zerlegen konnte. Er hatte ein Schema über die genaue Lage der Knochen einer Kuh im Kopf, so dass er seine Schnitte schnell und präzise ausführen konnte. Ähnlich verhält es sich mit dem Kampfsporttraining. Man muss alles endlos oft wiederholen, um zu begreifen, dass scheinbar einfache Dinge gar nicht so einfach sind. Je mehr man versteht, desto komplizierter wird das Ganze. Je mehr man trainiert, desto weniger Aufwand erfordern deine Aktionen.

Kyoung-Rae (Verbeugung) – Respekt beim Kampfsport

Kampfsportler lernen, ihrem Meister Respekt zu erweisen, indem sie sich verbeugen. Oft zeigen sie danach ihren Respekt gegenüber Freunden und Familie in gleicher Weise. Die Verbeugung ist die beste Art, Respekt und Verbundenheit zu zeigen. Deshalb ist die Verbeugung ein ernster und feierlicher Vorgang, den man stehend oder kniend ausführen kann. Die Verbeugung aus dem Stand ersetzt das Händeschütteln in der abendländischen Kultur. Eine korrekte Verbeugung beginnt damit, dass man die Füße zusammenstellt und sich von der Taille ausgesehen in einem Winkel von 30° vorbeugt. Die Handflächen bleiben geöffnet und befinden sich an den Oberschenkeln. Beim Verbeugen sollte man die Füße seines Gegenübers sehen. Diese Verbeugung verwendet man, wenn man wichtige Örtlichkeiten wie zum Beispiel das Do-Jang betritt. Der Schüler sollte den Meister aufsuchen und sich zuerst vor ihm respektvoll verbeugen. Außerdem verbeugt sich der Kampfsportler vor und nach dem Training vor seinen Übungspartnern. Neben der Respektbezeugung sorgt die Verbeugung zudem für die Konzentration von Geist und Körper. Eine im Knien ausgeführte Verbeugung ist ein zeremonieller Gruß. Diesen führt man vor und nach dem Unterricht aus. Man verwendet ihn, um einer Person gegenüber große Ehrfurcht zu bezeugen, so zum Beispiel bei einem älteren Mitbürger, der eine wichtige Stellung einnimmt. Bei der knienden Verbeugung setzt man die Handflächen vor sich auf dem Boden auf und bringt die Stirn bis auf die Handrücken hinunter. Beim

Vorbeugen dürfen die Hüften nicht angehoben werden. Dies erfordert ausreichende Beweglichkeit in den Knien und erweist sich als schwierig für Menschen, die nicht an eine kniende Haltung gewöhnt sind.

Ho-Shin-Sool (Selbstverteidigung)

Hapkido Ho-shin-sool besteht aus Schlägen, Gelenkhebeln und Wurf-

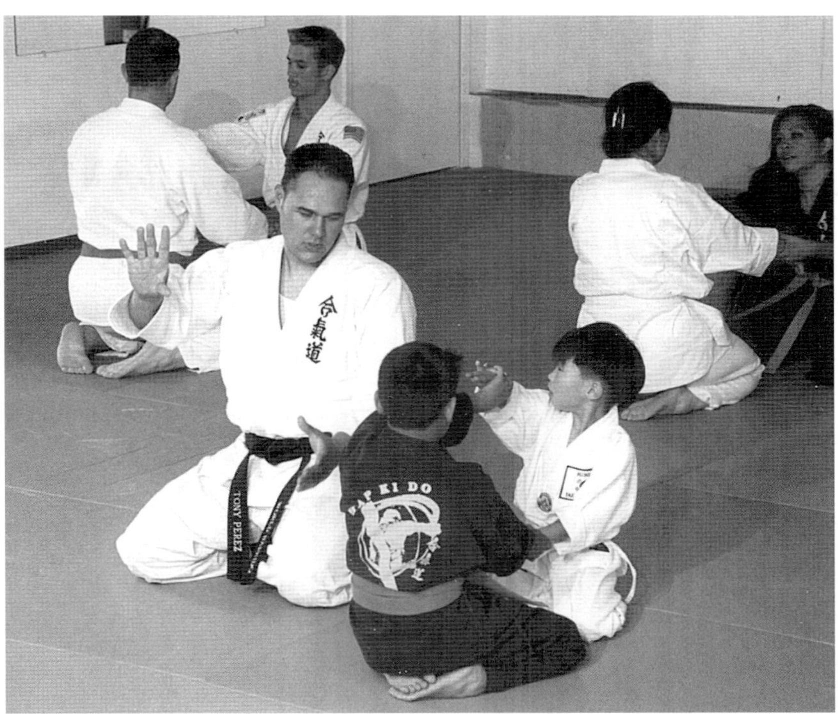

techniken. Dein Angriff oder deine Verteidigung hängt oft vom Abstand zwischen dir und deinem Gegner ab. Es gibt zwei Hauptangriffsarten. Die eine ist das Schlagen oder Treten mit Händen und Füßen, die andere ist das Greifen oder Halten. Die Frage, wann man seine Füße anstelle der Hände einsetzt, ist einfach zu beantworten. Kann man den Gegner mit den Füßen, nicht aber mit den Händen erreichen, entscheidet man sich für einen Tritt. Kommt man näher, verlieren die Tritte an Effektivität im Vergleich zum Einsatz der Hände. Also führt man Schläge mit der Hand aus. Kommt man dem Gegner sogar noch näher, sucht man den Kontakt mit Halte- oder Grifftechniken. Boxen oder Schlagen ist dann weniger effektiv als ein Wurf oder ein Gelenkhebel. Durch Wenden und Drehen kann man sich selbst befreien und die Gelenke des

Gegners (Handgelenk, Ellenbogen, Finger, Schulter, Genick, Knöchel usw.) mit Techniken wie Hei-jun, Boo-chae, Yun-hang und Pal-kumchi angreifen. Ein wesentlich gefährlicherer Gegenangriff ist Mok-joru-gi (Würgegriff). Wenn man sehr nah ist, kann man auch Dun-ji-gi (Wurftechnik) wirkungsvoll einsetzen. Viele Techniken erfordern keine große Kraft, da man die vom Gegner kommende Kraft wieder gegen ihn selbst einsetzt. Damit kann man ihn leicht aus dem Gleichgewicht bringen, indem man ähnlich wie beim Judo Hand-, Bein- und Körperwürfe anwendet.

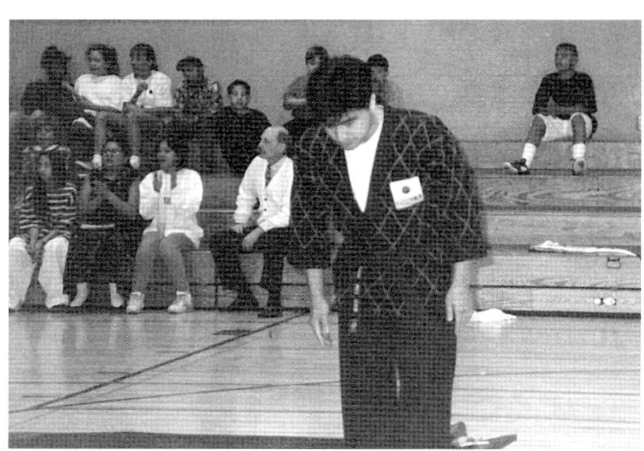

Beobachtung im Training

Eine gute Beobachtung ist ein ausgesprochen wichtiges Kriterium, das dir die Möglichkeit eröffnet, die Bewegungen deines Gegners leicht zu durchschauen, wenn du dich mit ihm beschäftigst. Wenn du den ganzen Körper deines Gegners beobachtest, kannst du seine nächste Aktion erahnen und erkennen, welches Bein oder welchen Arm er einsetzen wird. Du musst ihn nur sehr genau beobachten. Die meisten Schüler gucken ausschließlich auf die Füße des Gegners, weil sie nur seine Tritte fürchten. Das ist allerdings ein großer Fehler, da die Füße auch dazu benutzt werden können, dich durch Beinarbeit in die Irre zu führen. Hättest du dich auf die Füße des Ex-Box-Weltmeisters Sugar Ray Leonard konzentriert, hättest du nicht einmal die zweite Runde erlebt. Wenn du dich auf einen zu kleinen Bereich konzentrierst, wirst du dich nicht wirksam verteidigen können.

Seit den Anfängen des Kampfsports beobachten viele Meister ihre Gegner mit einem weitwinkelähnlichen Blick, der diese von Kopf bis Fuß erfasst, wenngleich ihre Augen die Augen des Gegners fokussieren. Nur so können sie die Position und Ausrichtung des Gegners erkennen und damit seine nächsten Aktionen erahnen. Das ist wie ein Schachspiel. Du musst Geist und Absicht deines Gegners durch seine Augen lesen, um dich auf Angriff oder Verteidigung vorbereiten zu können. Die Augen verraten dir, inwieweit er bereit ist anzugreifen oder wegzulaufen. Deine Techniken hängen davon ab, wie er seine Füße ausrichtet. Nimmt dein Gegner beispielsweise eine linksseitig nach vorn gerichtete Stellung ein (er stellt dabei seinen linken Fuß nach vorn), benutzt er des Gleichgewichts wegen den linken Fuß gerne zur Verteidigung und den rechten für den Angriff. Folglich ist das Antizipieren des „nächsten Schachzugs" deines Gegners der Schlüssel, der oft darüber entscheidet, ob du gewinnst oder verlierst.

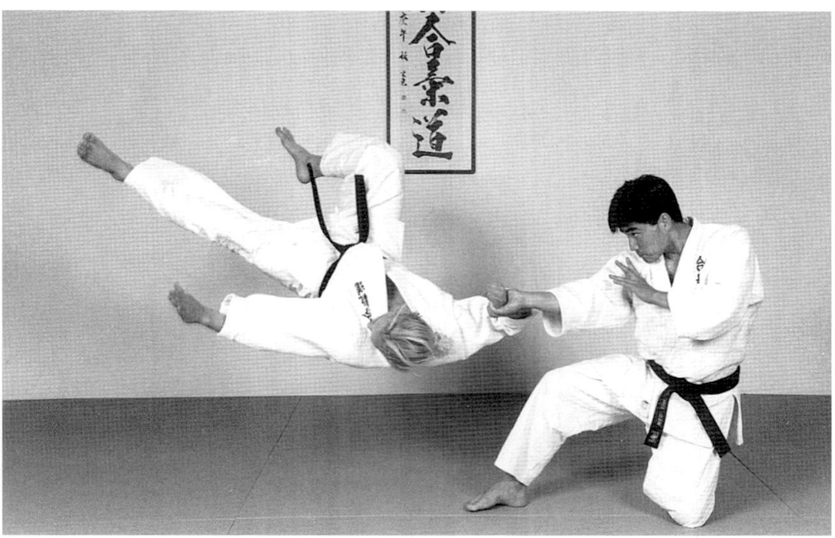

Abstand

Die Distanz zwischen dir und deinem Gegner entscheidet über deine Reaktion (Verteidigung) gegen seine Angriffe. Das Einhalten eines Sicherheitsabstands verschafft dir ein freies Blickfeld, um einen unerwarteten Angriff vorzubereiten. Stehst du zu nah vor deinem Gegner, hast du nicht seinen ganzen Körper im Blick, was es dir schwer macht, die Vorbereitung seines Angriffs zu erkennen. Deshalb sage ich meinen Schülern, dass sie drei Schritte von ihren Gegnern entfernt stehen sollen, um ihre Bewegungen vor dem Angriff deutlich sehen zu können. In der Nahdistanz gibt dir der Gegner niemals Zeit, sich gegen seinen Angriff zu verteidigen. Stehst du beispielsweise einen Schritt von deinem Gegner entfernt, kann er dich leicht mit Beinen und Armen angreifen. Bei einem Abstand von zwei Schritten kann er dich nur noch mit den Beinen erreichen. Darum glaube ich, dass drei Schritte Abstand eine Sicherheitszone schaffen, obwohl dich der Gegner mit seinen Schritten wieder angreifen kann. Also musst du den Sicherheitsabstand zu deinem Gegner aufrecht erhalten. Die meisten Kampfsportler bewegen ihren Körper mit einigen Schritten, indem sie beim Angriff ihrer Gegner vorwärts, rückwärts und zur Seite gehen, um es ihnen schwer zu machen, den Abstand richtig einzuschätzen. Schritte erschweren es dem Angreifer auch, ein Ziel zu treffen, da dieses sich bewegt. Deshalb üben viele Kampfsportler ihre Schläge und Tritte nicht am Gegner, sondern an einem sich bewegenden Sandsack.

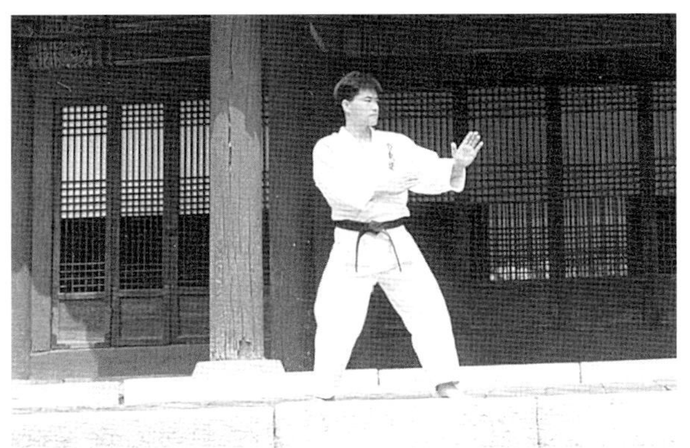

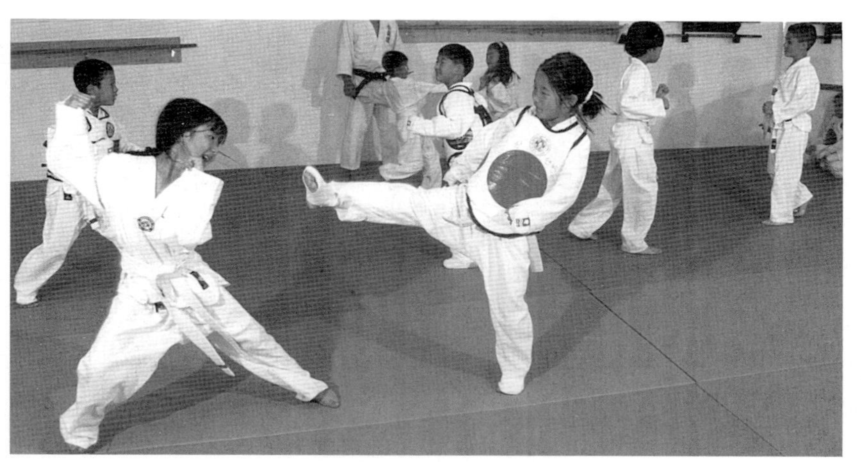

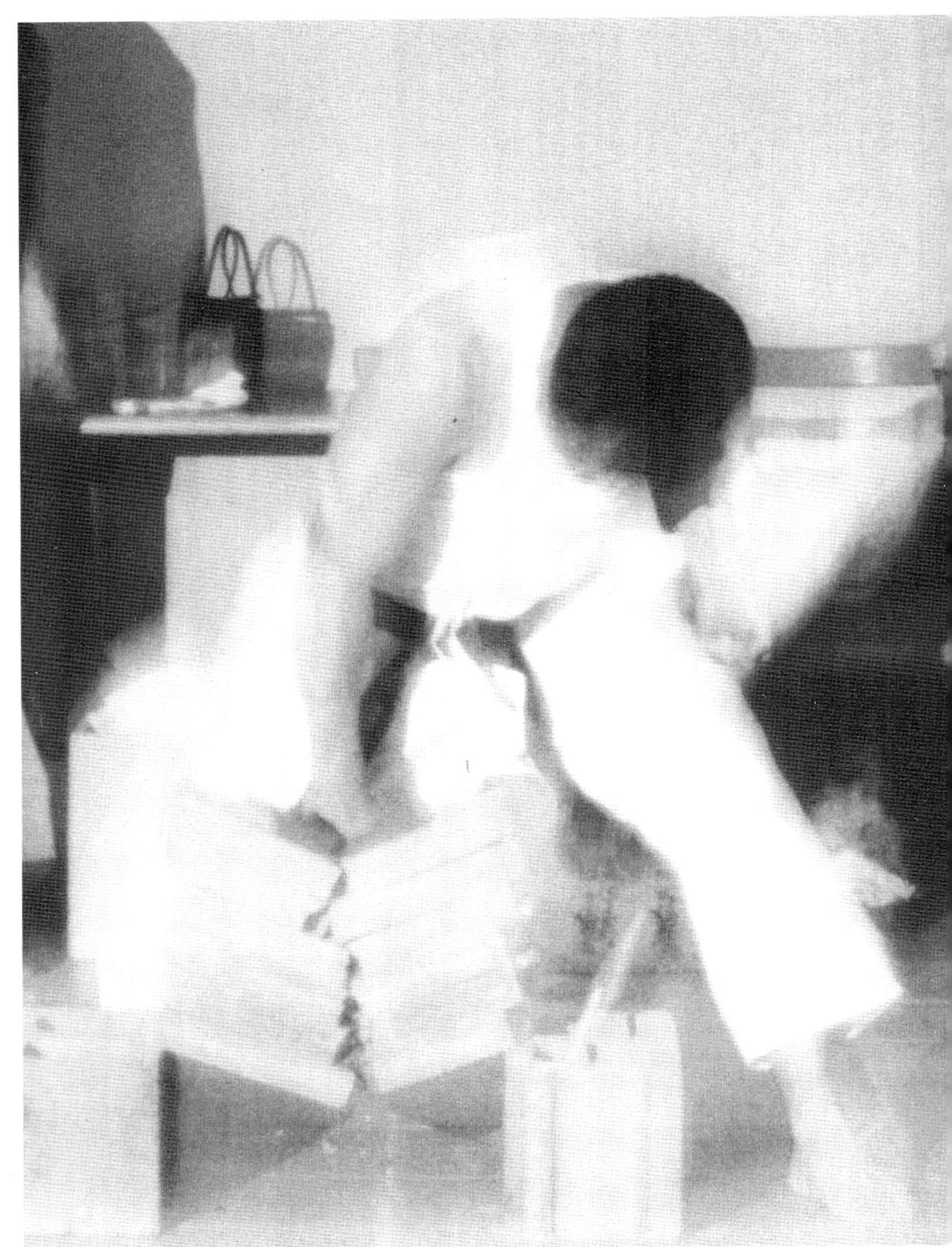

Kyuk-pa – Die Kunst, Bretter und Ziegelsteine zu zertrümmern

Die Leute finden Kampfsportvorführungen immer wieder spannend. Der aufregendste Teil ist normalerweise das Zertrümmern von Brettern und Ziegelsteinen. Der Kampfsportler, der solche Bruchtests vorführt, sollte drei wichtige Punkte beachten. Gleichgewicht, Kraft und Konditionierung sowie ein gesundes Selbstvertrauen. Das Gleichgewicht ist erforderlich, um die Kraft zu übertragen und sie während des Bruchtests beizubehalten. Wenn du bei dem Bruchtest vor deinem Ziel stehst, musst du die richtige Stellung einnehmen, um die größtmögliche Kraft zu erzeugen. Rechter Fuß, linker Fuß und Ziel müssen ein Dreieck bilden. Das Dreieck ist die stärkste geometrische Form. Außerdem verschafft dir dies die bequemste Haltung für den Schlag. Deine Dan-jun-Kraft kann zur Unterstützung deines Bruchtests verwendet werden, da sie das Zentrum deiner Schwerkraft ist. Diese Stellung ermöglicht es dir das Zentrum deiner Schwerkraft durch das Brett oder den Ziegelstein hindurch zu übertragen.

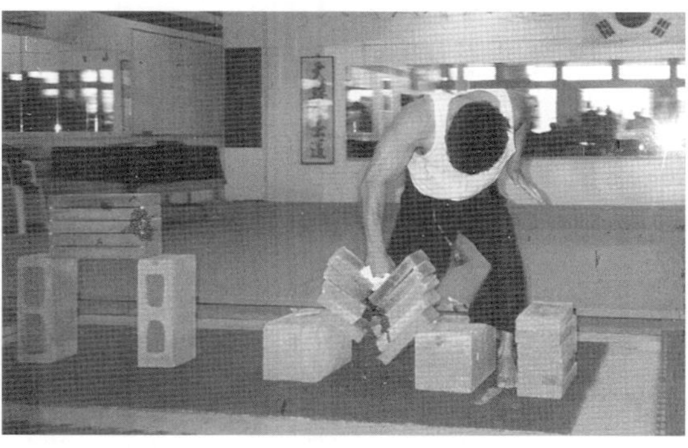

Deine eigentliche Kraft kommt von den vielen Jahren des Techniktrainings. Wenn du irgendeinen Schlag neu erlernst, übst du ihn intensiv, um den Bewegungsablauf richtig zu gestalten. Danach trainierst du lange, um die Kraft dort zu entwickeln, wo sie gebraucht wird. Die längste Zeit trainierst du aber am Ende, um zu der entspannten Haltung zu gelangen, die für die maximale Schnelligkeit und das richtige Timing vor dem Aufprall sorgt. Im Moment des Aufpralls sind deine Muskeln angespannt, kurz davor und danach solltest du jedoch entspannt sein. Eine solche Abstimmung sorgt für die „K.O.“-Kraft in deinen Händen und Füßen. Außerdem ist es wichtig, dein ganzes Körpergewicht in den Schlag hinein zu legen. Nach den Gesetzen der Physik ist Kraft das Ergebnis aus Geschwindigkeit und Masse. Deshalb kann ein klein gewachsener Mensch Kraft aus seiner Geschwindigkeit schöpfen, während ein grosser Mensch die Kraft mit seinem Gewicht erzeugt. Genau deshalb hat ein Mensch, der nicht schnell ist und auch nicht weiß, wie er sein Gewicht in einen Schlag einzubringen hat, auch nur wenig Kraft.

Wenn du erst einmal Kraft freisetzt, musst du auch richtig konditioniert sein. Bei einem Schlag mit einem Hammer kannst du eine enorme Kraft freisetzen, aber der Hammer würde mit Sicherheit zerbrechen, wenn er aus Plastik wäre. Deine Hände und Füße müssen durch jahrelanges Schlagen und Treten gegen harte Oberflächen gehärtet werden. Bei diesen Oberflächen kann es sich um hölzerne Ziele oder Sandsäcke handeln, die eine Verdickung der Haut bewirken. Die Haut kann dann während des Aufpralls wie ein Polster wirken, um Verletzungen der sich darunter befindenden Knochen zu verhindern. Der wahrscheinlich wichtigste Gesichtspunkt aber ist die Entwicklung der richtigen mentalen Einstellung.

Man braucht ein gesundes Selbstvertrauen, wenn man seine maximale Kraft freisetzen will. Deine Psyche kann schon lange vor dem Versuch, ein Brett oder einen Ziegelstein zu zertrümmern, aufgegeben haben, und das, obwohl du von deiner körperlichen Verfassung her problemlos in der Lage wärst, die Aufgabe zu erfüllen. Du musst das Brett oder den Ziegelstein zertrümmern, indem du dich der Philosophie der Kampfkunst bedienst. Du musst deinen Kopf, deinen Körper und deinen Geist mit ganzer Kraft einsetzen! Du solltest dir vor Augen halten, dass auch wenn ich jahrelang trainiert und viele Bretter und Ziegel zerschlagen habe, manchmal auch das Brett oder der Stein gewinnt.

Konzentrationsübungen

Im Kampfsport ist Konzentration sehr wichtig. Du kannst deinen Geist darauf konzentrieren, Unmengen an Kraft aus deiner Quelle zu schöpfen. Man glaubt, dass diese Quelle dein Mittelpunkt oder Dan-jun ist, der sich drei Finger breit unterhalb deines Nabel befindet. Das ist das Ki. Man benötigt viele Jahre, um in der Lage zu sein, dieses Ki abzurufen. Unter der richtigen Anleitung deines Meisters brauchst du nur sehr wenig Zeit, um sein Vorhandensein zu spüren. Durch deine andauernde Konzentration kannst du zum Zen gelangen, was auch als ein meditativer Zustand bezeichnet werden kann. In östlichen Ländern orientieren sich viele buddhistische Tempel und auch Kampfsport-Do-jangs an der Zen-Lehre. Dabei handelt es sich

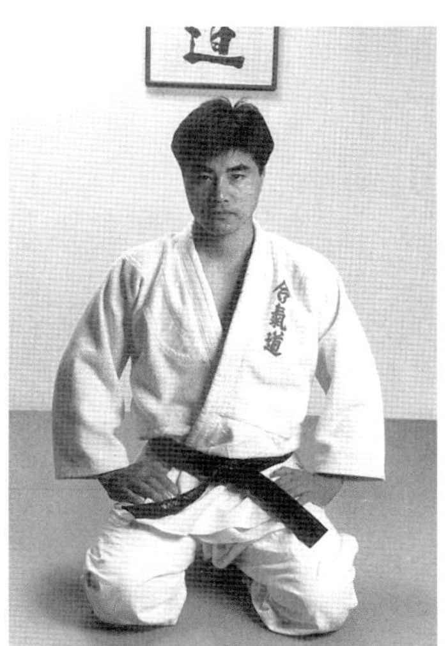

um ein immerwährendes Streben. Meditation ist allgegenwärtig. Wenn du bequem und entspannt sitzt, kannst du mit deinen Atemübungen beginnen. Das Einatmen durch die Nase entspricht einem langen kontrollierten, dünnen Luftstrom, der bis in dein Dan-jun hinuntergesogen wird. Das Geräusch dieses Einatemvorgangs ähnelt einem „u". Es sollte entspannt und ohne Anstrengung vonstatten gehen. Weil du dir vorstellst, dass du die Luft über deine Lungen in deinen Unterbauch strömen lässt, dehnst du deinen Unterbauch gleichzeitig mit deinen Lungen aus. Spann dabei nicht die Magenmuskulatur an. Dahinter steht der Gedanke, kräftig und natürlich wie ein schlafendes Baby zu atmen. Deine Schultern bleiben während des Atemvorgangs in entspanntem Zustand unten. Das Ausatmen durch den Mund erfolgt mit der selben Frequenz wie das Einatmen. Meditation ist dazu da, zur Ruhe zu kommen und sich genauso zu zentrieren wie man es auch gerne in seinem Alltag tun würde. Die richtige Atmung besitzt eine Schlüsselfunktion. Viele Kampfsportler behaupten, dass ohne richtige Atmung immer nur ein begrenzter Fortschritt möglich sein wird. Hapkido bedeutet „deine innere und äußere Kraft miteinander in Einklang zu bringen". Gelingt es dir, Kraft aus deinem Dan-jun (Zentrum des Ki) zu schöpfen, bist du auch in der Lage, sie mit deiner äußeren Kraft zusammenzubringen. Dies nennt man dann Universalkraft. Trifft ein Kampfsportneuling auf einen Kämpfer mit einem stark entwickelten Ki, ist das Ergebnis in der Regel immer das selbe. Oft kann sich der Anfänger nicht wie erwartet bewegen, weil das stärkere Ki das schwächere verdrängt. Dies führt dazu, dass der Anfänger seinen Kampfwillen verliert.

Verteidigungskonzept

Kampfsportarten kennen verschiedene Methoden und Techniken. Manche, so wie die Hapki-do-Techniken, wurden für die Selbstverteidigung konzipiert. Für mich sind die wichtigsten Elemente der Selbstverteidigung eine richtige Beobachtung sowie eine schnelle kreisende Bewegung (Hei-jun). Wenn du dich mit deinem Gegner auseinandersetzt, verrät dir eine genaue Beobachtung seine Absichten ganz deutlich. Du musst prüfen, welche Stellung er eingenommen hat, wie sein Gleichgewicht verteilt ist und wie es um seine Atmung steht. Hat dein Gegner einen rechts oder links ausgerichteten Stand (Kampfstellung) eingenommen, kannst du dich auf die Techniken einstellen, die du im Fall seines Angriffs benötigst. Mit einem Blick auf die Gleichgewichtsverteilung deines Gegners wirst du besondere Merkmale entdecken, die einen Anfänger von einem Profi unterscheiden. Im Tierreich wäre dies vergleichbar mit der Unterscheidung, ob es sich bei einem Tier um ein Raub- oder ein Beutetier handelt. Dafür gibt es einige deutliche Hinweise.

So hat ein Anfänger immer ein instabiles Gleichgewicht, was ihn leicht beherrschbar für dich macht. Das Gleichgewicht eines geübten Kämpfers auszumachen, ist dagegen aufgrund seiner irreführenden Körperhaltung ausgesprochen schwierig. Durch exakte Beobachtung der Atmung deines Gegners kannst du erkennen, ob er müde oder nervös ist. Hat er jedoch eine ruhige Atmung ähnlich einem ruhigen Ozean, muss er über ein starkes Ki (innere Energie) verfügen.

Kreisende Bewegungen (Hei-jun) sind bei den Hapkido-Techniken sehr wichtig. Der Kreis verläuft gleichmäßig von dem selben Punkt ausgehend. Anders als bei einer geraden Linie muss der Bewegungsablauf andauern, um in Gang zu bleiben. Die Fähigkeit, fließend von einer Technik zur anderen überzugehen, ist das, was Hapkido so effektiv macht. Zu Übungszwecken ändern wir unsere Richtung so intensiv wie es uns möglich ist, auch wenn wir immer noch viele kraftvolle gerade Fauststöße und Tritte ausführen. Es gibt drei kreisende Bewegungen: Dwi-ro-do-ra, eine Drehung ohne Schritt, Ban-hei-jun, eine halbe Drehung mit einem Schritt sowie Hei-jun, eine volle Drehung mit zwei Schritten. Diese Bewegungen bringen deinen Gegner dazu, sein Ziel (d.h. dich) und sein eigenes Gleichgewicht zu verlieren. Diese Bewegungen entsprechen dem „Schweb-wie-ein-Schmetterling-und-stich-wie-eine-Biene-Prinzip“, das es so schwierig machte, Muhamed Ali zu treffen! Trotzdem konnte er seine starke Gerade nach Belieben ins Ziel bringen.

KI-BON-MAK-KI

Grundlegende Blocktechniken

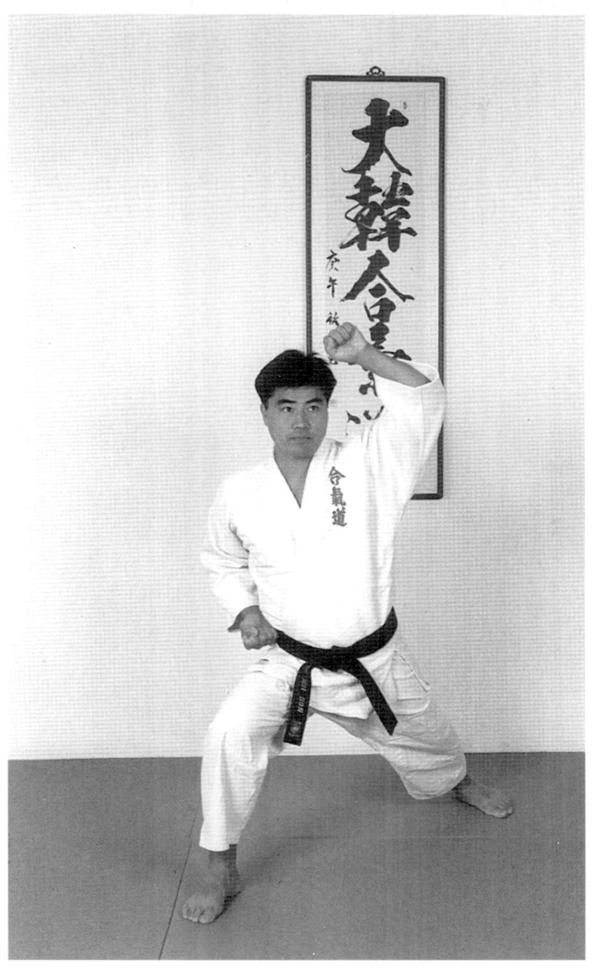

Linker Innenarmblock nach außen

KI-BON-MAK-KI - LINKER INNENARMBLOCK NACH AUSSEN

Technik 1

1. Der Angreifer steht dir in Kampfstellung gegenüber. Du befindest dich in der Ausgangsstellung.
2. Der Angreifer schlägt mit der rechten Hand. Du wendest einen nach außen gerichteten Innenarmblock links an und setzt dann die rechte Hand ein.
3. Versetz dem Angreifer einen Fauststoß in den Solar Plexus.

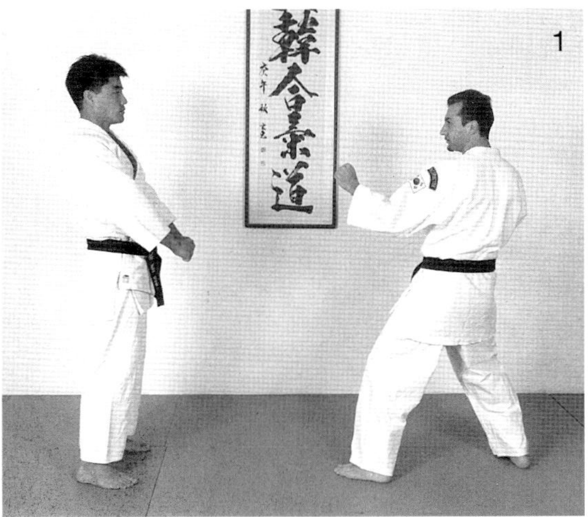
1

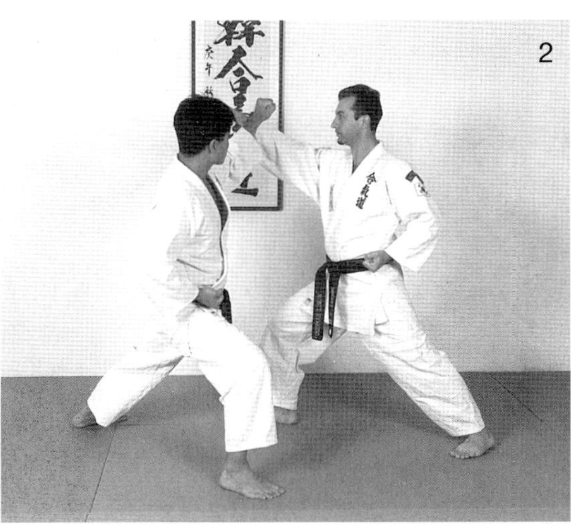
2

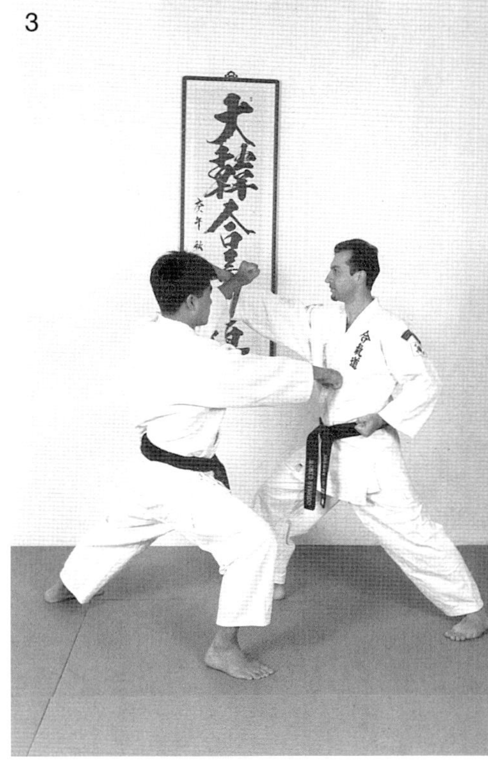
3

KI-BON-MAK-KI - LINKER INNENARMBLOCK NACH AUSSEN

Technik 2

1. Der Angreifer steht dir in Kampfstellung gegenüber. Du befindest dich in der Ausgangsstellung.
2. Der Angreifer schlägt mit der rechten Hand. Du wendest einen nach außen gerichteten Innenarmblock links an und versetzt dem Gegner mit der rechten Hand einen Fauststoß in den Solar Plexus.
3. Du schließt die Aktion mit einem Drehtritt mit dem rechten Fuß ab.

1

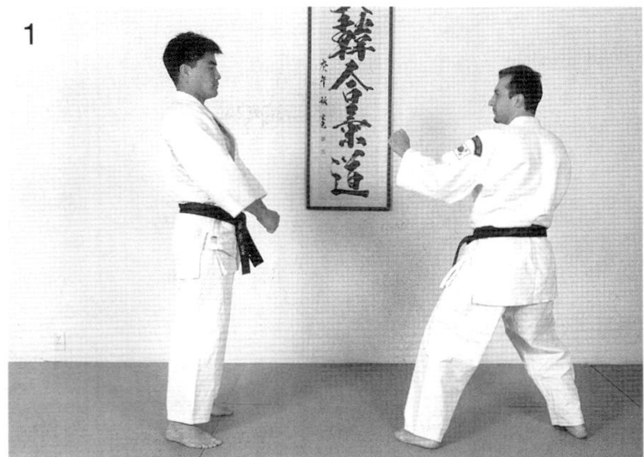

2

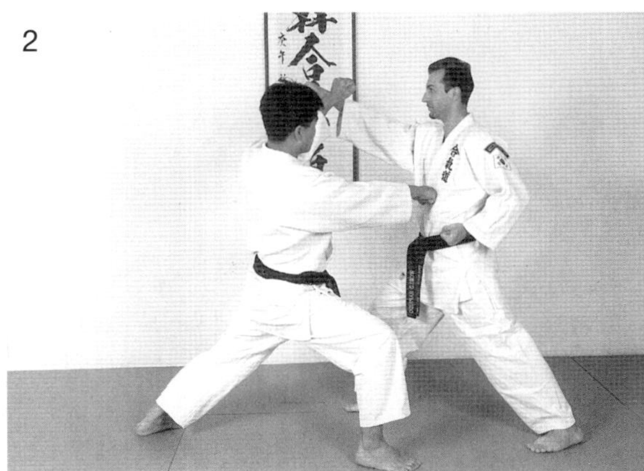

3

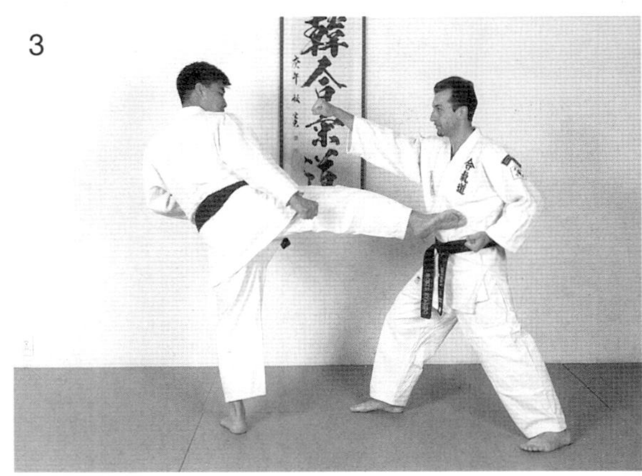

KI-BON-MAK-KI -
LINKER INNENARMBLOCK NACH AUSSEN

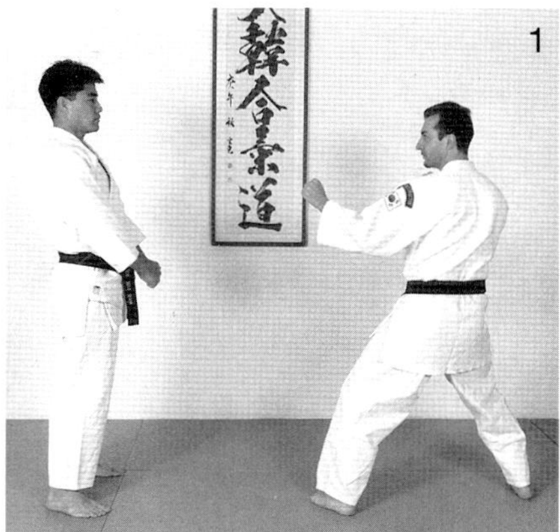

Technik 3

1. Der Angreifer steht dir in Kampfstellung gegenüber. Du befindest dich in der Ausgangsstellung.
2. Der Angreifer schlägt mit der rechten Hand. Du wendest einen nach außen gerichteten Innenarmblock links an und versetzt dem Gegner mit der rechten Hand einen Fauststoß in den Solar Plexus.
3. Ergreif das rechte Handgelenk des Angreifers mit deiner linken Hand. Pack seine rechte Schulter mit der rechten Hand.
4. Setz dein rechtes Bein hinter das rechte Bein des Angreifers.
5. Zieh ihn auf dich zu und drück seine Schulter dabei nach unten, bis er zu Boden fällt.

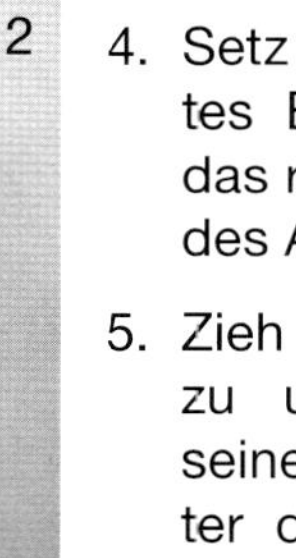

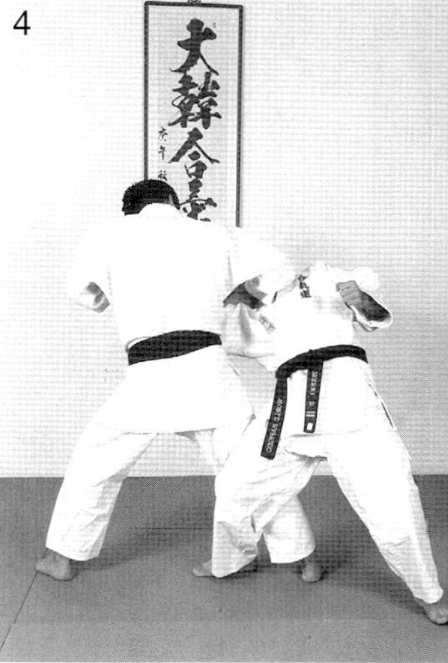

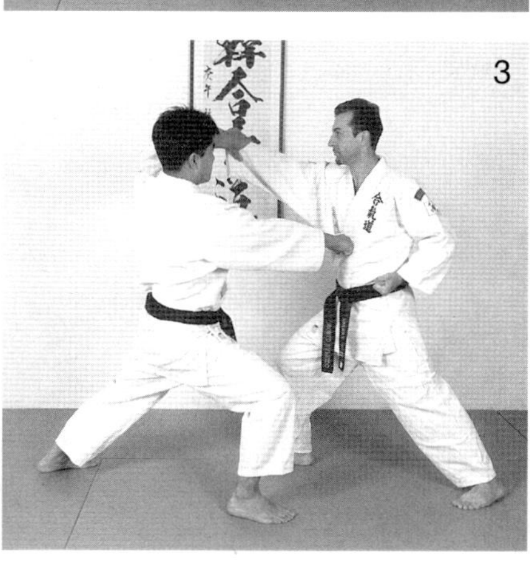

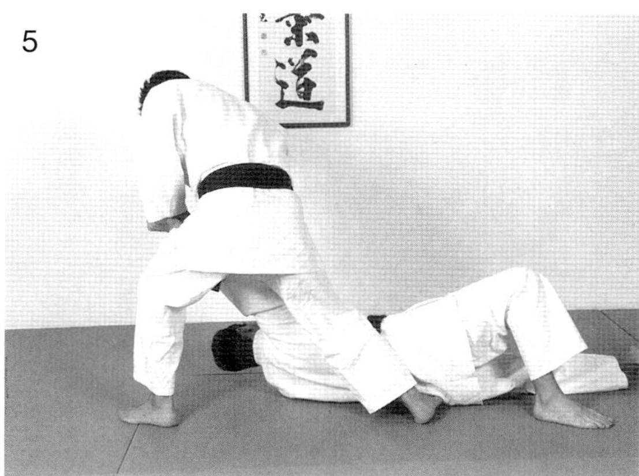

KI-BON-MAK-KI - LINKER INNENARMBLOCK NACH AUSSEN

Technik 4

1. Der Angreifer steht dir in der Kampfstellung gegenüber. Du befindest dich in der Ausgangsstellung.
2. Der Angreifer schlägt mit der rechten Hand. Du wendest einen nach außen gerichteten Innenarmblock links an und versetzt dem Angreifer mit der rechten Hand einen Fauststoß in den Solar Plexus.
3. Zieh die Faust des Gegners mit beiden Händen nach vorn und an deinem Körper vorbei.

Fortsetzung auf der nächsten Seite

1

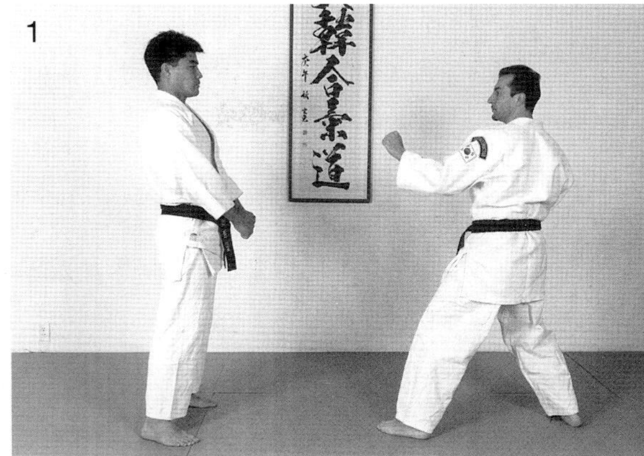

2

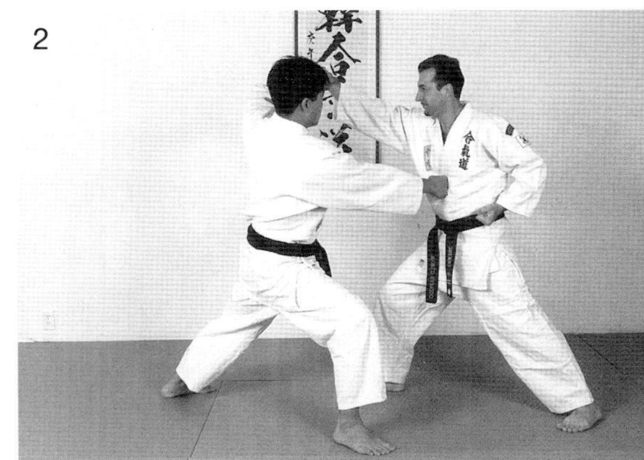

3

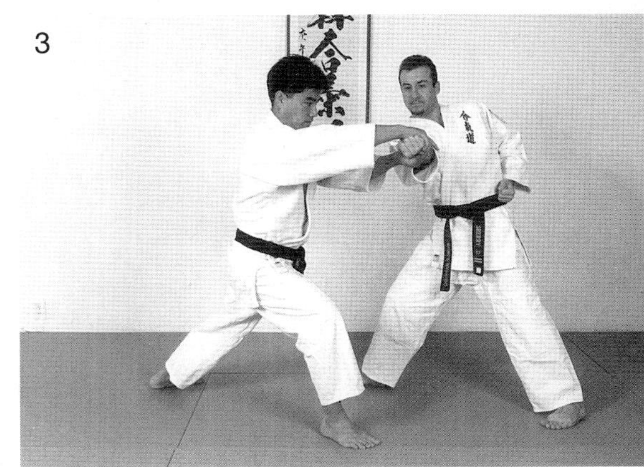

KI-BON-MAK-KI - LINKER INNENARMBLOCK NACH AUSSEN

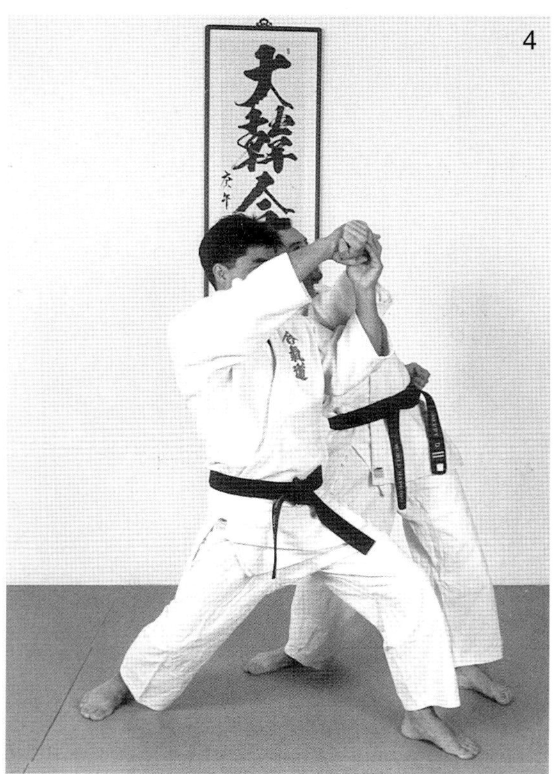

Fortsetzung von Seite 27

4. Führe die Bewegung fort, während du den linken Fuß nach vorn setzt. Beginne im Verlauf dieser Aktion damit, die Hand des Angreifers zu heben.

5. Bring seine Hand über deinen Kopf und dreh dich dabei um 180° im Uhrzeigersinn. Mit deinem Griff setzt du einen schmerzhaften Hebel am Handgelenk des Angreifers an.

6. Im Verlauf der Fortsetzung dieser Bewegung wird der Gegner zu Boden geworfen.

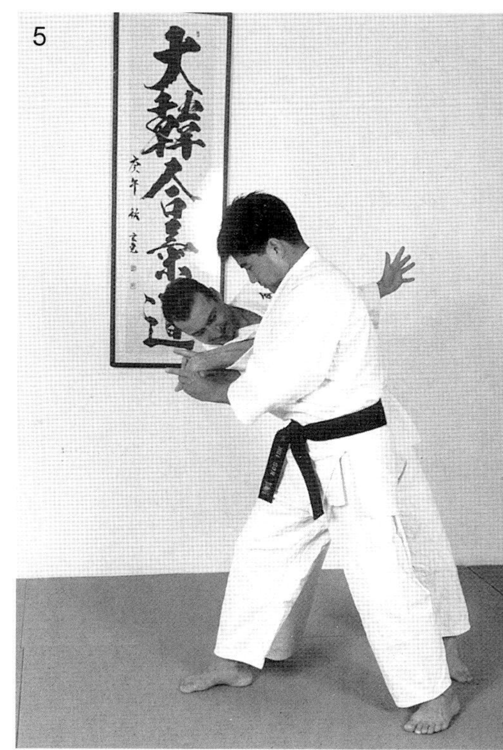

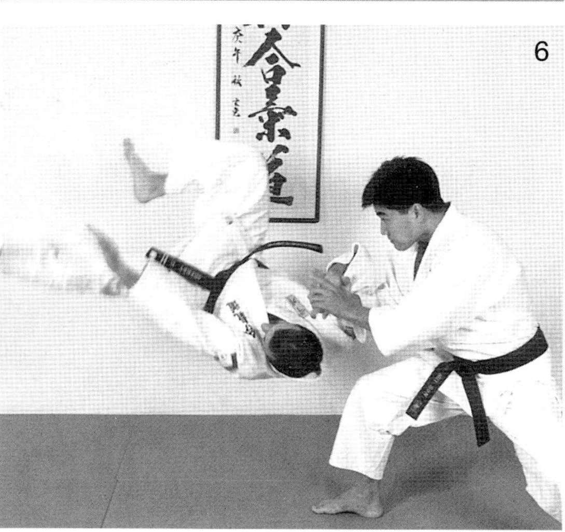

KI-BON-MAK-KI - LINKER INNENARMBLOCK NACH AUSSEN

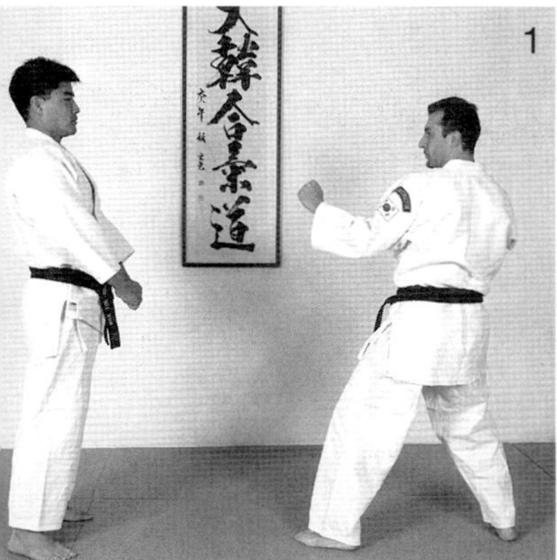

1

Technik 5

1. Der Angreifer steht dir in Kampfstellung gegenüber. Du befindest dich in der Ausgangsstellung.

2. Der Angreifer schlägt mit der rechten Hand. Du wendest einen nach außen gerichteten Innenarmblock links an und versetzt dem Angreifer mit der rechten Hand einen Fauststoß in den Solar Plexus.

3. Ergreife das rechte Handgelenk des Angreifers mit der linken Hand. Lege deine rechte Hand an die linke Kopfseite des Angreifers.

4. Dreh dich auf deinem rechten Fuß um 180°, nimm den Arm des Angreifers dabei mit und drück seinen Kopf gleichzeitig mit der rechten Hand nach unten.

5. Mit der Fortsetzung dieser Bewegung zwingst du den Angreifer zu Boden.

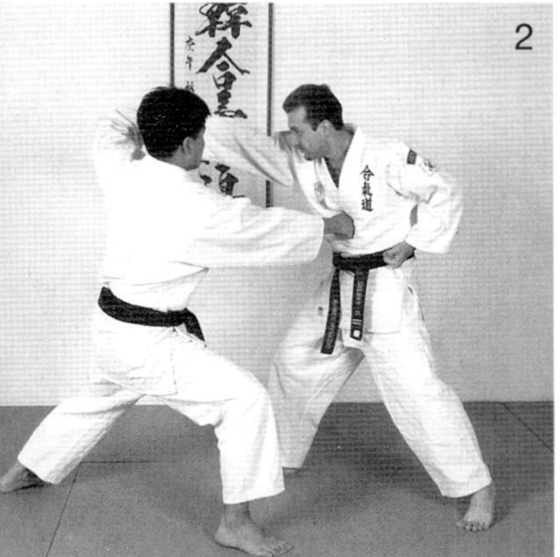

2

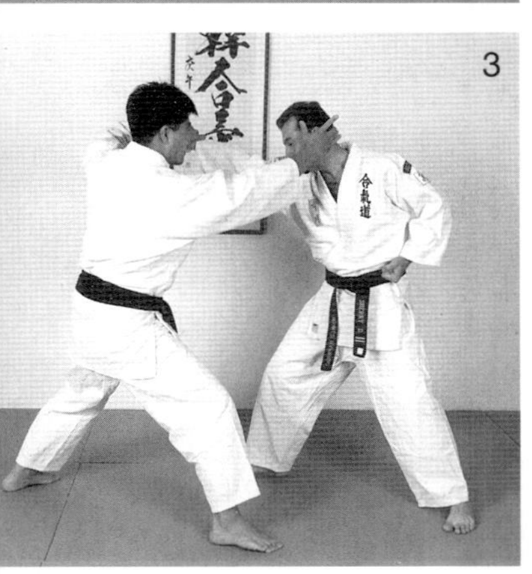

3

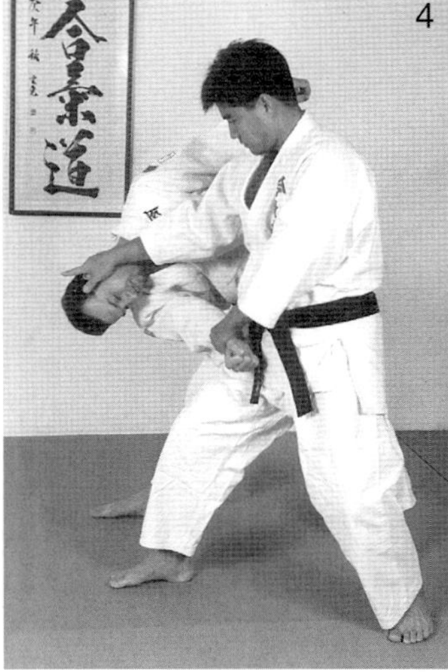

4

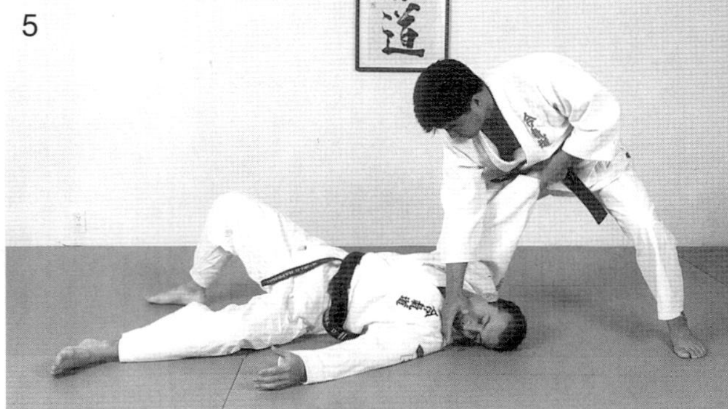

5

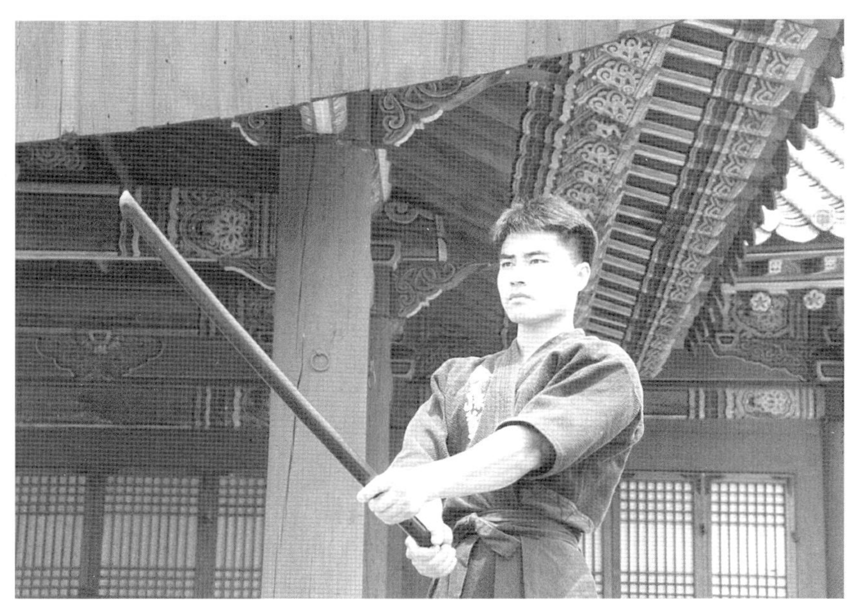

Meister Choe

KI-BON-MAK-KI

Grundlegende Blocktechniken

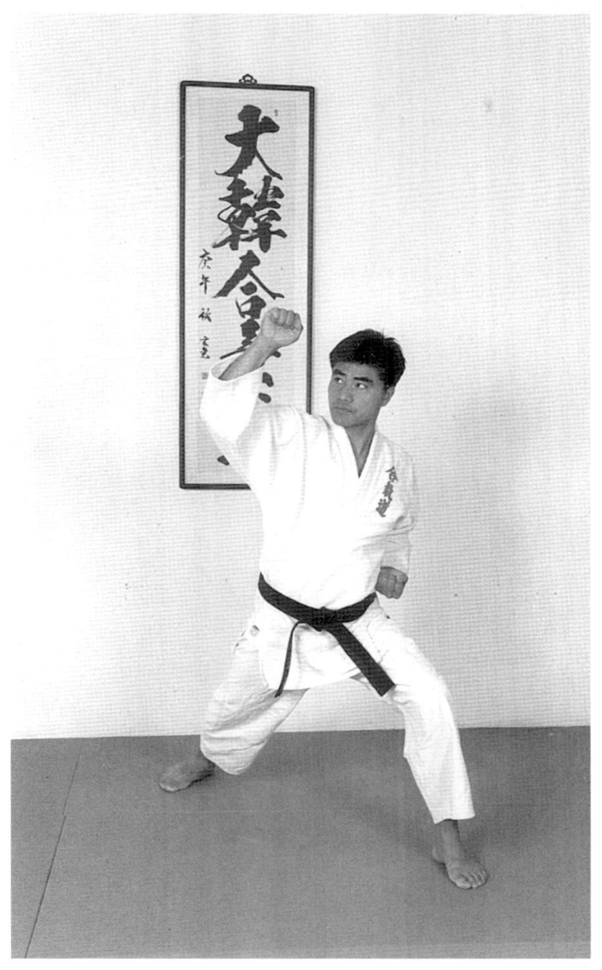

Rechter Innenarmblock nach außen

KI-BON-MAK-KI -
RECHTER INNENARMBLOCK NACH AUSSEN

1

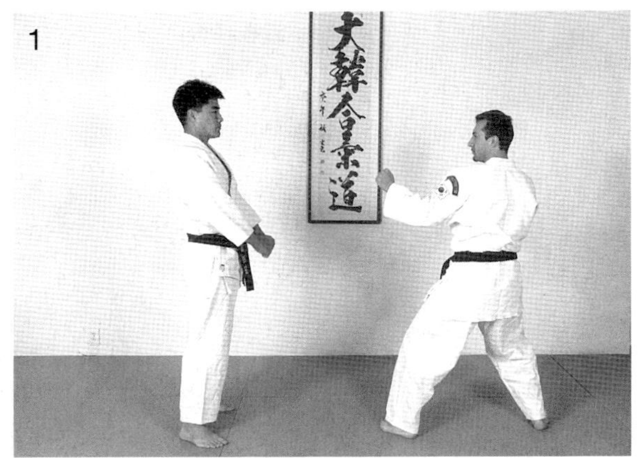

2

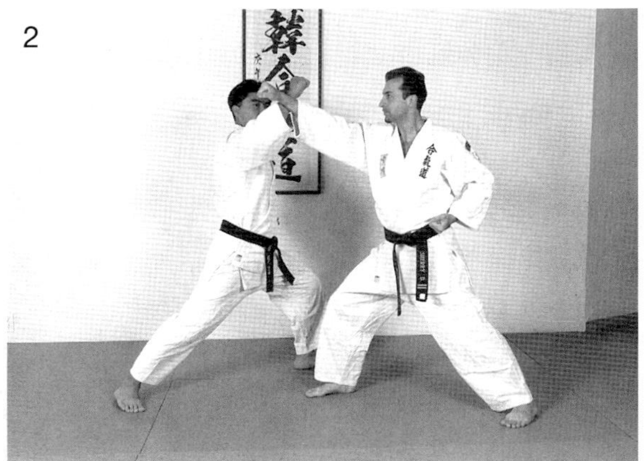

3

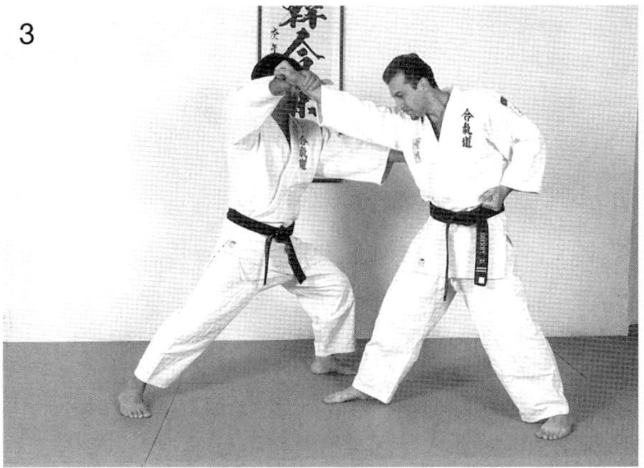

Technik 1

1. Der Angreifer steht dir in Kampfstellung gegenüber. Du befindest dich in der Ausgangsstellung.

2. Der Angreifer schlägt mit der rechten Hand. Du wendest einen nach außen gerichteten Innenarmblock rechts gegen die Außenseite seiner rechten Hand an.

3. Versetze dem Angreifer mit der linken Hand einen Faust-stoß in die Rippen.

KI-BON-MAK-KI - RECHTER INNENARMBLOCK NACH AUSSEN

Technik 2

1. Der Angreifer steht dir in Kampfstellung gegenüber. Du befindest dich in der Ausgangsstellung.
2. Der Angreifer schlägt mit der rechten Hand. Du wendest einen nach außen gerichteten Innenarmblock rechts gegen die Außenseite seiner rechten Hand an. Ergreife sein rechtes Handgelenk und versetze ihm mit der linken Hand einen Fauststoß in die Rippen.
3. Beende die Aktion mit einem mit dem linken Bein ausgeführten Drehtritt in die Rippen des Angreifers, wobei du immer noch sein rechtes Handgelenk festhältst.

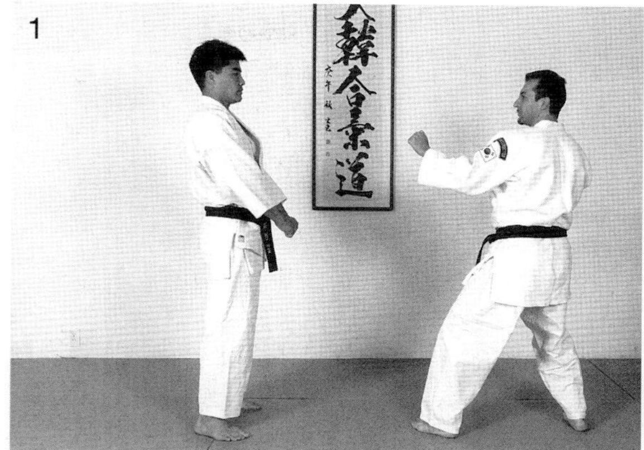
1

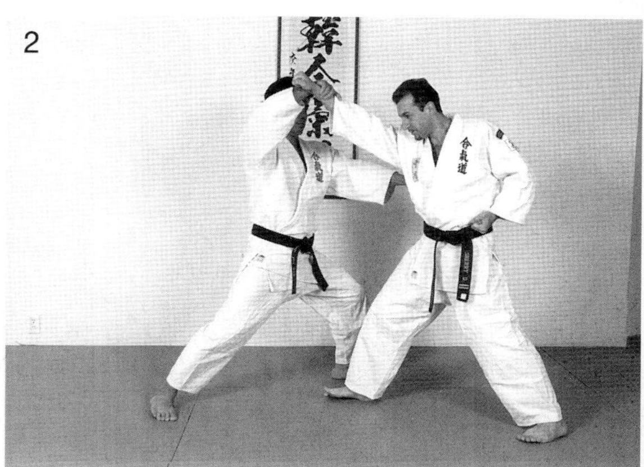
2

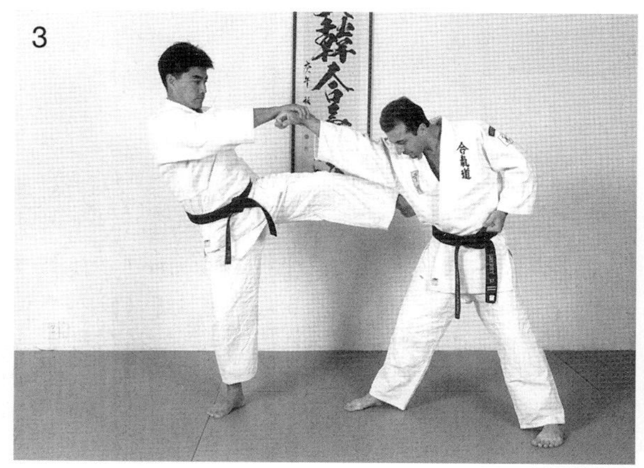
3

KI-BON-MAK-KI - RECHTER INNENARMBLOCK NACH AUSSEN

1

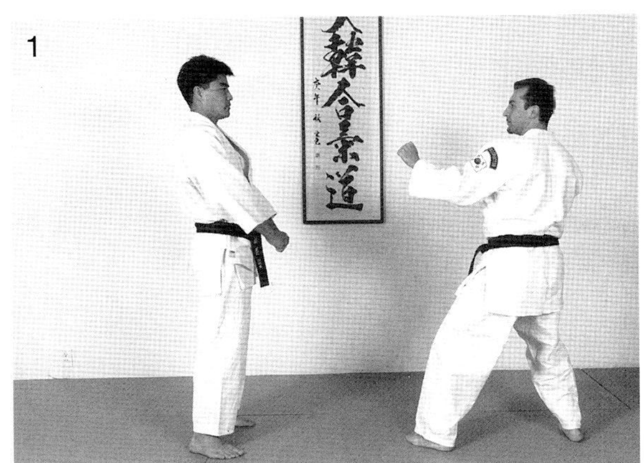

Technik 3

1. Der Angreifer steht dir in Kampfstellung gegenüber. Du befindest dich in der Ausgangsstellung.
2. Der Angreifer schlägt mit der rechten Hand. Du wendest einen nach außen gerichteten Innenarmblock rechts gegen die Außenseite seiner rechten Hand an. Ergreife sein rechtes Handgelenk und versetze ihm mit der linken Hand einen Faustстoß in die Rippen.
3. Lege deine linke Hand über den Ellenbogen des Angreifers, um eine Pal-kum-chi-Technik auszuführen.
4. Überstrecke den rechten Ellenbogen des Angreifers weiter, bis er zu Boden geht.

2

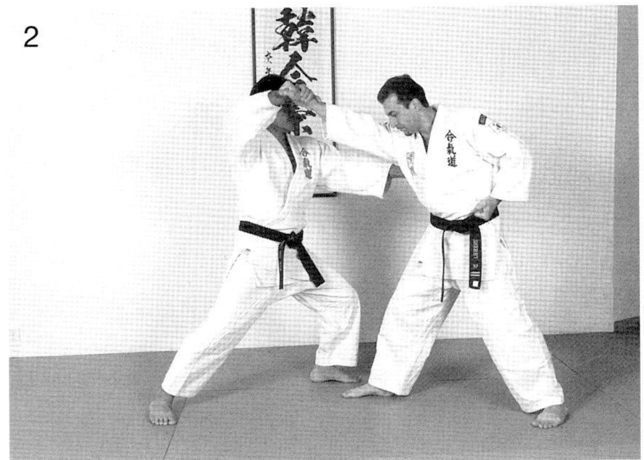

3

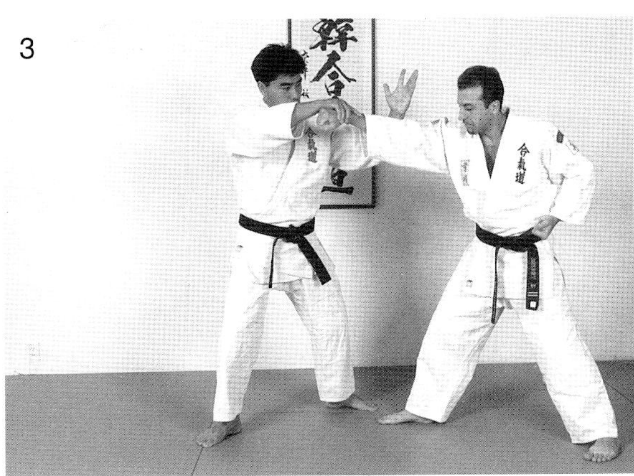

4

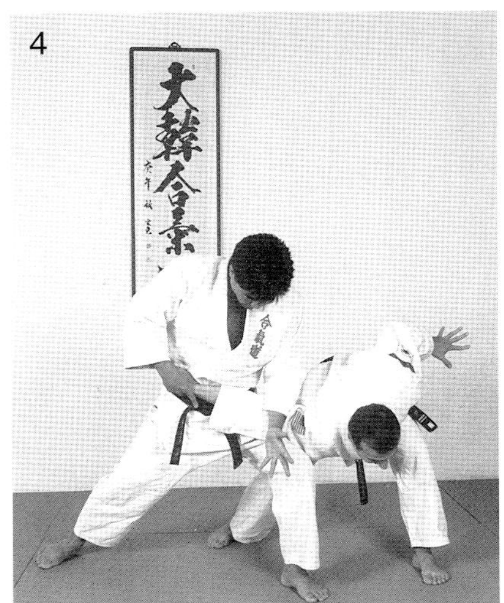

KI-BON-MAK-KI - RECHTER INNENARMBLOCK NACH AUSSEN

Technik 4

1. Der Angreifer steht dir in Kampfstellung gegenüber. Du befindest dich in der Ausgangsstellung.
2. Der Angreifer schlägt mit der rechten Hand. Du wendest einen nach außen gerichteten Innenarmblock rechts gegen die Außenseite seiner rechten Hand an. Ergreife sein rechtes Handgelenk und versetze ihm mit der linken Hand einen Faustst0ß in die Rippen.
3. Ergreife (Finger befinden sich dabei oben) den rechten Ellenbogen des Angreifers.
4. Überstrecke seinen Ellenbogen, indem du daran ziehst und mit deiner rechten Hand seine rechte Hand über seine Schulter nach vorn drückst.

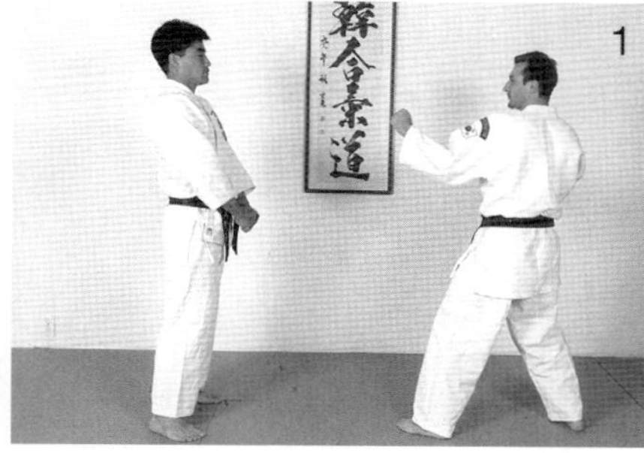
1

5. Dieser Bewegungsablauf bringt ihn zu Boden, wo du den Druck weiter aufrechterhalten kannst. Dies geschieht, indem du sein rechtes Handgelenk nun nach oben reißt. Sorg dafür, dass sich sein Ellenbogen immer oberhalb seines Handgelenks befindet, um auf diese Weise eine starke Streckung zu erzeugen.

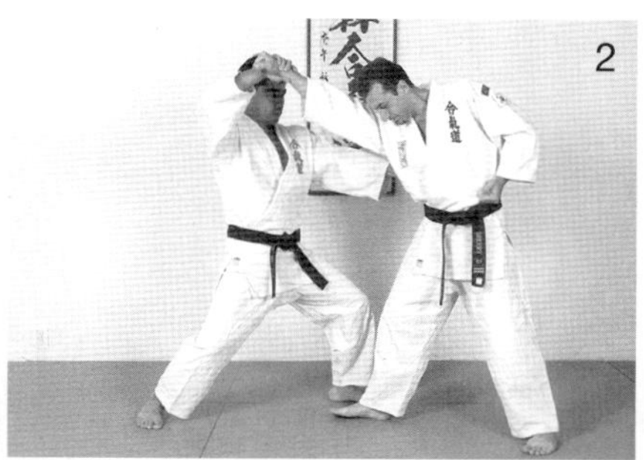
2

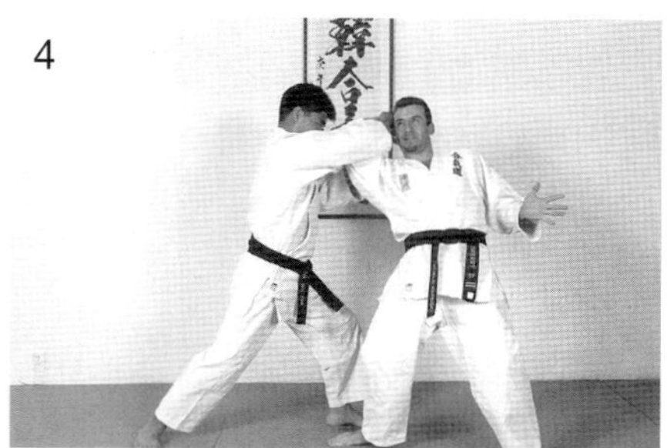
4

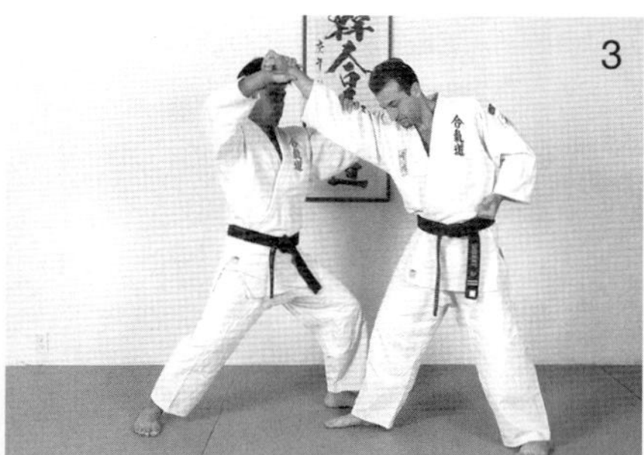
3

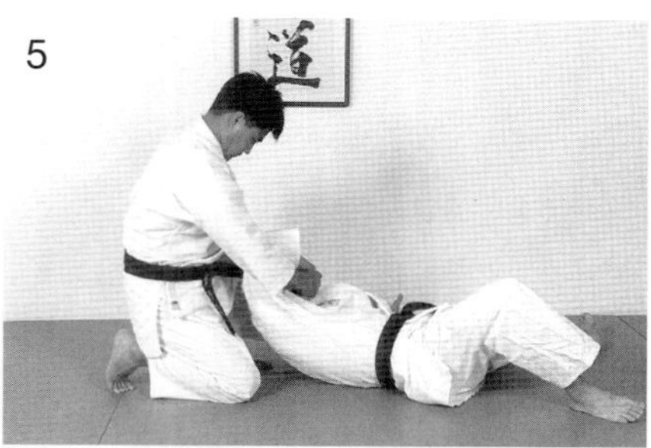
5

KI-BON-MAK-KI - RECHTER INNENARMBLOCK NACH AUSSEN

1

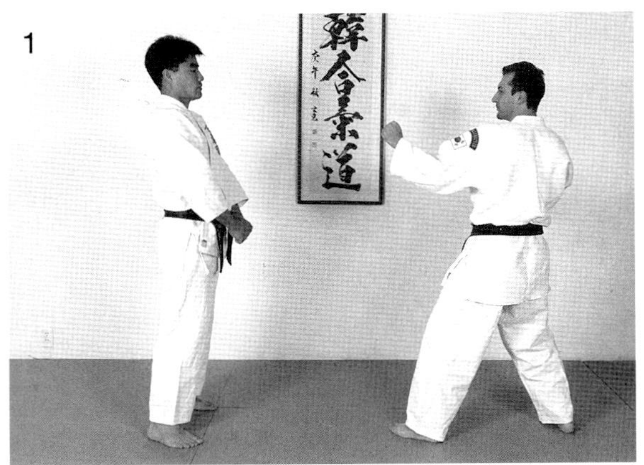

2

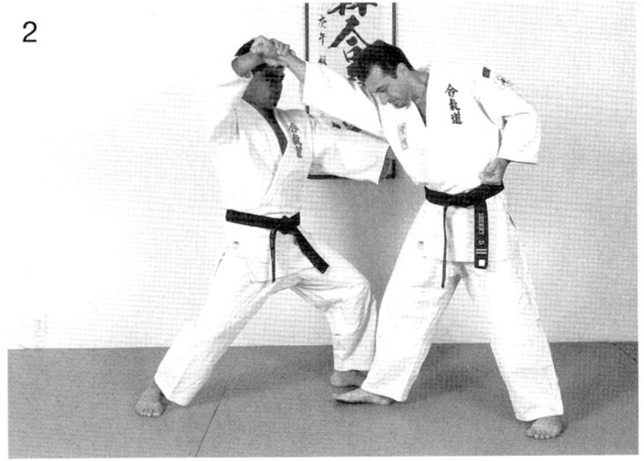

3

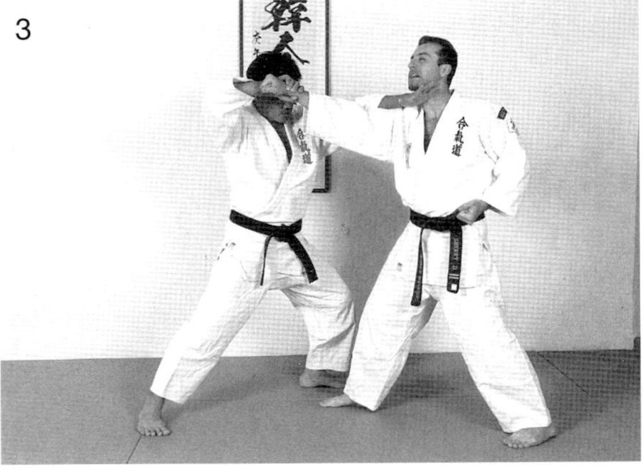

Technik 5

1. Der Angreifer steht dir in Kampfstellung gegenüber. Du befindest dich in der Ausgangsstellung.

2. Der Angreifer schlägt mit der rechten Hand. Du wendest einen nach außen gerichteten Innenarmblock rechts gegen die Außenseite seiner rechten Hand an. Ergreife sein rechtes Handgelenk und versetze ihm mit der linken Hand einen Fauststoß in die Rippen.

3. Lege deine linke Hand über seine Schulter und deine Handkante an seine Kehle.

KI-BON-MAK-KI - RECHTER INNENARMBLOCK NACH AUSSEN

4. Führe mit deinem linken Bein einen Feger gegen das rechte Bein des Angreifers aus, während du weiterhin Druck auf die Kehle des Angreifers ausübst (4a). Damit bringst du den Angreifer zu Boden (4b).

4

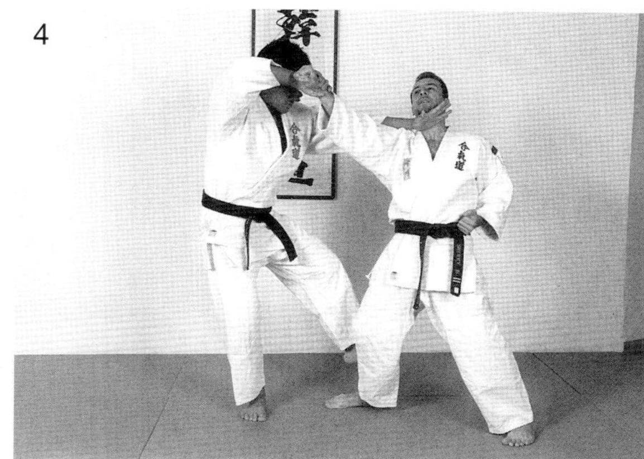

4a

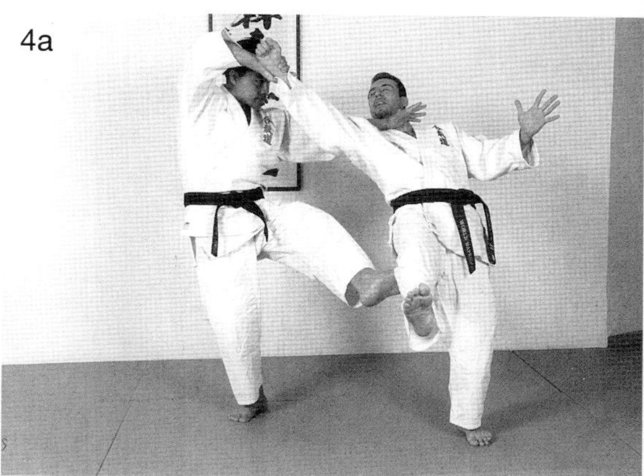

4b

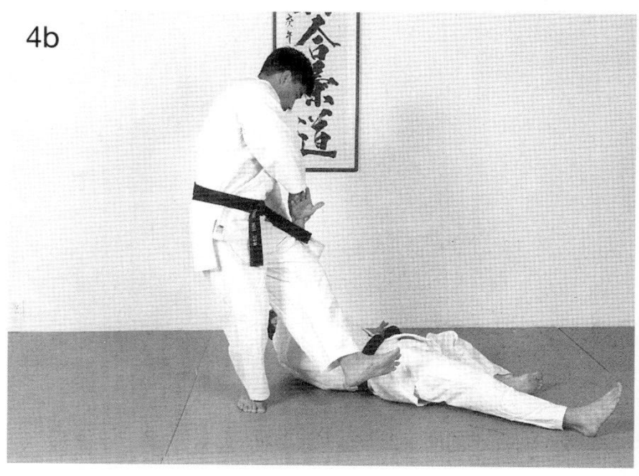

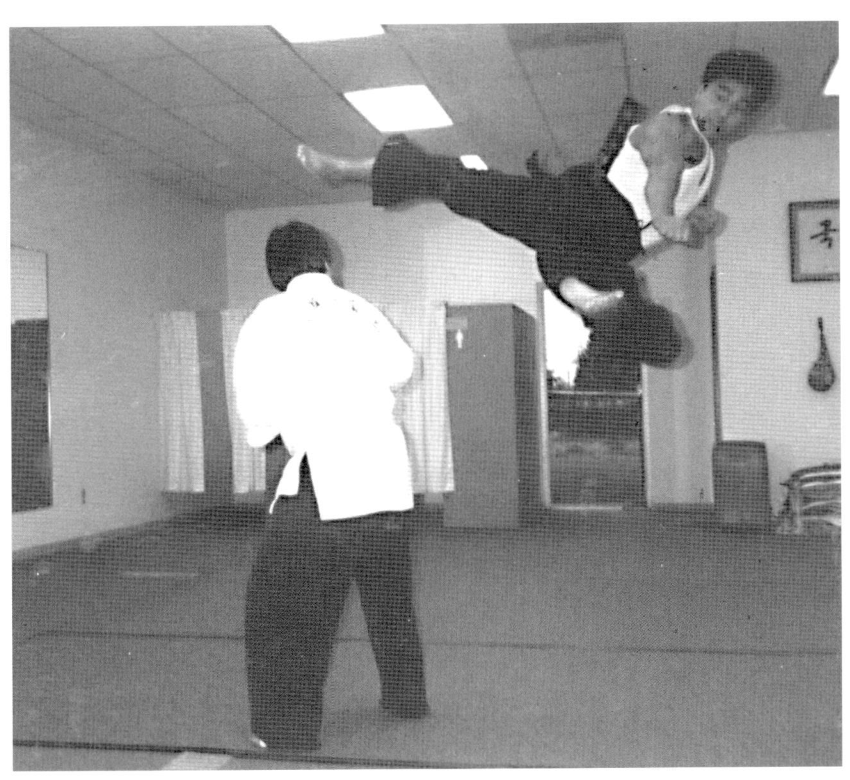

Meister Choe beim gesprungenen Seittritt

KI-BON-MAK-KI

Grundlegende Blocktechniken

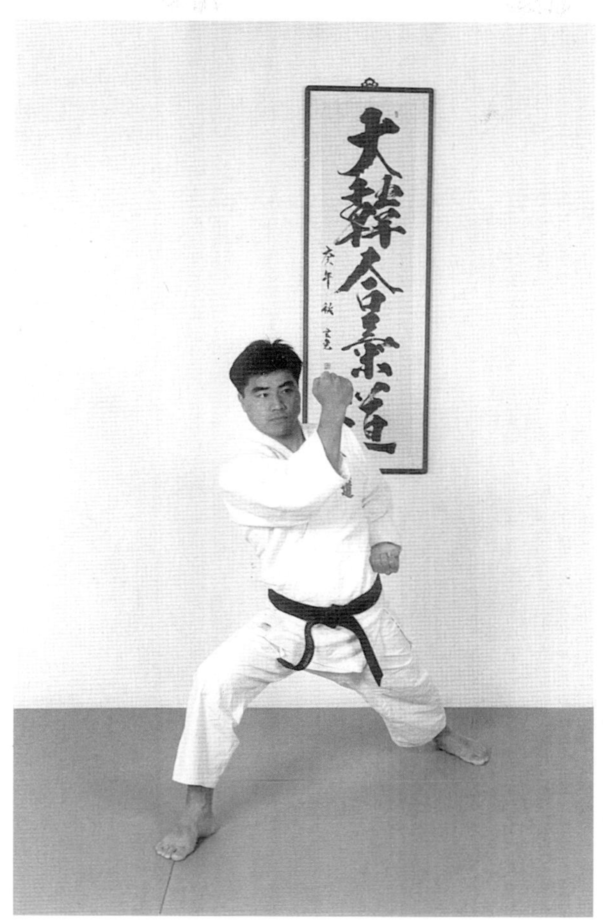

Rechter Mittelblock

KI-BON-MAK-KI – RECHTER MITTELBLOCK

1

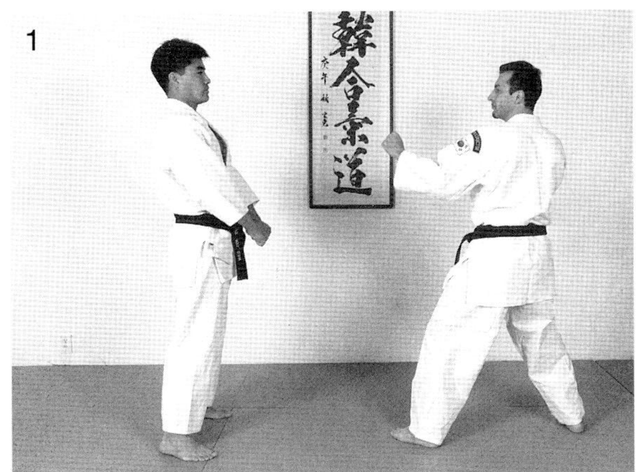

2

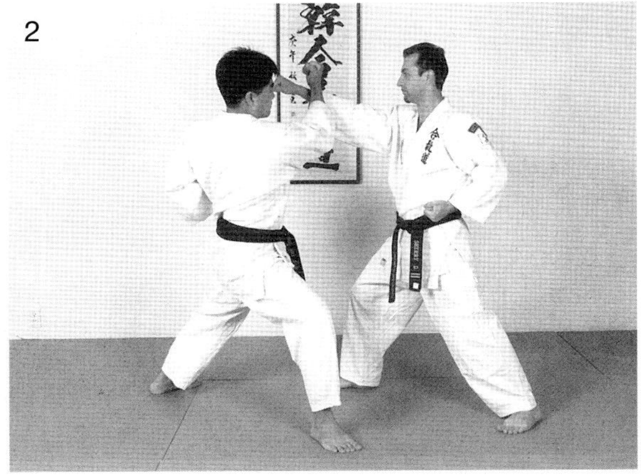

3

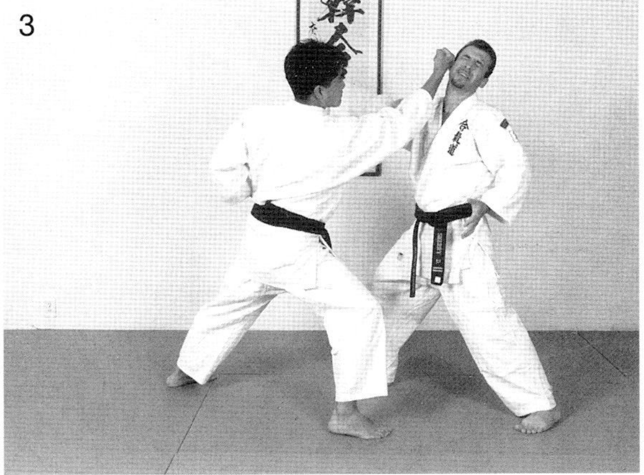

Technik 1

1. Der Angreifer steht dir in Kampfstellung gegenüber. Du befindest dich in der Ausgangsstellung.

2. Setze das rechte Bein nach vorn und geh mit einen Mittelblock an der Innenseite des Handgelenks gegen den mit rechts ausgeführten Fauststoß des Angreifers vor.

3. Zieh die Bewegung durch und versetze dem Angreifer mit dem Rücken deiner Faust einen Schlag an die rechte Schläfe.

KI-BON-MAK-KI – RECHTER MITTELBLOCK

Technik 2

1. Der Angreifer steht dir in Kampfstellung gegenüber. Du befindest dich in der Ausgangsstellung.
2. Setze das rechte Bein nach vorn und geh mit einen Mittelblock an der Innenseite des Handgelenks gegen den mit rechts ausgeführten Fauststoß des Angreifers vor.
3. Zieh die Bewegung durch und versetze dem Angreifer mit dem Rücken deiner Faust einen Schlag an die rechte Schläfe.
4. Beende die Aktion, indem du dem Angreifer mit der linken Hand einen Fauststoß in die Rippen versetzt.

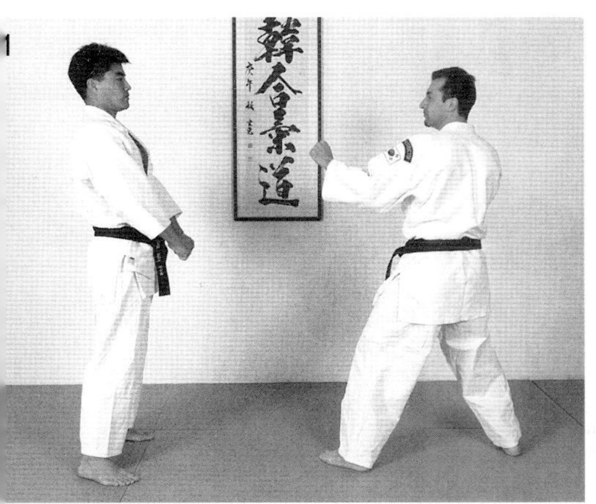

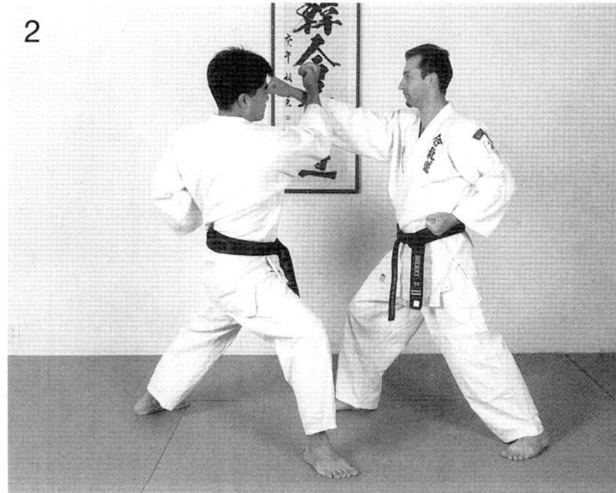

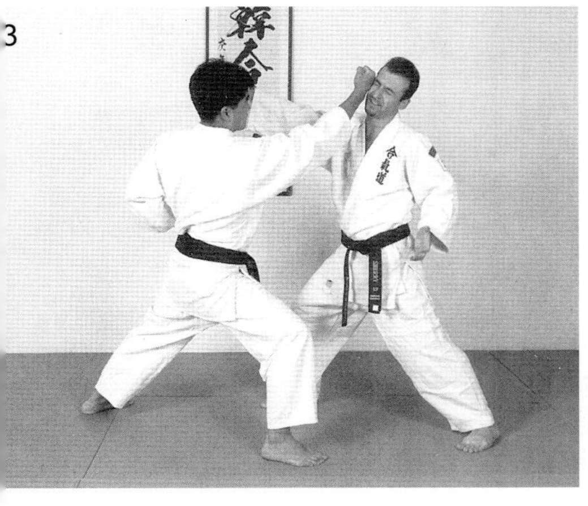

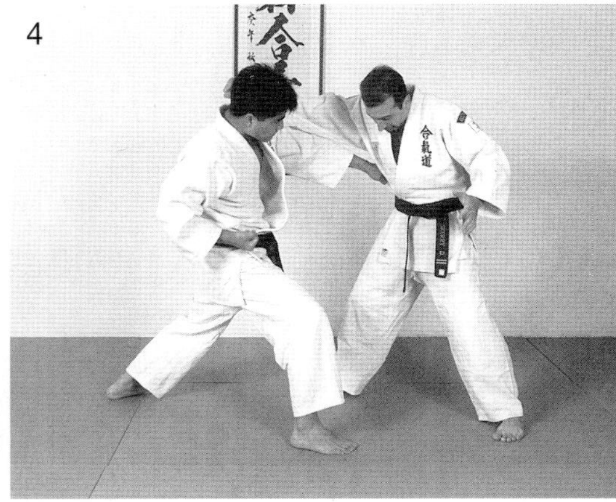

KI-BON-MAK-KI – RECHTER MITTELBLOCK

Technik 3

1. Der Angreifer steht dir in Kampfstellung gegenüber. Du befindest dich in der Ausgangsstellung.
2. Setze das rechte Bein nach vorn und geh mit einen Mittelblock an der Innenseite des Handgelenks gegen den mit rechts ausgeführten Fauststoß des Angreifers vor.
3. Ergreife mit deiner rechten Hand den rechten Handrücken des Angreifers.
4. Dreh das Handgelenk des Angreifers im Uhrzeigersinn, lehn dich zurück und versetze dem Angreifer dabei mit dem rechten Bein einen Drehtritt im Bereich der Mitte seines Körpers.
5. Verstärk den Griff am rechten Handgelenk des Angreifers, indem du deine andere Hand hinzunimmst und übe noch mehr Druck aus.

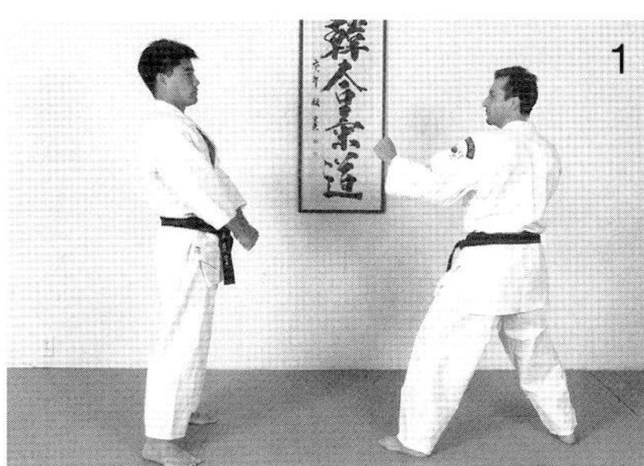
1

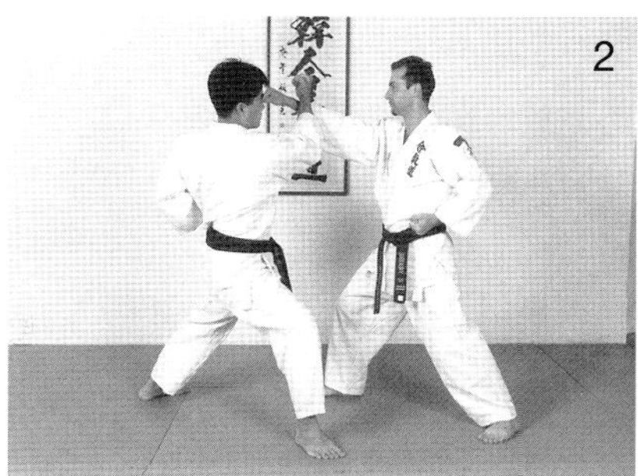
2

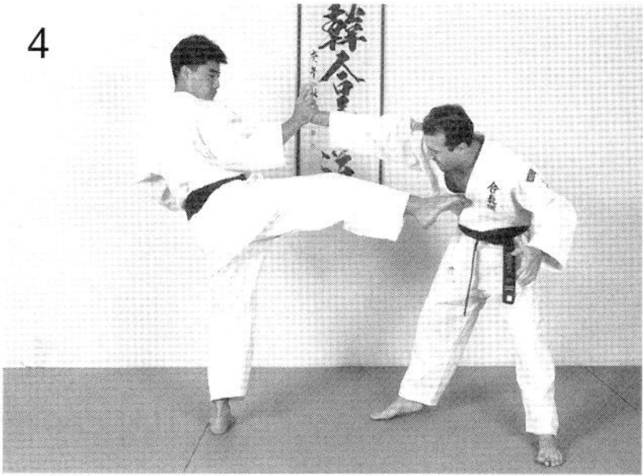
4

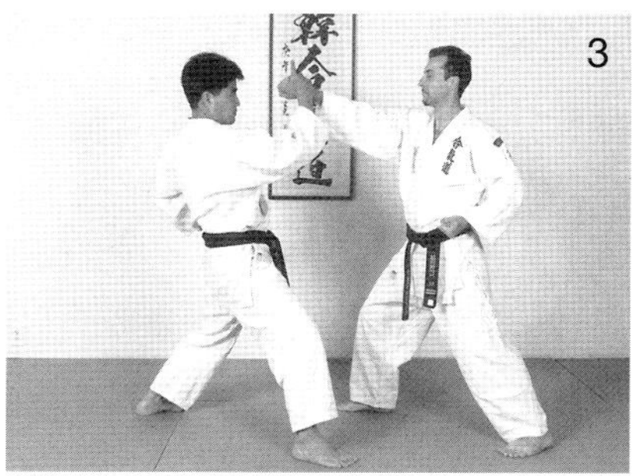
3

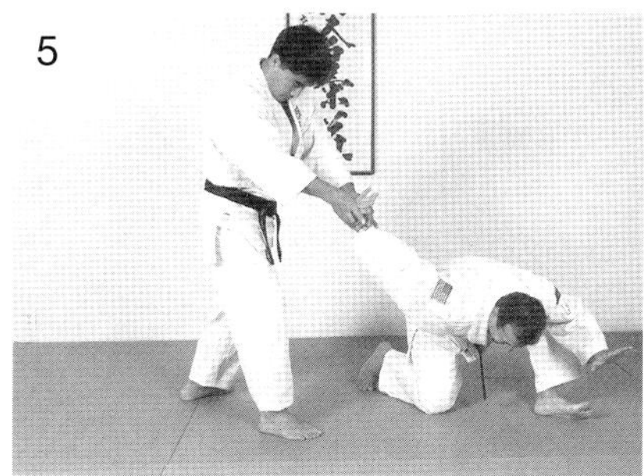
5

KI-BON-MAK-KI – RECHTER MITTELBLOCK

Technik 4

1. Der Angreifer steht dir in Kampfstellung gegenüber. Du befindest dich in der Ausgangsstellung.
2. Setze das rechte Bein nach vorn und geh mit einen Mittelblock an der Innenseite des Handgelenks gegen den mit rechts ausgeführten Faustst0ß des Angreifers vor. Ergreife mit deiner linken Hand (deine Finger liegen dabei oben) das rechte Handgelenk des Angreifers im unmittelbaren Anschluss an den Block.
3. Lass deine rechte Hand unter den rechten Arm des Angreifers sinken und schlag ihm mit dem Rücken deiner Faust in die Rippen.

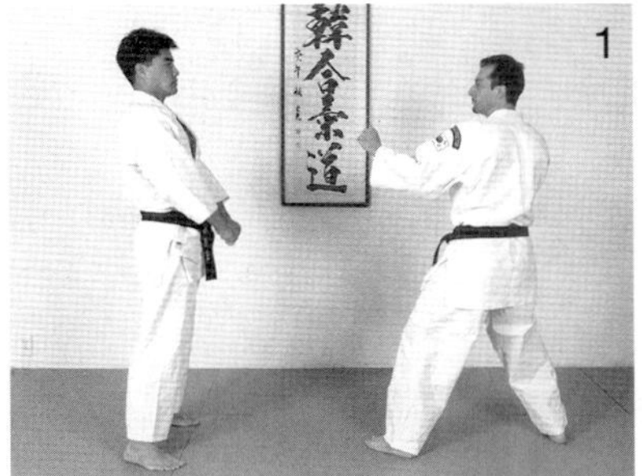
1

2

4. Hake deinen rechten Arm unter dem rechten Arm des Angreifers ein, während du den rechten Fuß nahe an ihn heransetzt. Gehe etwas in die Knie, dreh dich dabei auf dem rechten Fuß und versetze den linken um 180°. Danach stehst du mit beiden Füßen innerhalb der Füße des Angreifers.
5. Zieh den Angreifer an dich heran, während du dich nach vorn beugst und heb ihn, indem du die Knie streckst, an. Mit einem leichten Drehen bei dieser Bewegung wirfst du den Angreifer über deine Hüfte.

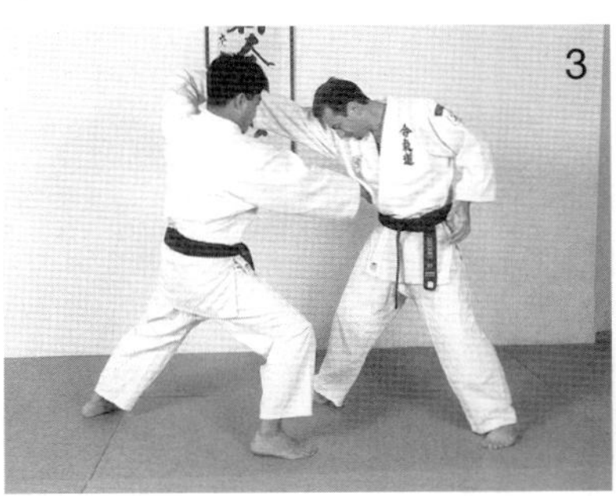
3

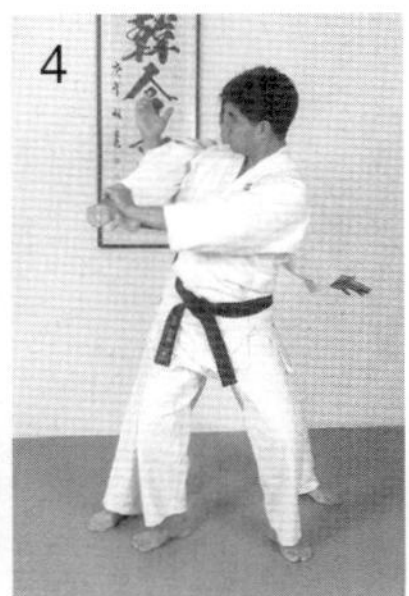
4

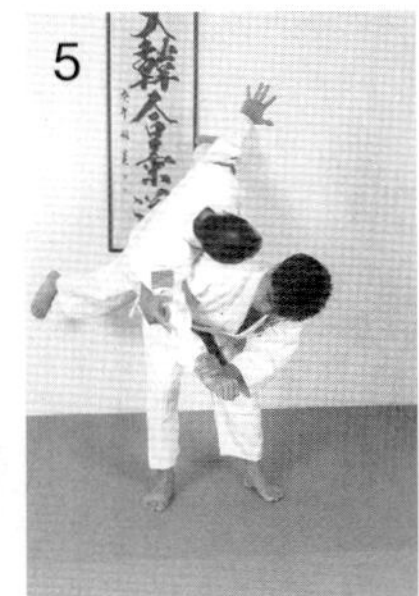
5

KI-BON-MAK-KI – RECHTER MITTELBLOCK

Technik 5

1. Der Angreifer steht dir in Kampfstellung gegenüber. Du befindest dich in der Ausgangsstellung. Setze das rechte Bein nach vorn und geh mit einen Mittelblock an der Innenseite des Handgelenks gegen den mit rechts ausgeführten Fauststoß des Angreifers vor.

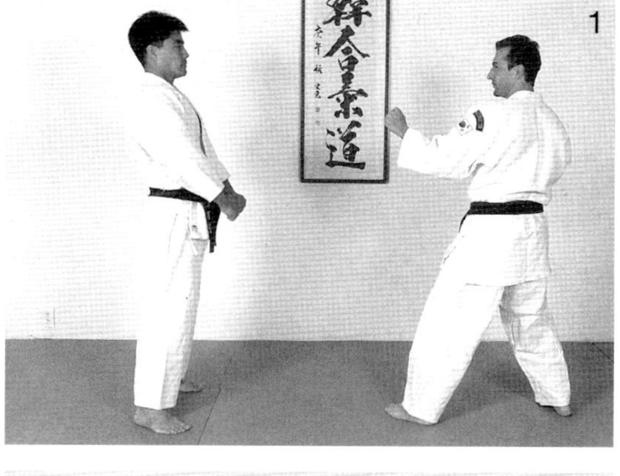

2. Versetze dem Angreifer mit dem Rücken deiner Faust einen Schlag an die rechte Schläfe.

3. Greif über und schieb deinen Arm soweit, bis sich der Kopf des Gegners darunter befindet.

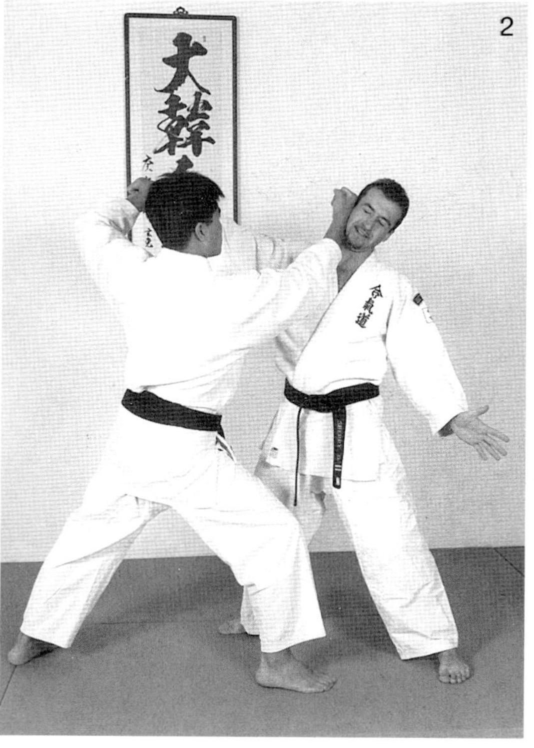

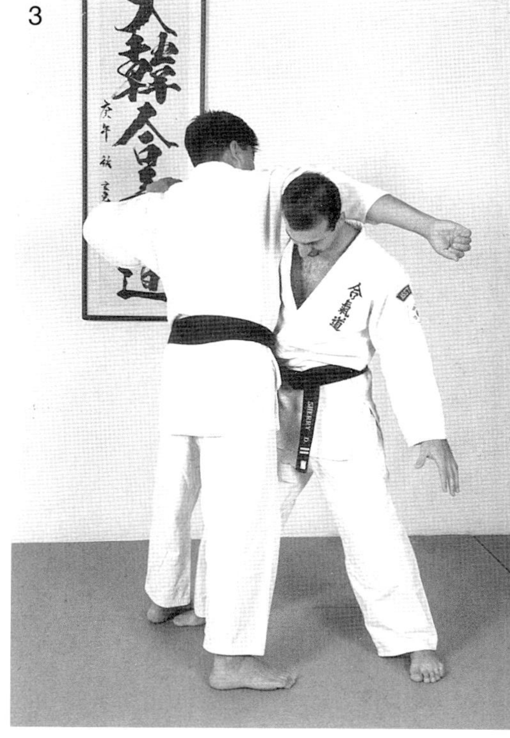

KI-BON-MAK-KI – RECHTER MITTELBLOCK

4. Hake deinen Arm so unter dem Kinn des Angreifers ein, dass dein Unterarm über seiner Kehle liegt.
5. Lasse dich auf dein Gesäß fallen und heb den Angreifer (Vorsicht!) über deinen Kopf hinweg, wobei du dein rechtes Bein an der Innenseite des linken Beins des Angreifers anlegst und dich auf den Rücken rollst.
6. Der Angreifer befindet sich am Ende Kopf an Kopf mit dir. Dabei hältst du den Würgegriff mit deinem Unterarm aufrecht.

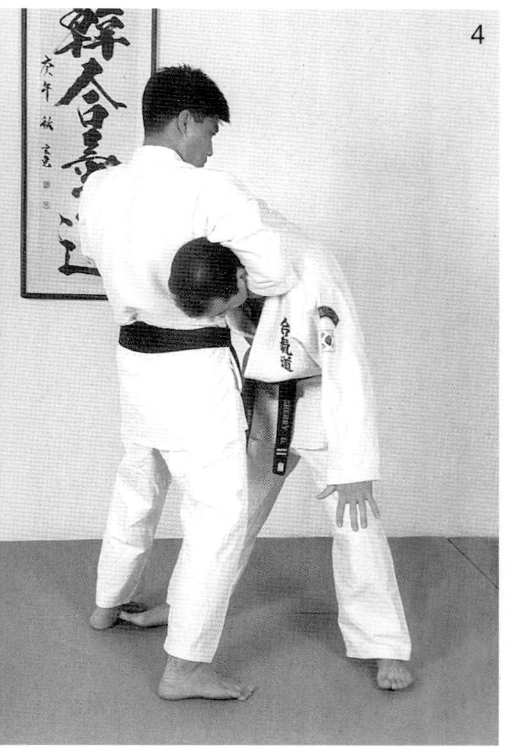
4

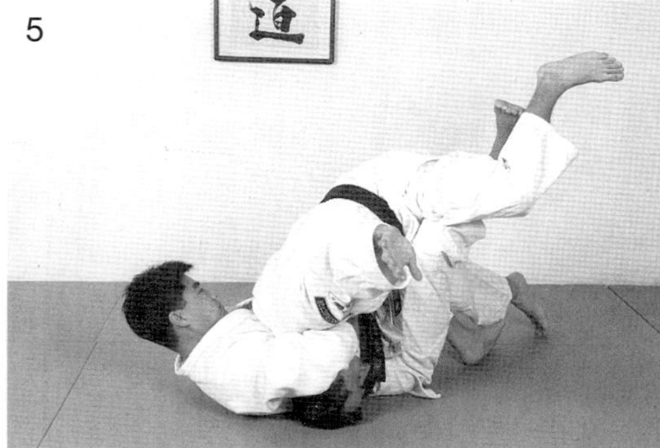
5

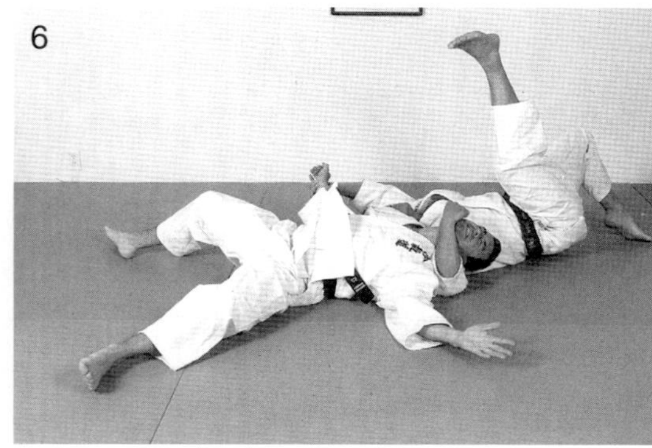
6

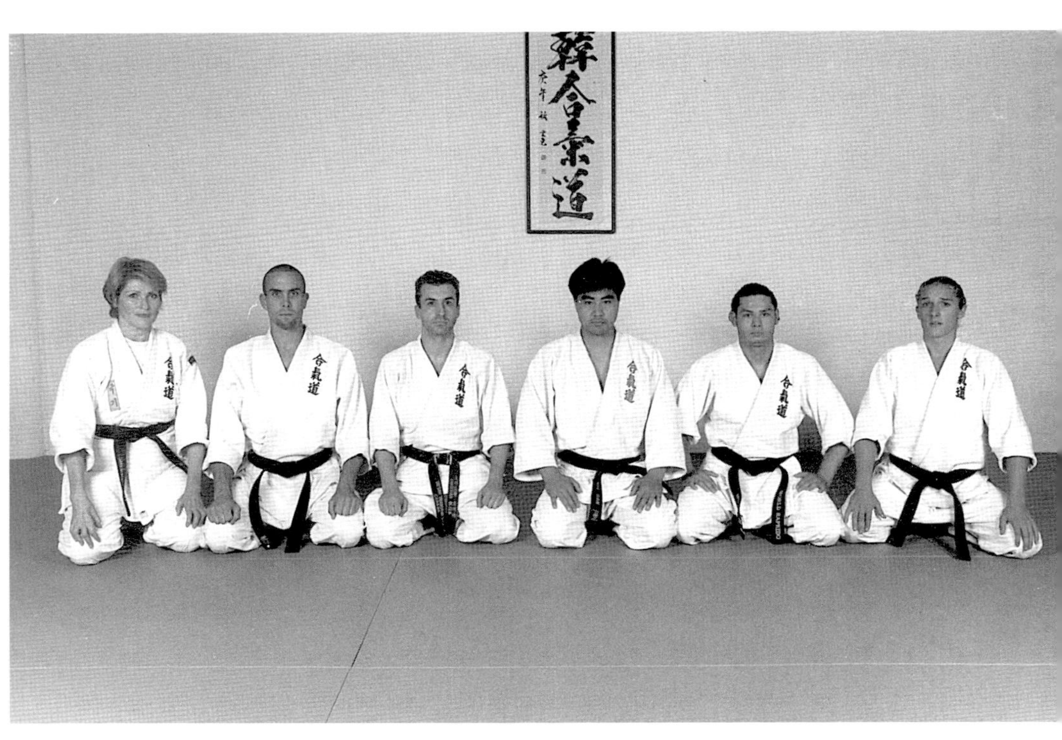

Meister Choe, Ausbilder Chris und Schwarzgurt-Schüler

KI-BON-MAK-KI

Grundlegende Blocktechniken

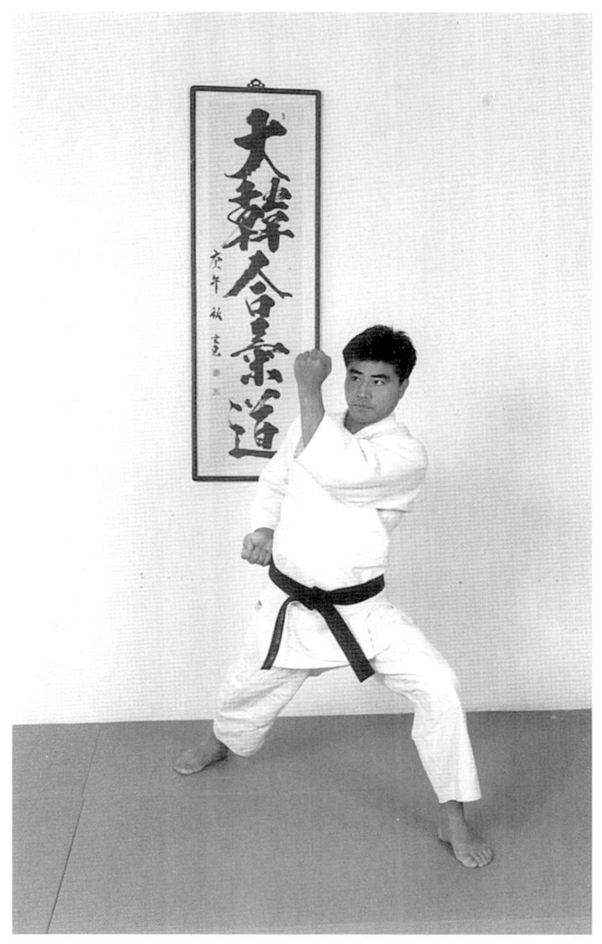

Linker Mittelblock

KI-BON-MAK-KI – LINKER MITTELBLOCK

1

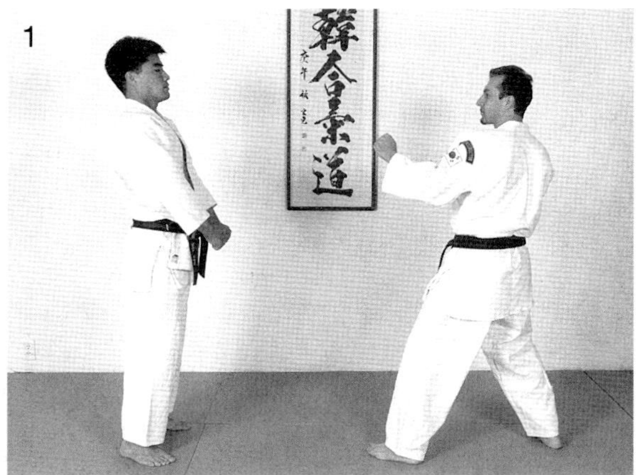

2

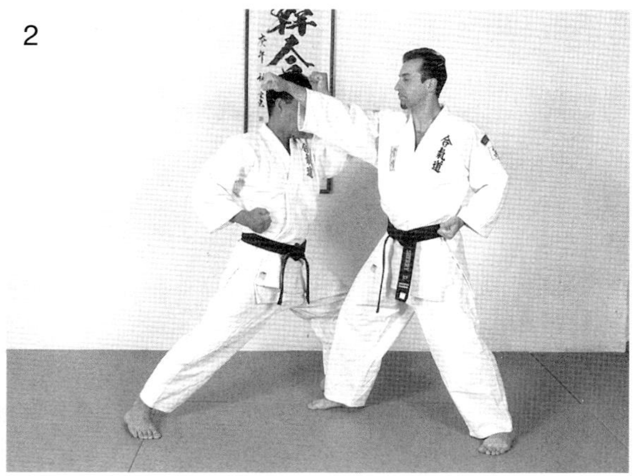

3

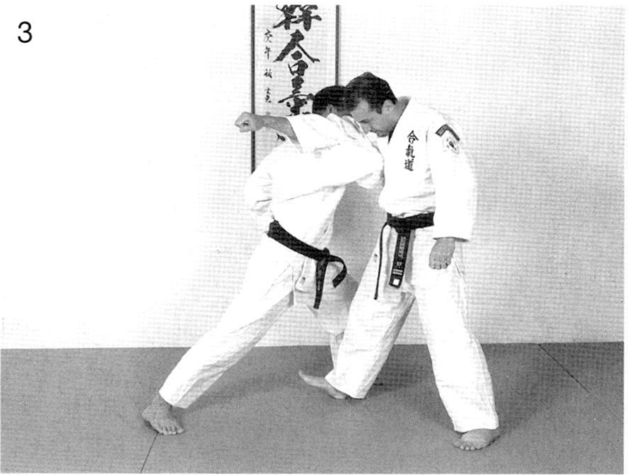

Technik 1

1. Der Angreifer steht dir in Kampfstellung gegenüber. Du befindest dich in der Ausgangsstellung.

2. Setze das linke Bein nach vorn und geh mit einen Mittelblock an der Außenseite des Handgelenks gegen den mit rechts ausgeführten Fauststoß des Angreifers vor.

3. Beende die Aktion, indem du dem Angreifer mit dem rechten Ellenbogen einen Stoß in die Rippen versetzt.

KI-BON-MAK-KI – LINKER MITTELBLOCK

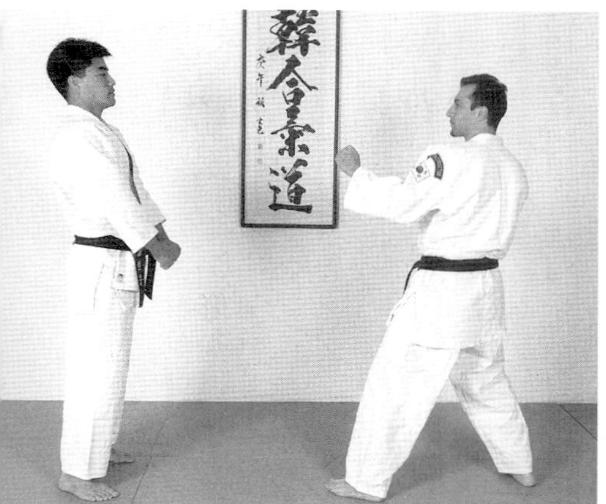

Technik 2

1. Der Angreifer steht dir in Kampfstellung gegenüber. Du befindest dich in der Ausgangsstellung.
2. Setze das linke Bein nach vorn und geh mit einem Mittelblock an der Außenseite des Handgelenks gegen den mit rechts ausgeführten Faustoß des Angreifers vor.
3. Beende die Aktion, indem du dem Angreifer mit dem rechten Ellenbogen einen Stoß in die Rippen versetzt.
4. Streck deinen rechten Arm aus, um ihn über die Schultern des Angreifers zu legen. Zieh ihn nach unten und führe gleichzeitig mit dem rechten Bein einen Kniestoß gegen die Mitte seines Körpers aus.

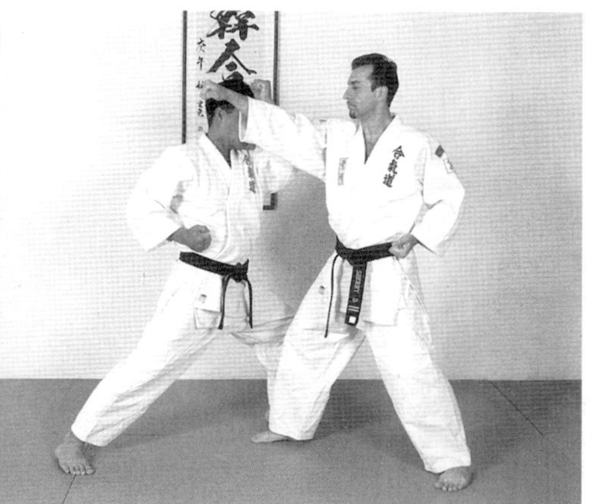

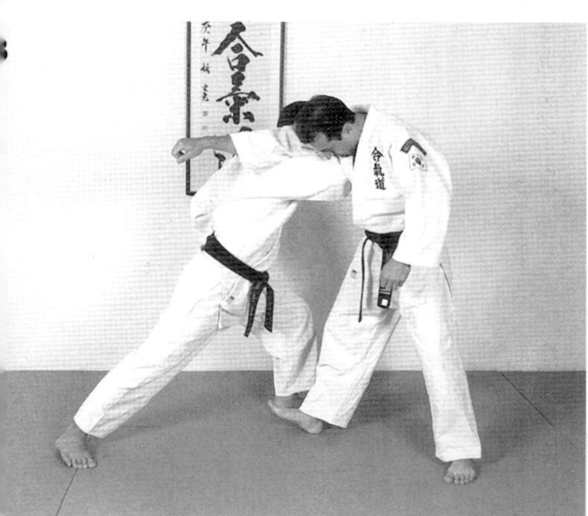

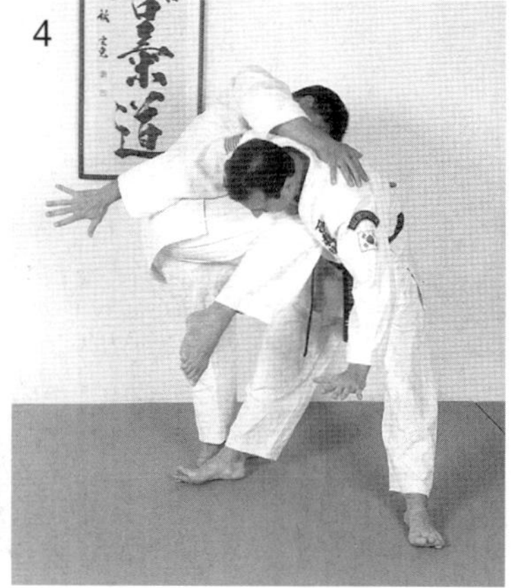

KI-BON-MAK-KI – LINKER MITTELBLOCK

1

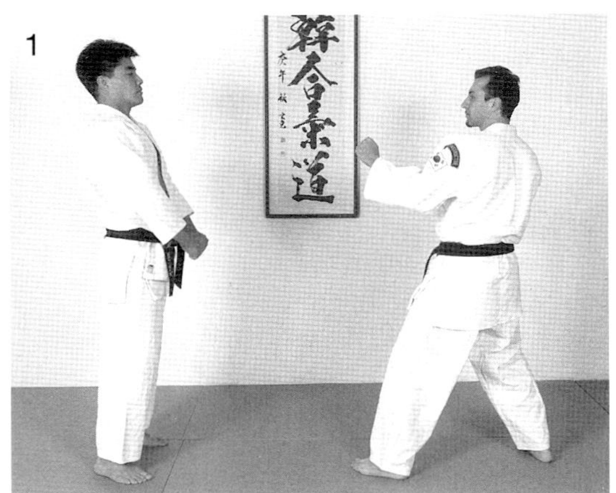

2

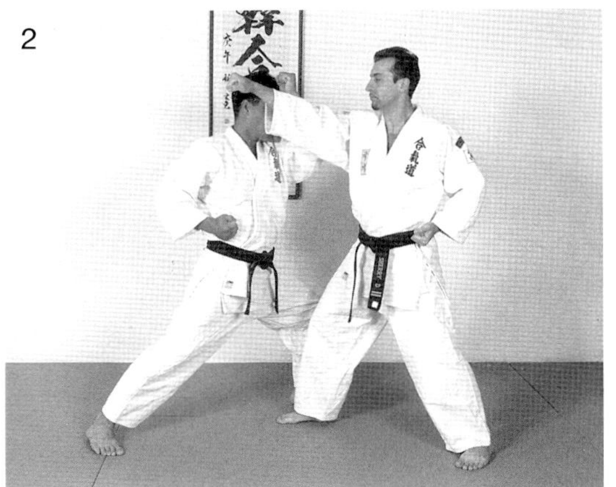

Technik 3

1. Der Angreifer steht dir in Kampfstellung gegenüber. Du befindest dich in der Ausgangsstellung.
2. Setze das linke Bein nach vorn und geh mit einem Mittelblock an der Außenseite des Handgelenks gegen den mit rechts ausgeführten Faustastoß des Angreifers vor.
3. Die rechte Hand kommt von unten, um das rechte Handgelenk des Angreifers zu packen. Deine linke Hand öffnet sich und fasst neben deiner rechten, um den Griff an seinem rechten Handgelenk zu verstärken.
4. Schwinge deinen linken Ellenbogen quer über seinen rechten Arm, während du dein linkes Bein schräg unter seinen rechten Arm setzt. Klemm seinen Arm unter deinem ein. Bringe seine Schulter bis an dein linkes Knie hinunter und zieh seine Hand steil nach oben.

3

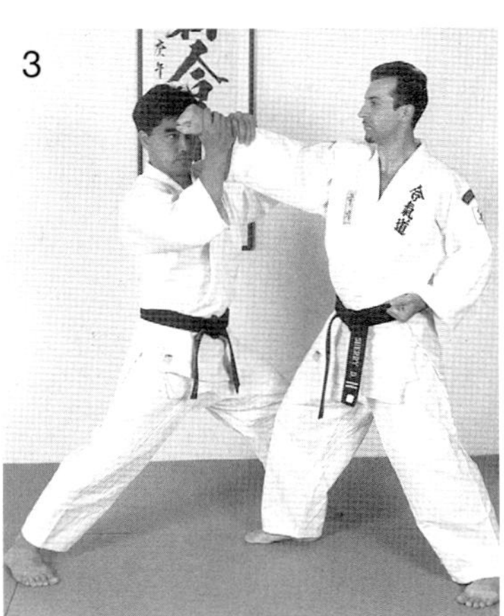

4

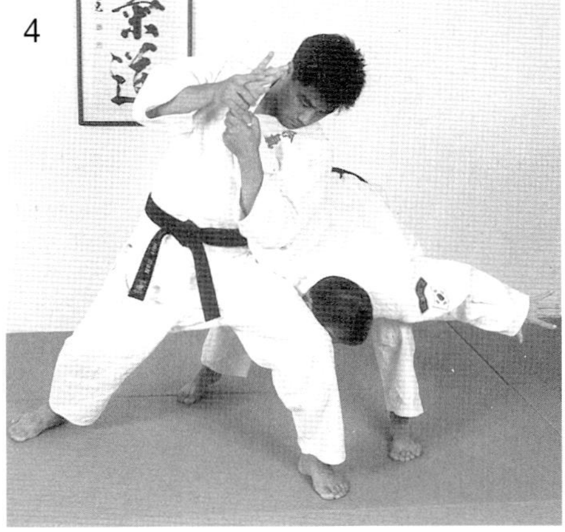

KI-BON-MAK-KI – LINKER MITTELBLOCK

Technik 4

1. Der Angreifer steht dir in Kampfstellung gegenüber. Du befindest dich in der Ausgangsstellung.
2. Setze das linke Bein nach vorn und geh mit einem Mittelblock an der Außenseite des Handgelenks gegen den mit rechts ausgeführten Faustsstoß des Angreifers vor.
3. Öffne deine linke Hand, um (mit oben liegenden Fingern) das rechte Handgelenk des Gegners zu packen. Versetze dem Angreifer mit der rechten Hand einen Schlag in die Rippen.
4. Verstärke den Griff am rechten Handgelenk des Angreifers durch den Einsatz deiner zweiten Hand. Biege das Handgelenk des Angreifers zurück zur Seite (Boo-chae).
5. Geh nach vorn sobald sich der Angreifer am Boden befindet und setze ihm dein rechtes Knie auf die Brust während du den Druck auf sein Handgelenk beibehältst.

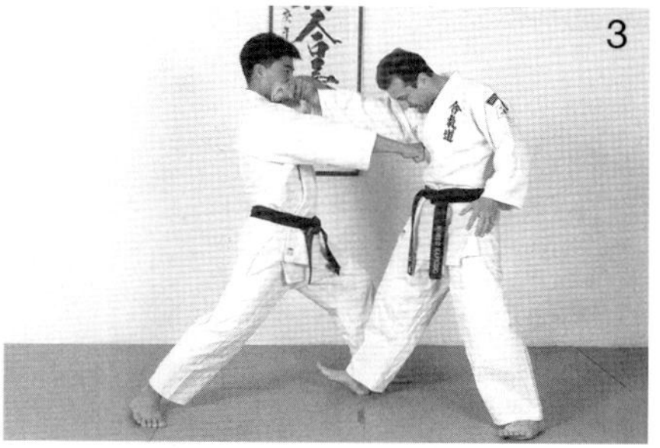
3

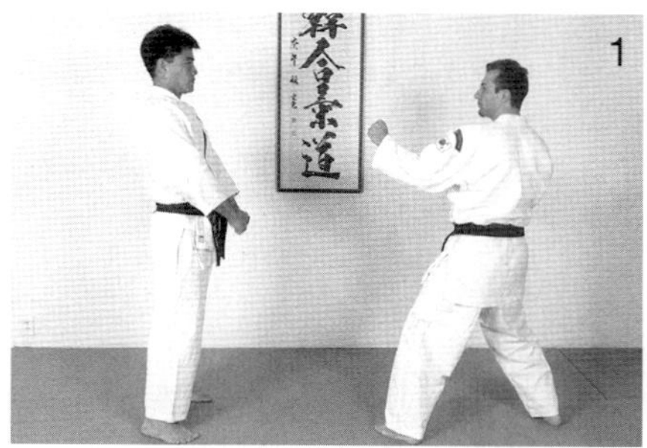
1

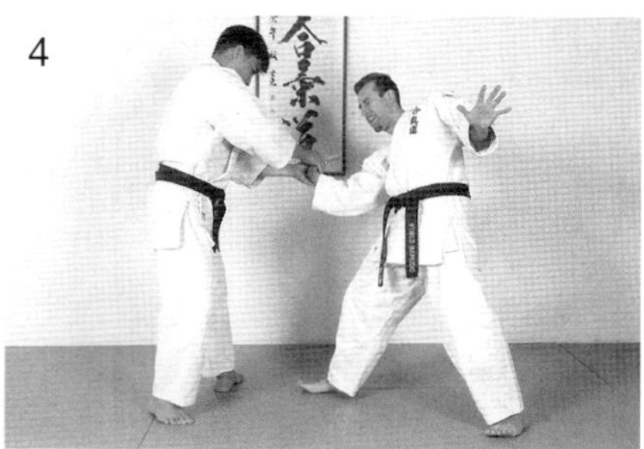
4

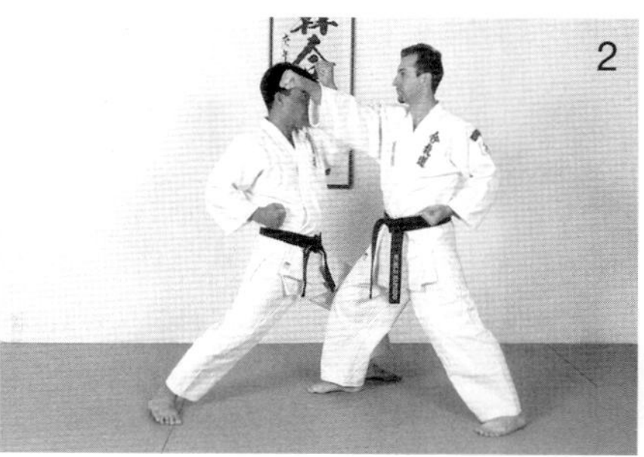
2

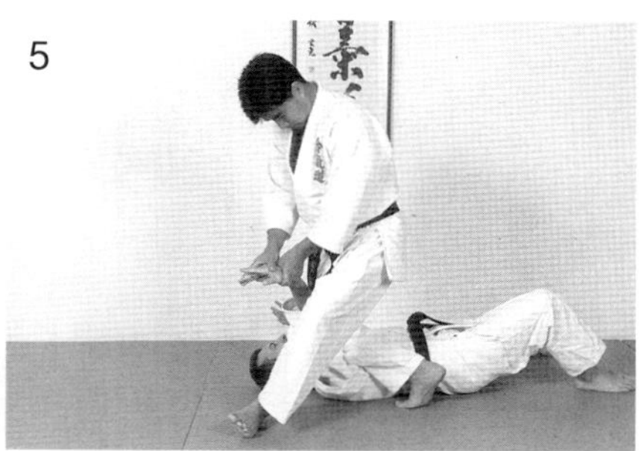
5

KI-BON-MAK-KI – LINKER MITTELBLOCK

1

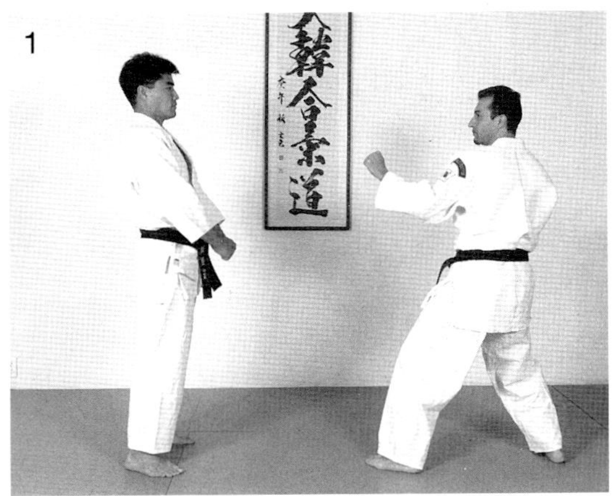

Technik 5

1. Der Angreifer steht dir in Kampfstellung gegenüber. Du befindest dich in der Ausgangsstellung.
2. Setze das linke Bein nach vorn und geh mit einem Mittelblock an der Außenseite des Handgelenks gegen den mit rechts ausgeführten Faustst0ß des Angreifers vor.
3. Schwing deinen rechten Arm hoch und nach vorn, bis sich deine rechte Schulter an seinem Unterarm befindet. Mit der linken Hand greifst du hinter seinen Rücken, um dort auf deine rechte Hand zu treffen.
4. Sobald sich deine beiden Hände treffen, presst du sie in Richtung deiner Brust, während du mit deiner rechten Schulter nach vorn drückst. Zieh deinen Kopf ein, so dass er dich weder mit seinen Armen noch mit einem Kopfstoß erreichen kann. Auf diese Weise würgst du den Angreifer.

2

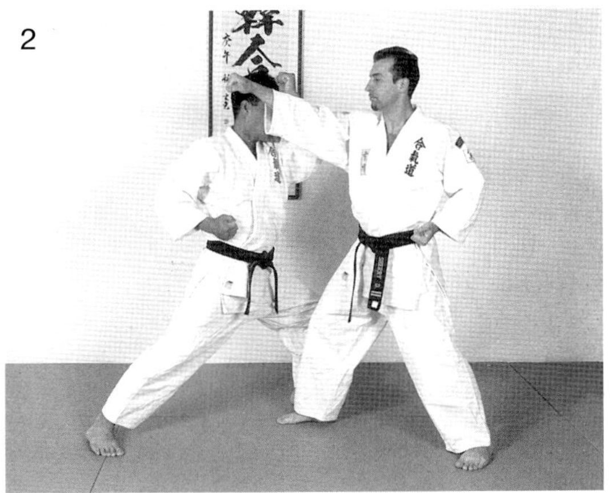

3

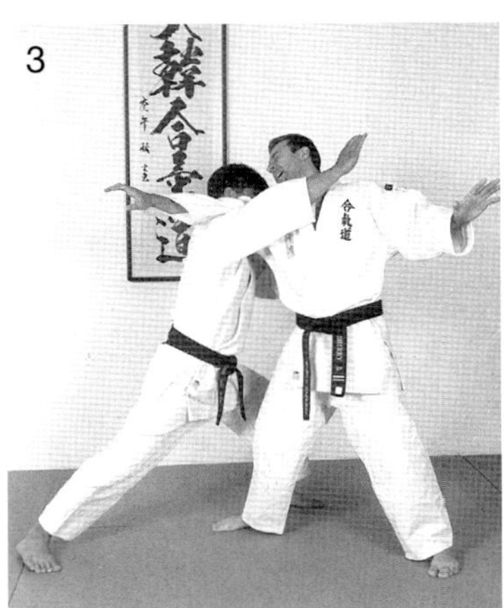

4

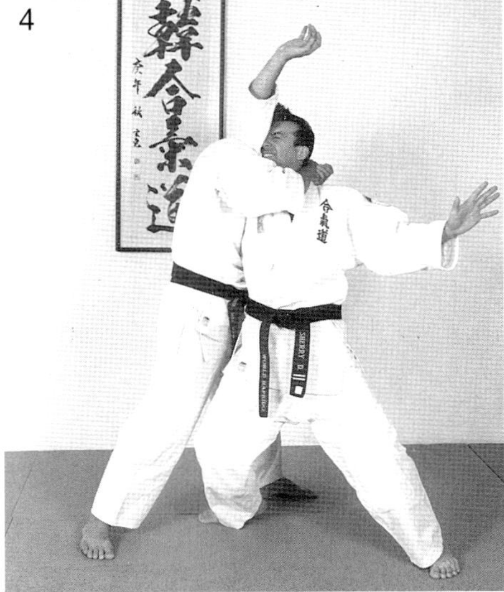

GRUNDLEGENDE TRITTTECHNIKEN

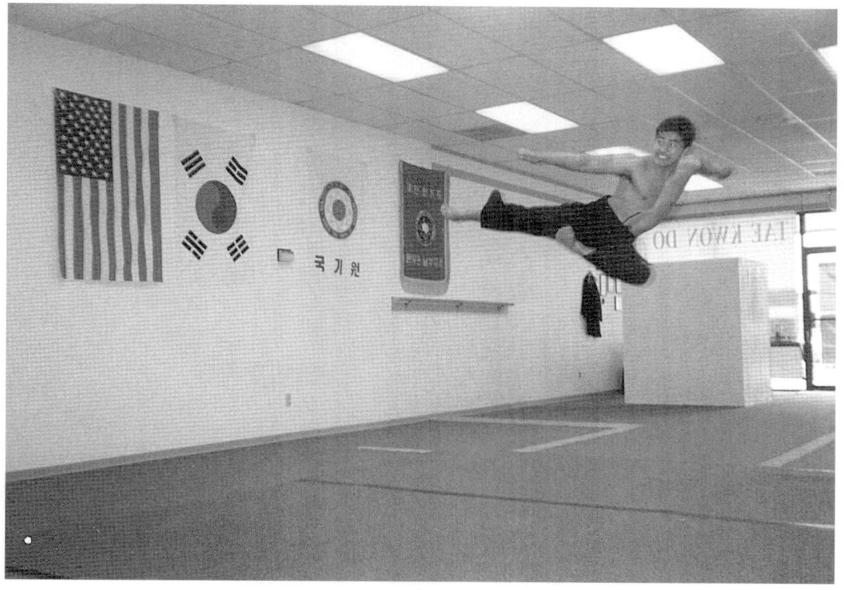

Master Choe – gesprungener Seittritt

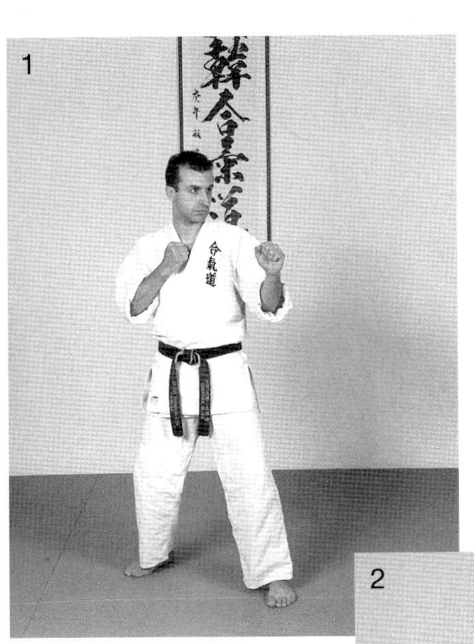

SPANNTRITT (INSTEP) IN DEN UNTERLEIB

1. Nimm einen Stand ein, bei dem du das linke Bein nach vorn setzt. Beide Beine stehen auseinander und sind leicht gebeugt. Die Schultern weisen seitlich in die Richtung deines Tritts.
2. Verlagere dein Gewicht nach vorn auf das linke Bein, während du gleichzeitig das rechte Knie anhebst.
3. Lass das rechte Bein mit einer raschen Bewegung vor- und zurückschnappen. Lehn dich dabei leicht zurück, um deine Reichweite nach vorn zu vergrößern.

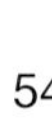

SPANNTRITT (INSTEP) IN DEN UNTERLEIB

4. Diesen schnellen Tritt kannst du dann anwenden, wenn dein Abstand zum Gegner größer ist als die Reichweite deines Arms.

5. Achte darauf, dass sich dein Knie etwas höher befindet als das Ziel, da sich dein Tritt ja durch dieses hindurch fortsetzen soll.

6. Führe die blitzschnelle Bewegung aus und beende sie, indem du beim Aufsetzen des Fußes wieder in deine Trittstellung zurückgelangst.

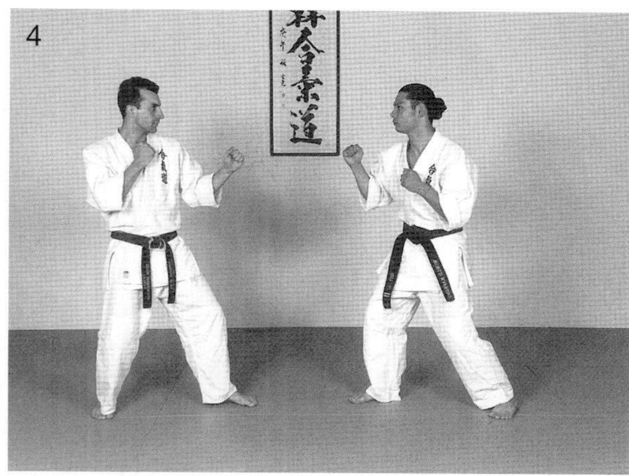
4

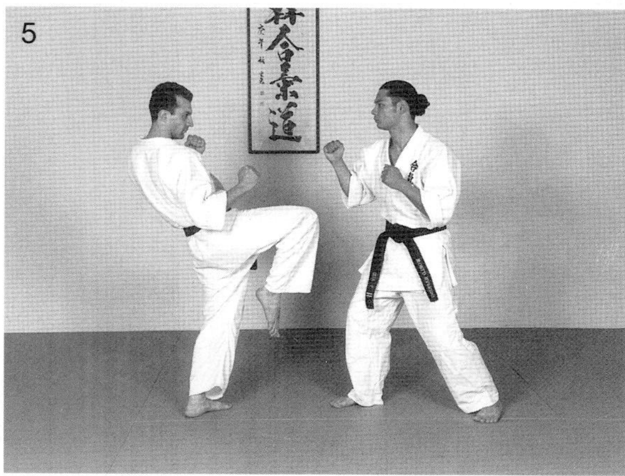
5

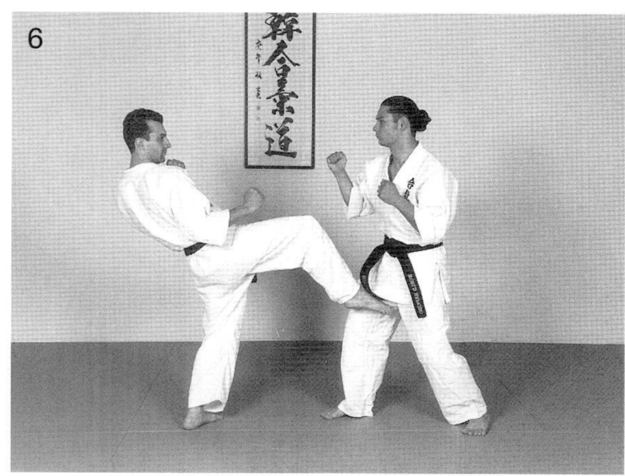
6

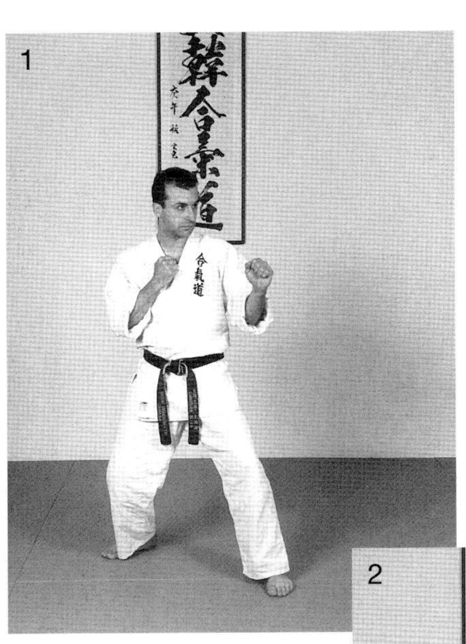

FEGETRITT (SWEEPING KICK)

1. Nimm einen Stand ein, bei dem du das linke Bein nach vorn setzt. Beide Beine stehen auseinander und sind leicht gebeugt. Die Schultern weisen seitlich in die Richtung deines Tritts.

2. Dreh das Knie leicht nach außen, während du damit beginnst, die rechte Ferse nach vorne zu bringen.

3. Schieb die Ferse voran, bis sich dein Bein streckt. Lehn dich leicht zurück, um eine größere Reichweite zu erzielen.

4. Du musst Fuß und Zehen zurückziehen, damit die Ferse nach vorne kommen kann.

2

3

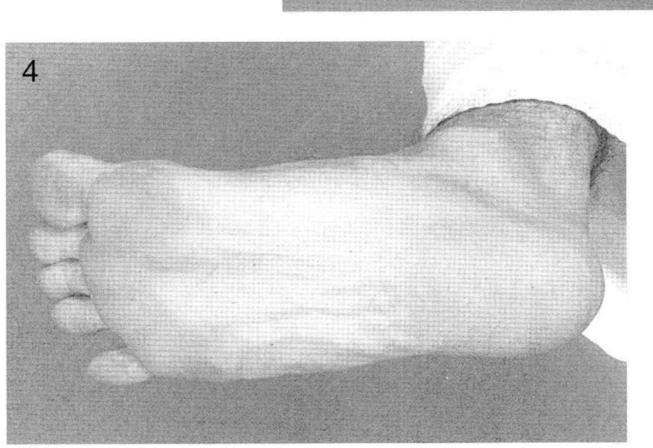

FEGETRITT (SWEEPING KICK)

5. Der tiefe Fersentritt ist ein effektiver Angriff gegen das Knie des Gegners. Er beginnt aus deiner Tritt-Grundstellung.
6. Heb die rechte Ferse bis an dein linkes Knie.
7. Streck das Bein und tritt dem Angreifer gegen sein nach vorn gesetztes Knie.

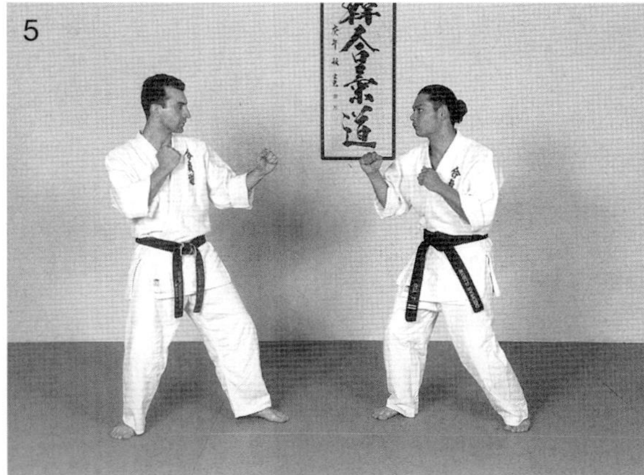
5

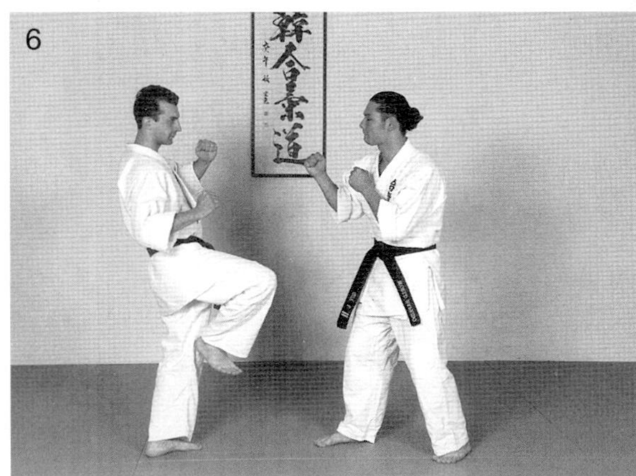
6

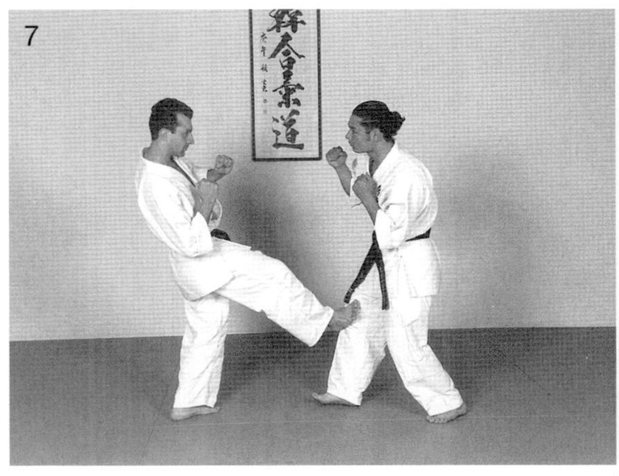
7

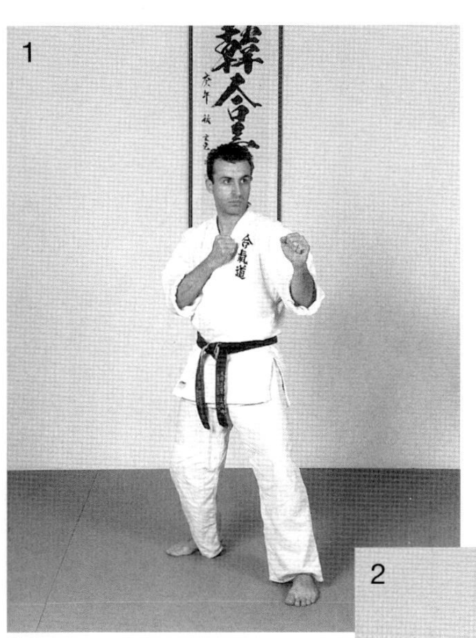

VORWÄRTSTRITT (FRONT KICK)

1. Der Vorwärtstritt beginnt wie immer aus einer für Tritte geeigneten Ausgangsstellung.
2. Hebe das rechte Knie und bring es nach vorn.
3. Lasse das Bein mit einer blitzschnellen Bewegung nach oben vorschnellen.

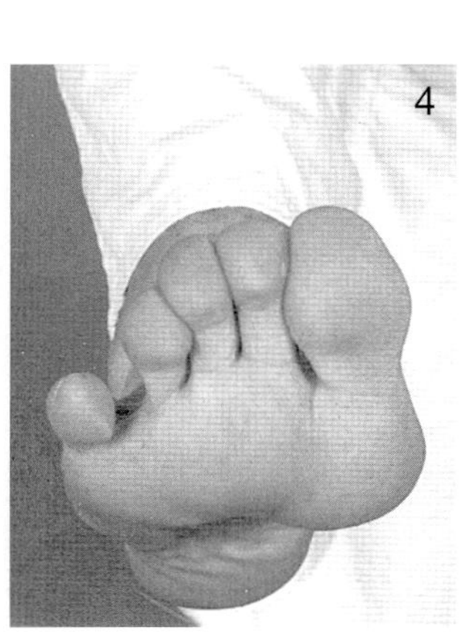

4. Führe den Tritt mit dem Fußballen aus. Dadurch streckt sich dein Fuß, während sich die Zehen zurückziehen.

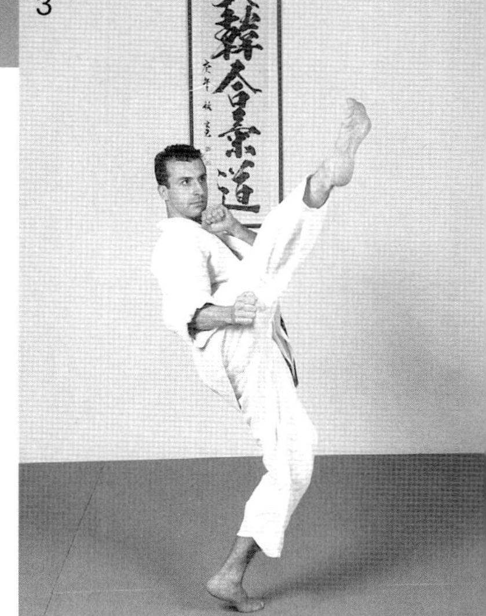

VORWÄRTSTRITT (FRONT KICK)

5. Du stehst einen Angreifer gegenüber, der sich in Trittbereitschaft befindet.
6. Richte deine Hüften im rechten Winkel aus und stoße dein Knie in Richtung Körpermitte des Angreifers. Achte darauf, dass sich dein Fuß dicht an deinem Bein befindet.
7. Streck dein Bein und ramm deinen Fußballen dabei in die Körpermitte des Gegners.

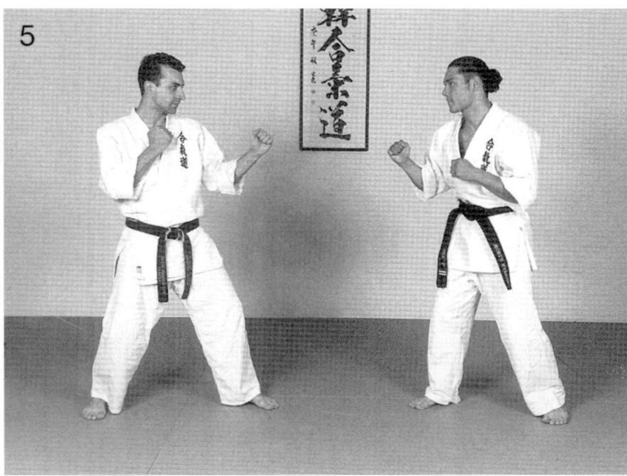

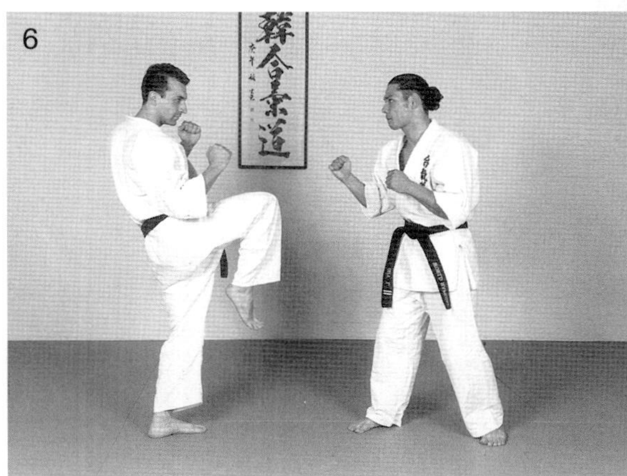

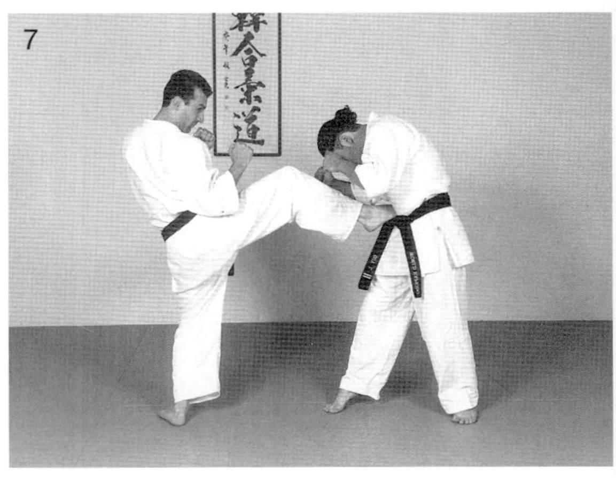

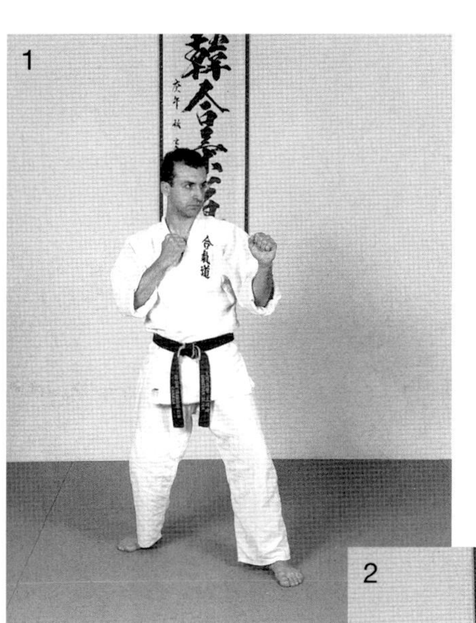

FUßSTOß (PUSH KICK)

1. Der Fußstoß beginnt aus der Trittstellung heraus.
2. Zieh das Knie bis auf Brusthöhe hoch und winkele das Bein dabei ungefähr um 90° an. Dadurch bringst du deinen Fuß vor dich. Zieh den Fuß zurück und richte dadurch deine Fußsohle auf. Der Fuß deines Standbeins wird dabei leicht gedreht, damit du dich besser in der Hüfte drehen kannst.
3. Streck das Bein mit einer waagerecht verlaufenden Stoßbewegung nach vorn. Der Fuß deines Standbeins dreht sich noch weiter, während du dich streckst. Dadurch dreht sich dein Körper am Ende des Streckvorgangs zur Seite.

FUßSTOß (PUSH KICK)

4. Du stehst deinem Gegner in einer Trittstellung gegenüber.
5. Zieh das Knie bis auf Brusthöhe hoch, während du auf ihn zustürmst.
6. Setz den Fuß bei angewinkeltem Knie auf seine Brust. Durch Strecken deines Beins kannst du den Gegner nun durch die Wucht deines Gewichts mit großer Kraft zurückstoßen.

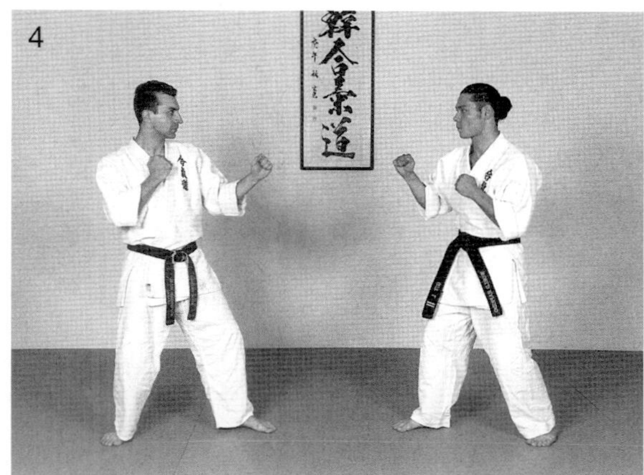
4

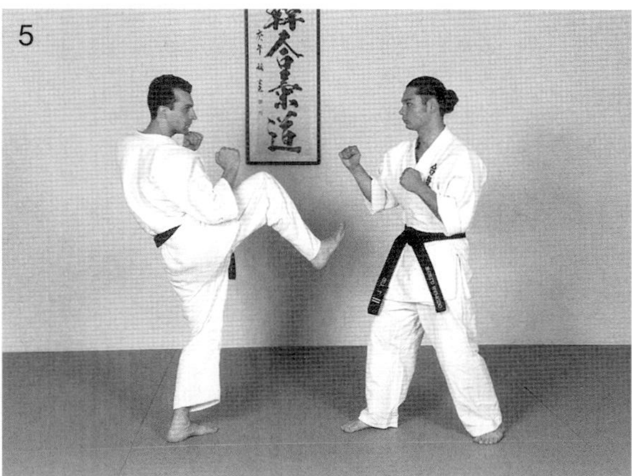
5

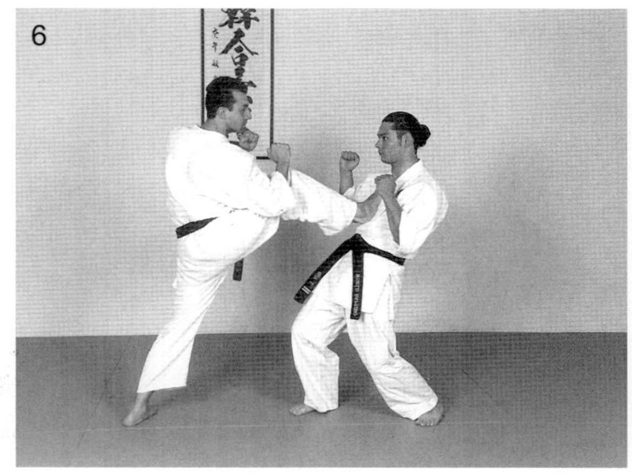
6

SEITTRITT (SIDE KICK)

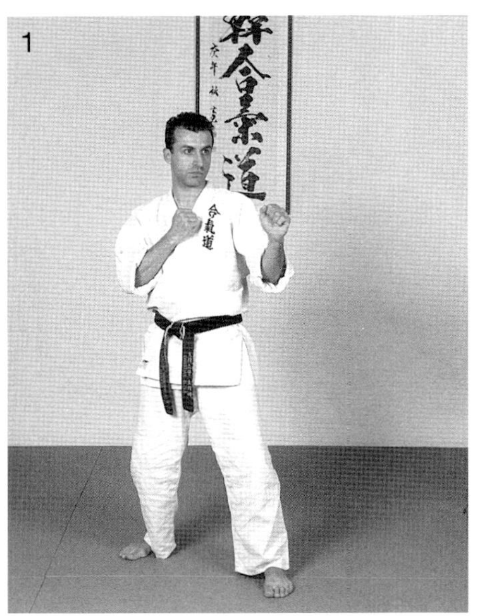

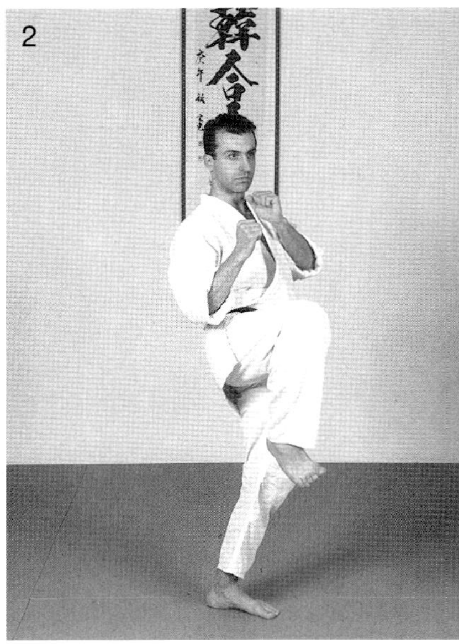

1. Nimm die Grundstellung für einen Seittritt ein.
2. Richte dein rechtes Knie parallel zum Boden aus.
3. Dreh dich auf dem linken Fuß, um deinen Körper seitlich auszurichten.
4. Stoße deine Ferse nach vorn, bis dein Bein vollkommen gestreckt ist.

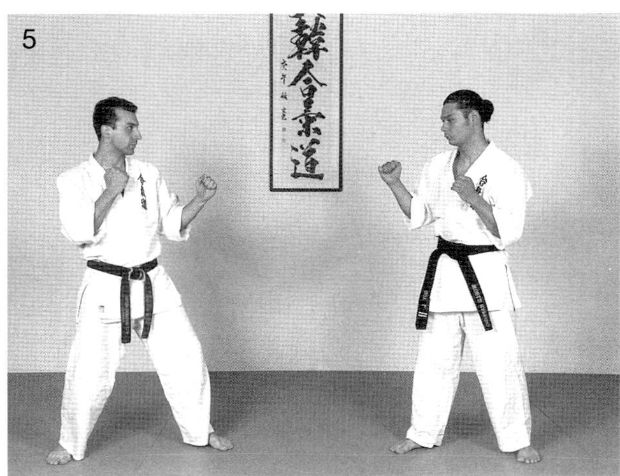

SEITTRITT (SIDE KICK)

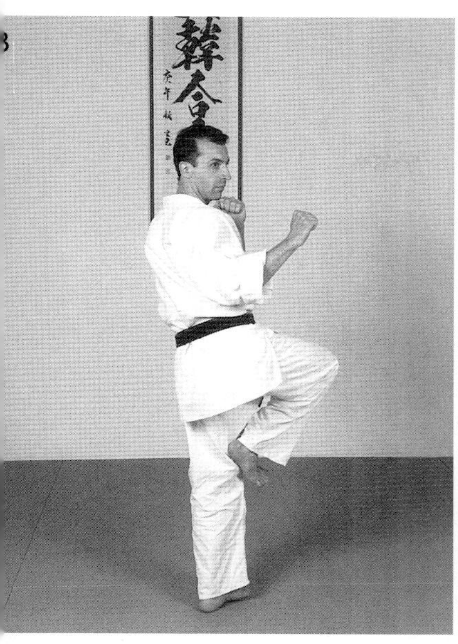

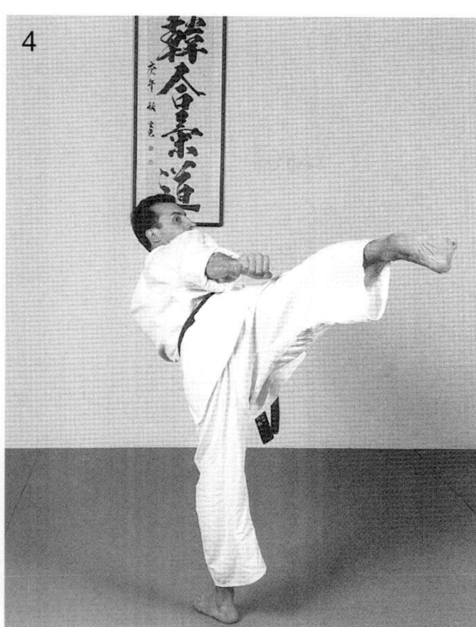

4

5. Steh deinem Gegner in einer Trittstellung gegenüber.
6. Heb dein Knie so, dass es sich zwischen dir und deinem Gegner befindet.

6a. Du musst mit dem Fußrist treffen. Fuß und Zehen müssen zurückgezogen werden. Streck die Außenkante deines Fußes aus. Diese Kante sowie die Ferse bilden die Fläche, mit der du triffst.

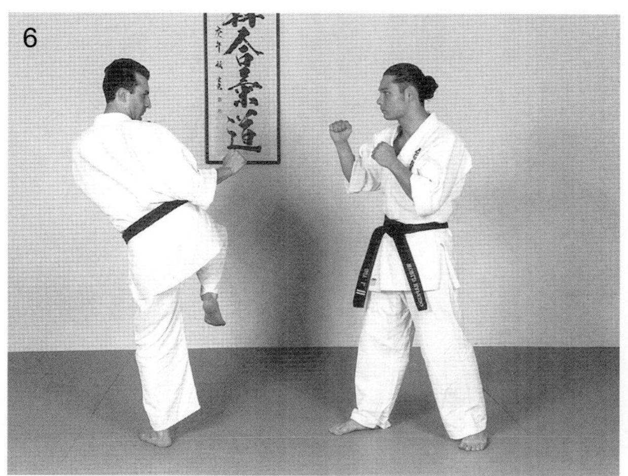

6

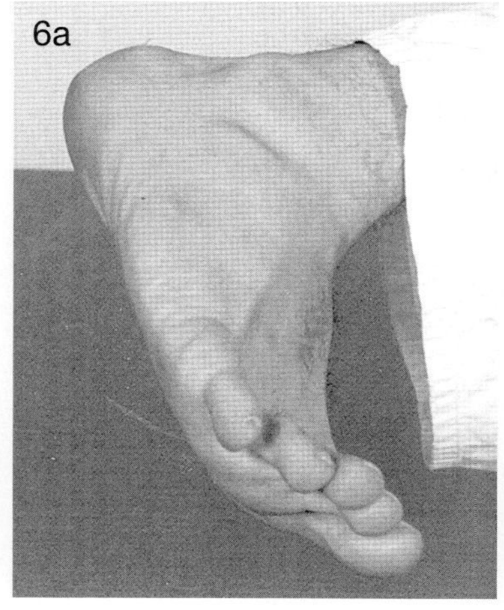

6a

SEITTRITT (SIDE KICK)

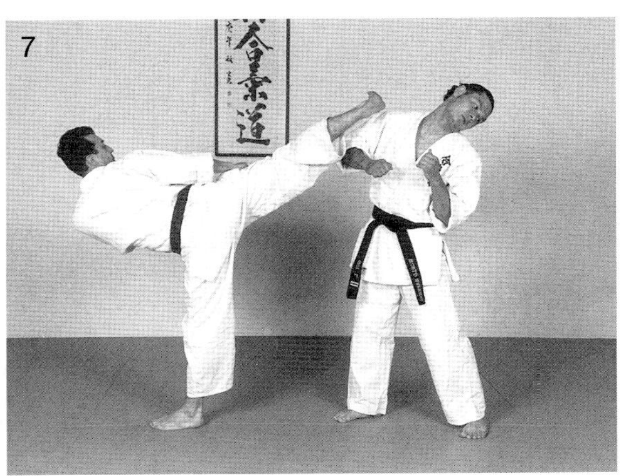

7. Die Ausführung eines Seittritts erfolgt hoch......
8. im mittleren Bereich......
9. oder tief......

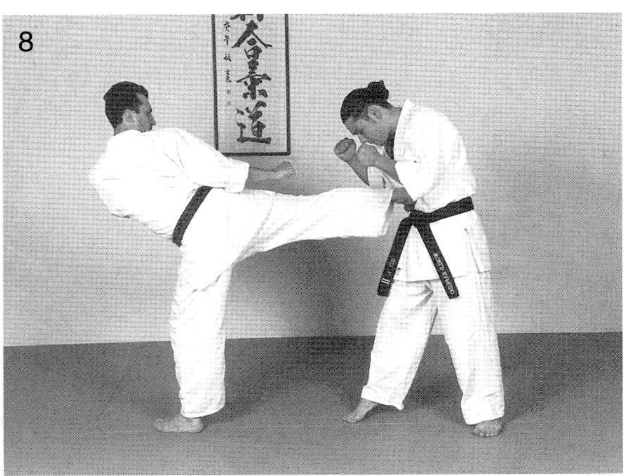

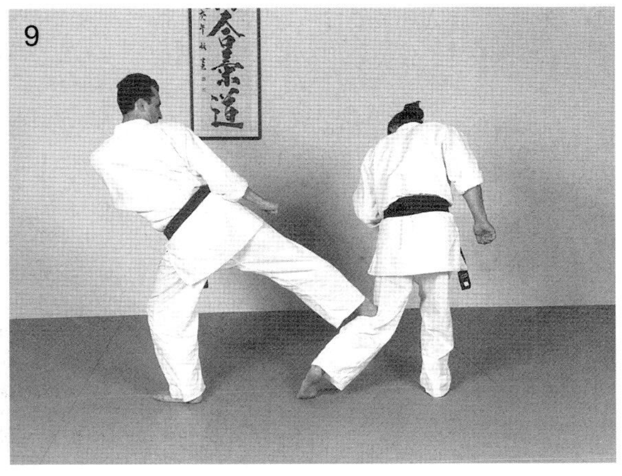

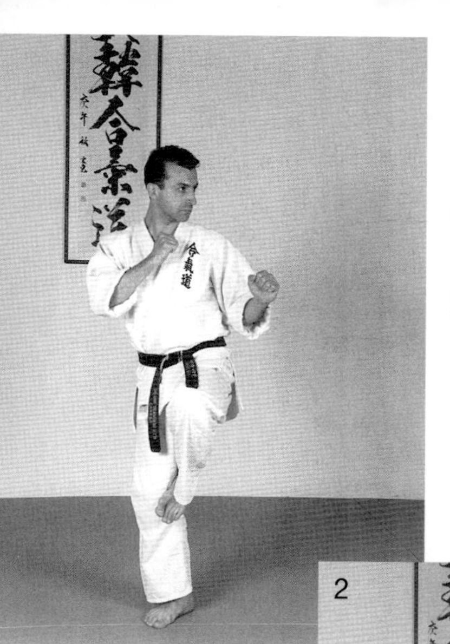

TIEFER SEITTRITT (LOW SIDE KICK)

1. Nimm die Grundstellung für einen tiefen Seittritt ein.
2. Bring dein Knie in seitliche Trittstellung nach oben.

2

3

3. Um deine Reichweite zu vergrößern, musst du dein Standbein beugen. Tarier dich aus, indem du dich je nach Bedarf vor- und zurücklehnst. Du musst den Fuß deines Standbeins ausreichend drehen, um die erforderliche Hüftdrehung ausführen zu können.

HALBKREISFUßTRITT (ROUNDHOUSE KICK)

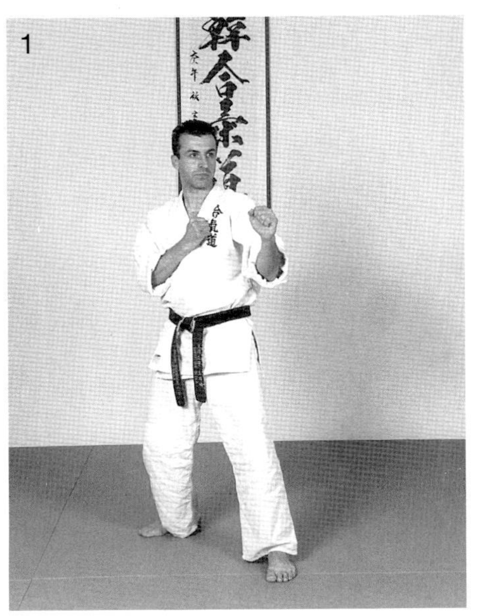
1

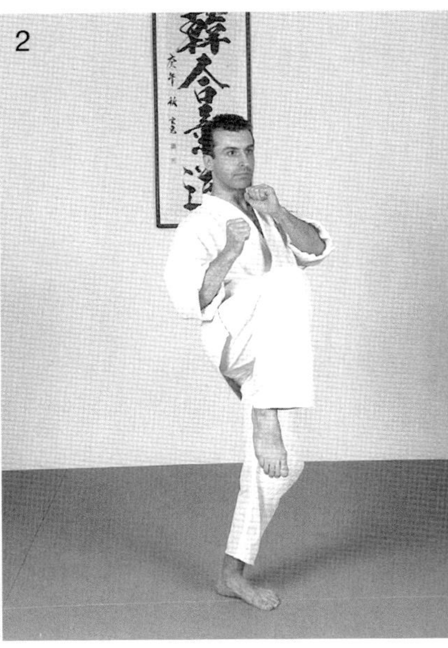
2

1. Nimm die Grundstellung für einen Halbkreisfußtritt ein.
2. Hebe das Knie wie bei der Ausführung des Vorwärtstritts.
3. Dreh dich auf dem Fuß deines Standbeins, während du dein Knie noch weiter nach vorn bringst. Dein Kopf sollte dabei nicht von einer auf die andere Seite pendeln.
4. Lass dein Bein wie beim Vorwärtstritt nach vorn schnappen.

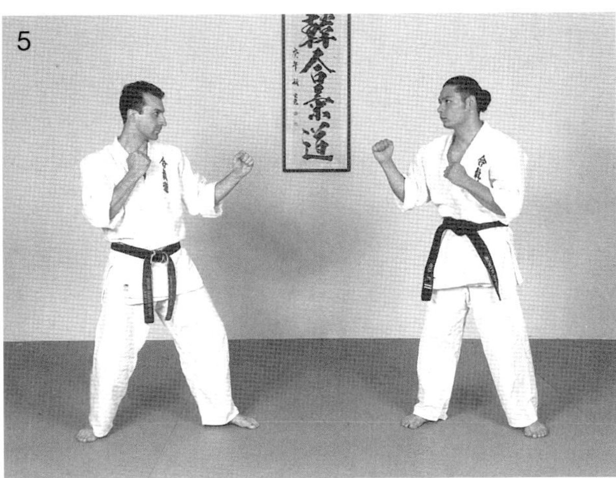
5

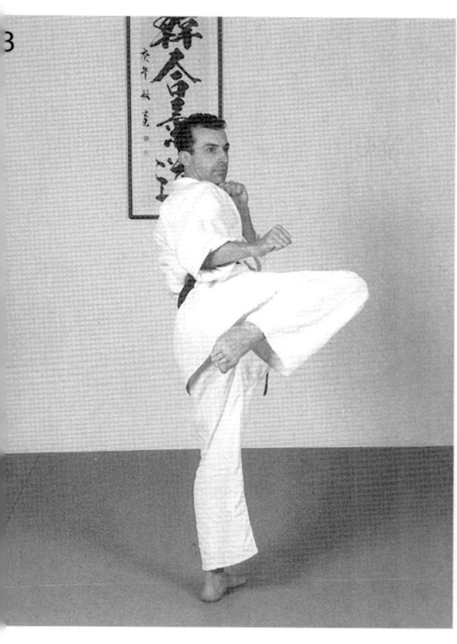

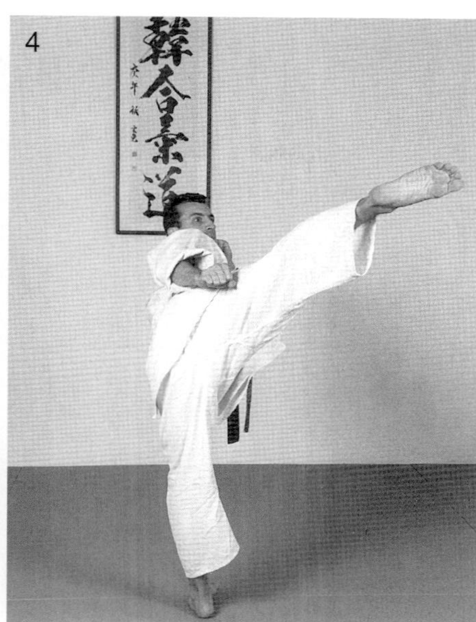

5. Steh deinem Gegner in einem angemessenen Trittabstand gegenüber.
6. Reiss das Knie schnell hoch und dreh deinen Körper, während du dich auf dem Standbein drehst. Führe einen blitzschnellen Tritt zur Körpermitte des Gegners aus.

6a. Du trittst mit der Oberfläche deines Fußes.

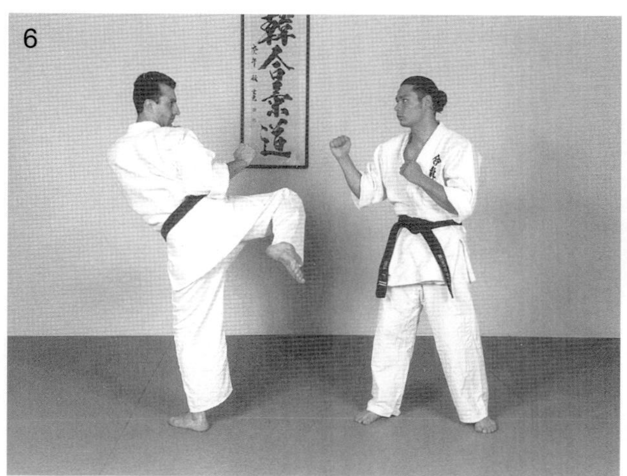

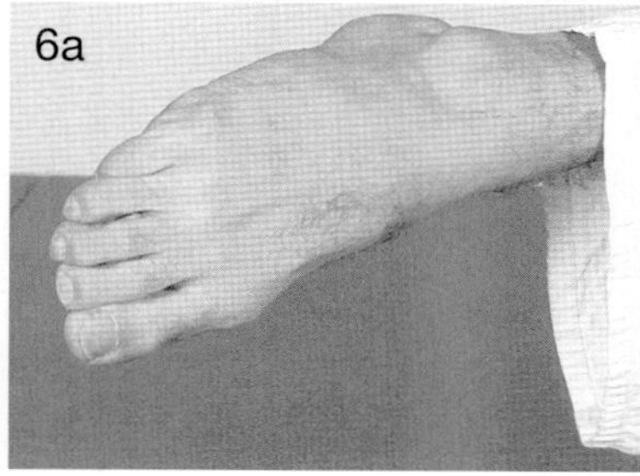

HALBKREISFUßTRITT (ROUNDHOUSE KICK)

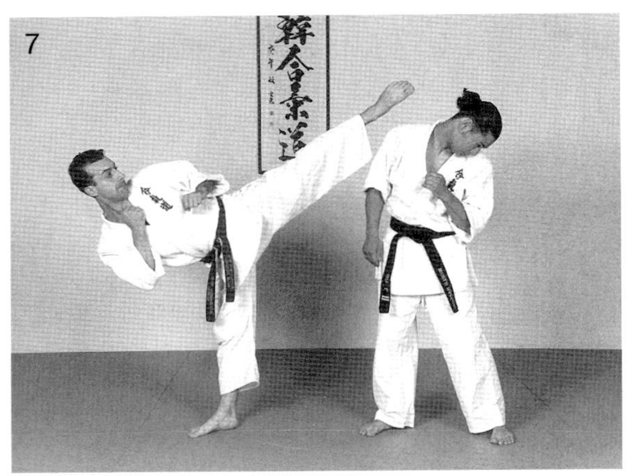

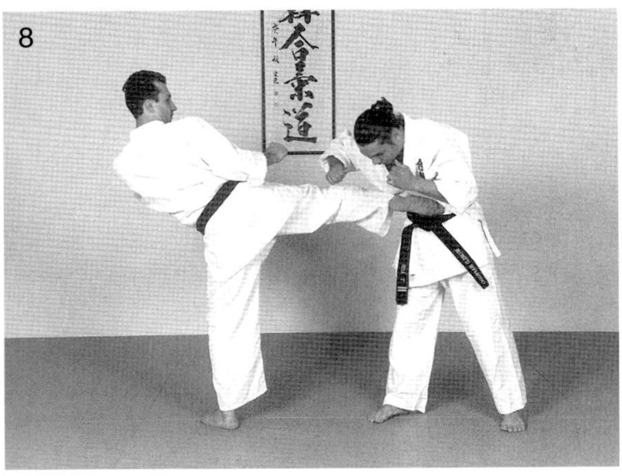

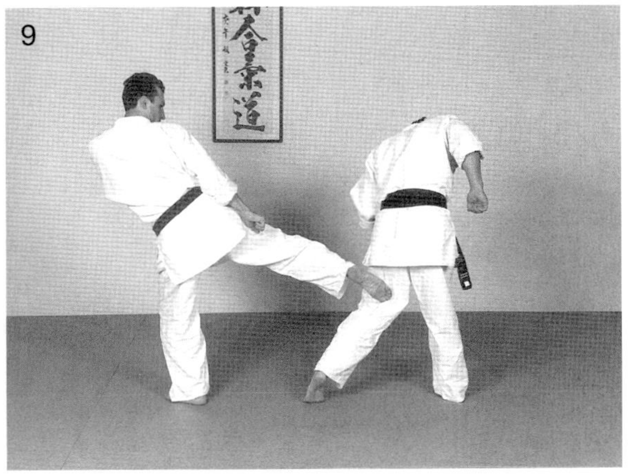

Diesen Tritt kann man schnell und effektiv gegen sämtliche Trefflächen einsetzen.

7. Die Ausführung eines Halbkreisfußtritts erfolgt hoch......
8. im mittleren Bereich......
9. oder tief......

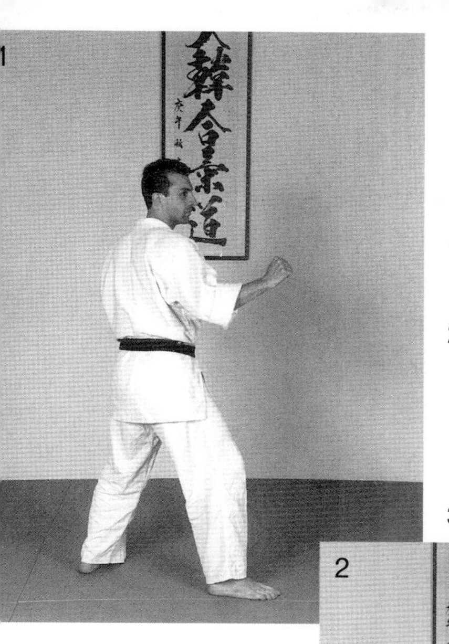

TIEFER HALBKREIS-FUßTRITT (LOW ROUNDHOUSE KICK)

1. Der tiefe Halbkreisfußtritt beginnt mit dem richtigen Stand.
2. Es ist wichtig, dass du dich auch dann auf dem Fuß des Standbeins drehst, wenn du keinen hohen Tritt ausführst. Das Knie wird nicht sehr hoch genommen.
3. Beuge das Standbein ein wenig, um deine Reichweite zu vergrößern.

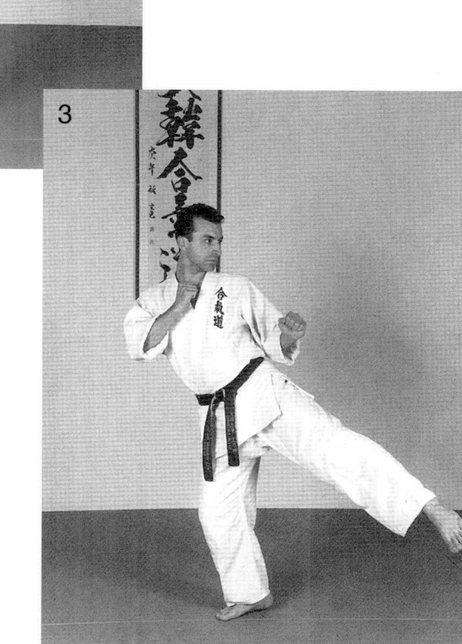

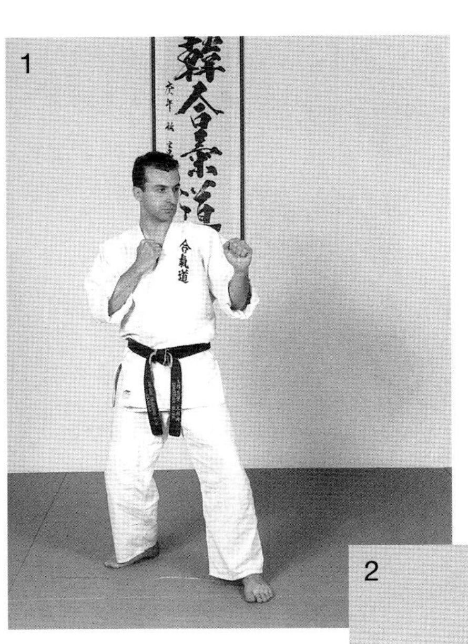

HALBKREISFUẞTRITT VON INNEN NACH AUSSEN (INSIDE OUT ROUND-HOUSE KICK)

1. Der Halbkreisfußtritt von innen nach außen beginnt mit dem richtigen Stand.
2. Richte deine Hüften im rechten Winkel aus. Heb das Knie, während du den Fuß, mit dem du den Tritt ausführst, vor dein Standbein bringst.
3. Hebe das Knie zur Seite hin an, während du den Tritt blitzschnell ausführst.

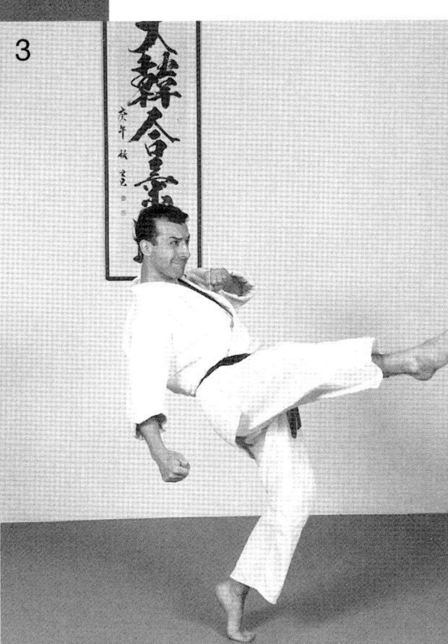

HALBKREISFUẞTRITT VON INNEN NACH AUSSEN (INSIDE OUT ROUND-HOUSE KICK)

4. Steh deinem Gegner in der Trittstellung gegenüber.
5. Bring deinen rechten Fuß in Trittstellung.
6. Führe einen Tritt zur Körpermitte des Angreifers aus.

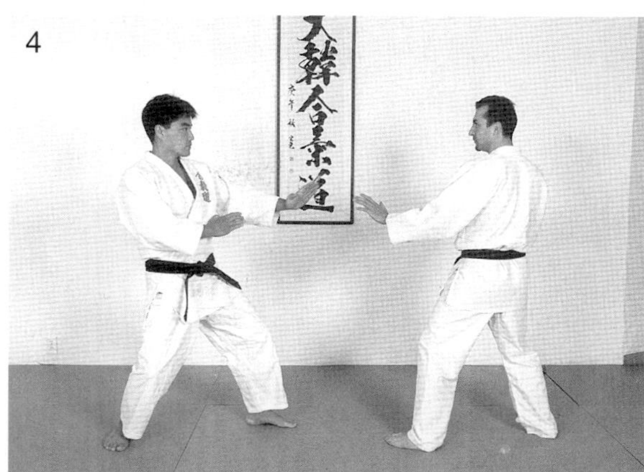

4

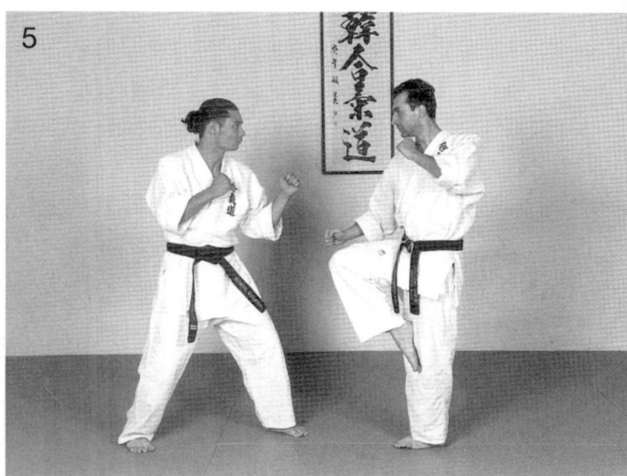

5

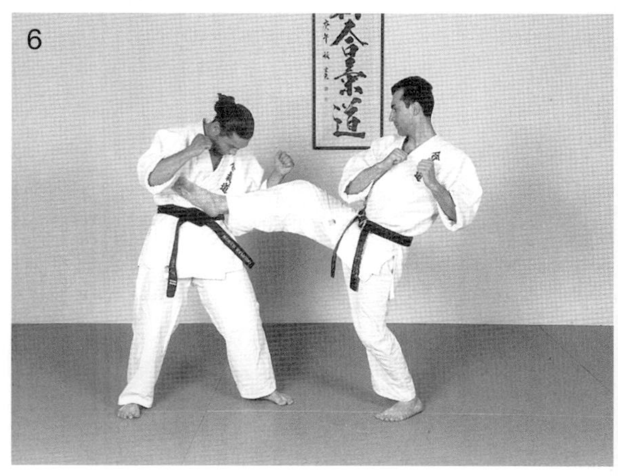

6

RÜCKWÄRTSTRITT (BACK KICK)

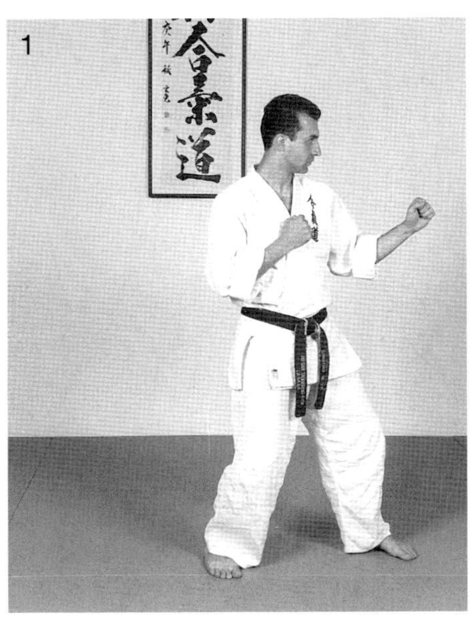

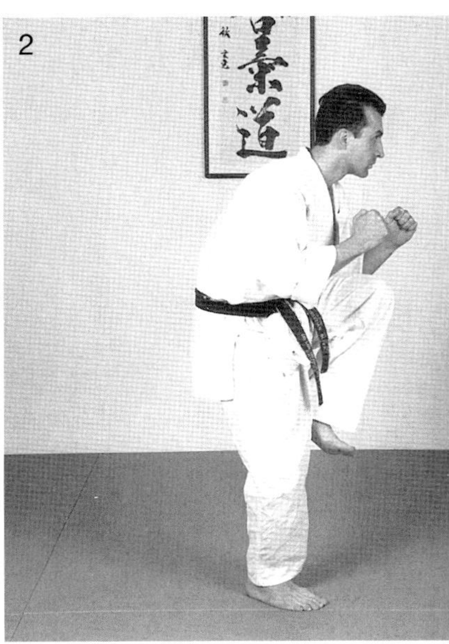

1. Für die Ausführung eines fehlerfreien Rückwärtstritts musst du die Trittstellung einnehmen.
2. Zieh dein Knie hoch, während du dich gleichzeitig nach unten beugst. Dies nennt man eine geduckte Haltung. Bereite deinen Fuß auf den Tritt vor, indem du die Zehen zurückziehst.
3. Um zu deiner vollen Reichweite zu gelangen, musst du bei der Ausführung des Tritts deinen Körper nach unten beugen. Deine Hüften verbleiben in rechtwinkliger Position zum Boden. Das kannst du daran erkennen, wie deine Zehen bei der Ausführung des Tritts zum Boden hin ausgerichtet sind.

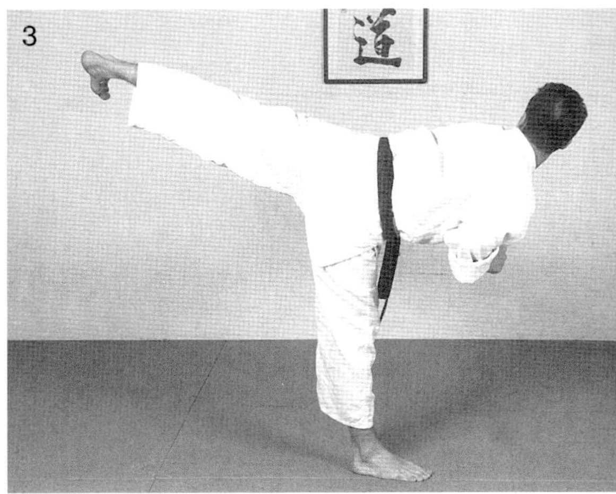

RÜCKWÄRTSTRITT (BACK KICK)

4. Der Angreifer packt dich von hinten. Du hast eine Trittstellung eingenommen.
5. Dreh deinen Kopf, um den Angreifer zu sehen. Zieh das Knie an den Körper heran und die Zehen zurück, um den Tritt vorzubereiten.
6. Führ einen kräftigen Tritt zur Körpermitte des Angreifers aus.

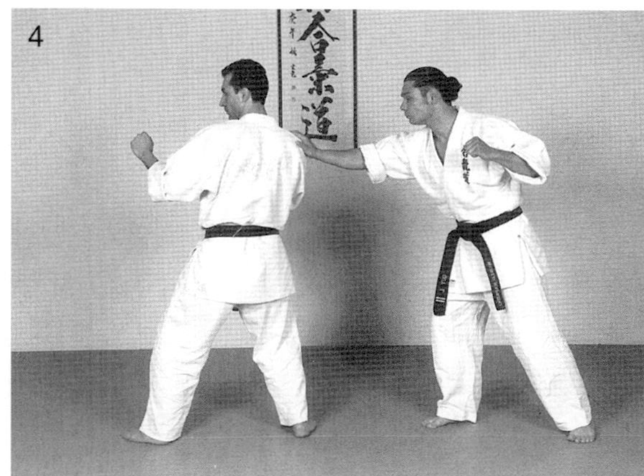

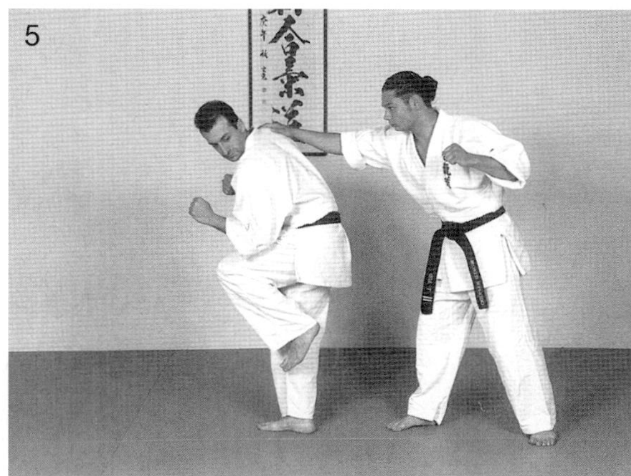

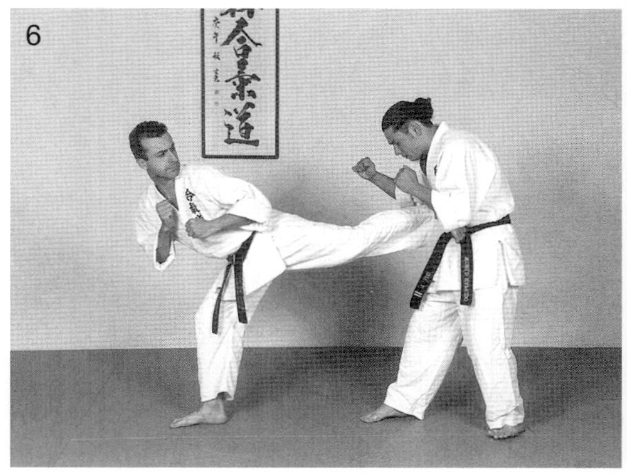

SEITTRITT NACH HINTEN (BACK SIDE KICK)

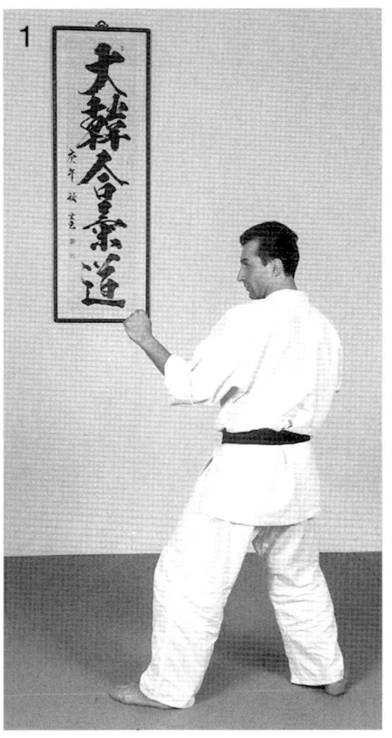

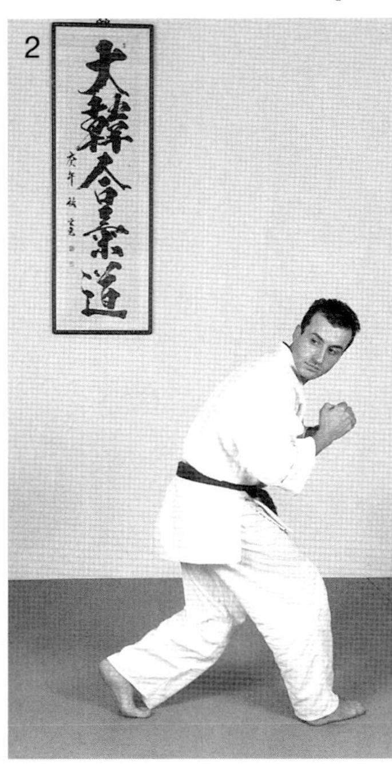

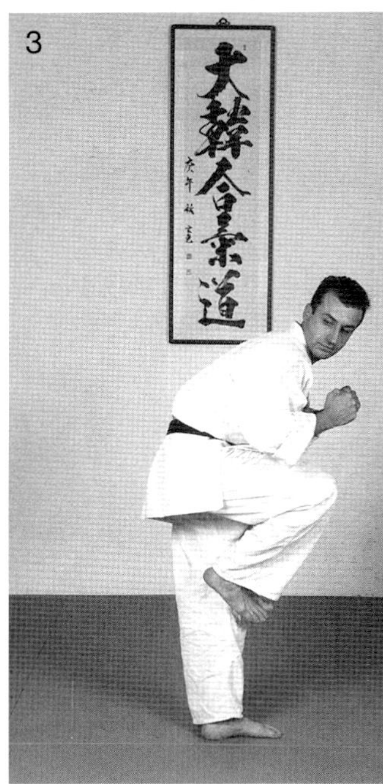

1. Nimm die Trittstellung ein.
2. Der Seittritt nach hinten beginnt mit einer Drehung deiner Füße. Du musst den Kopf über deine Schulter drehen, damit du dein Ziel nicht aus den Augen verlierst.
3. Zieh das Bein genauso an wie zuvor beim Rückwärtstritt.
4. Streck dich mit einer kräftigen Stoßbewegung. Dabei beugst du dich mit dem Körper nach unten, um ein Gegengewicht zu deinem Kraftakt herzustellen.

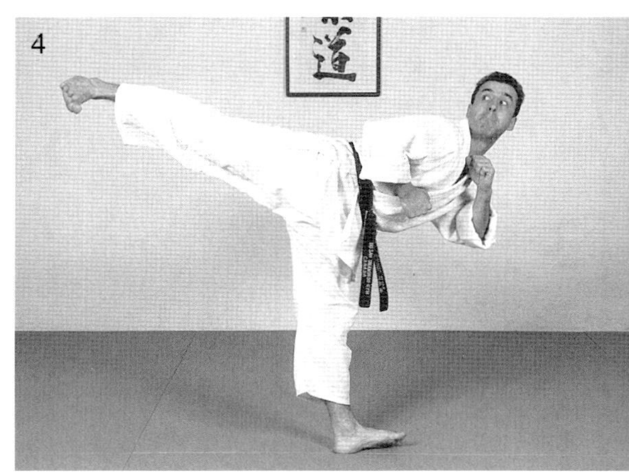

SEITTRITT NACH HINTEN (BACK SIDE KICK)

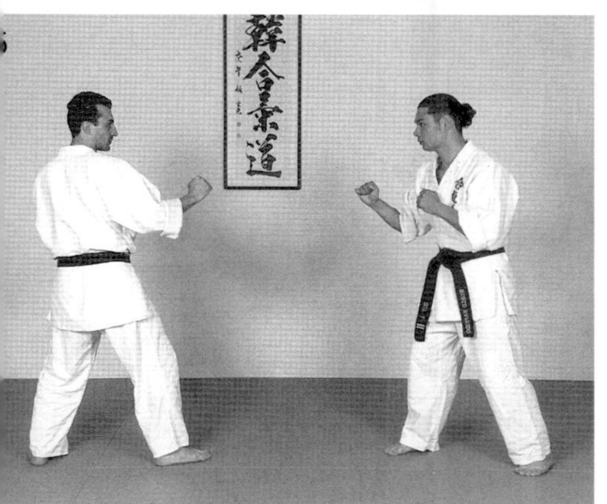

5. Du kannst diesen Tritt anwenden, wenn sich dein Gegner vor dir befindet. Steh ihm in Trittstellung gegenüber.
6. Dreh dich auf dem vorderen Fuß und wende den Kopf, um den Augenkontakt mit dem Angreifer aufrecht zu erhalten. Dreh die Hüfte in Richtung des Angreifers, um die Wirkung deines Tritts zu verstärken.
7. Zieh das Bein zur Vorbereitung des Tritts an.
8. Stoß mit der linke Ferse zur Körpermitte des Angreifers.

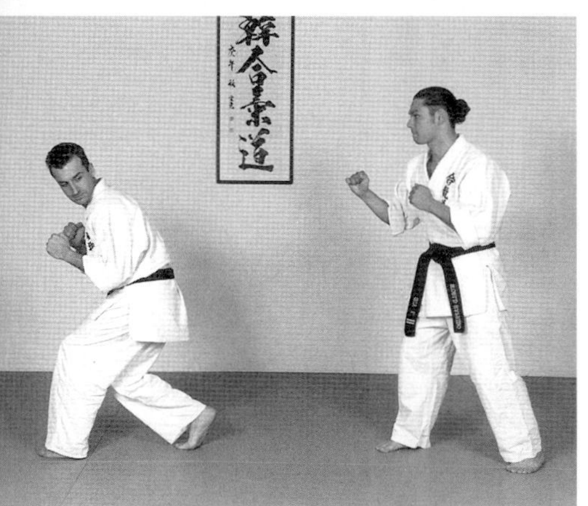

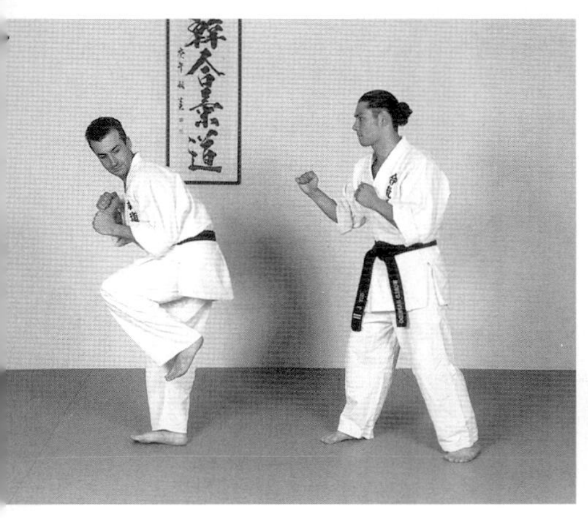

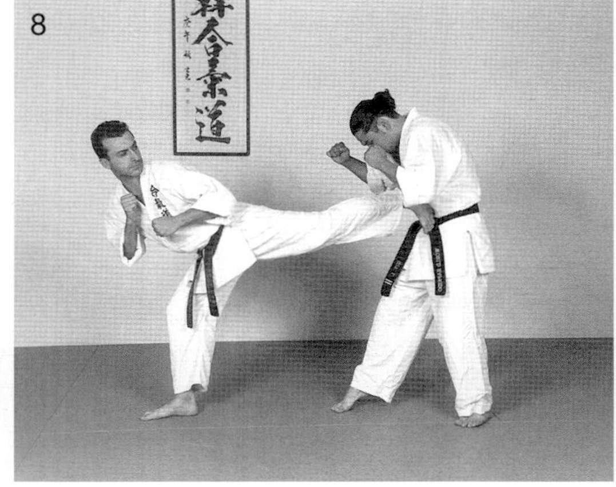

8

DREHTRITT (SPIN KICK)

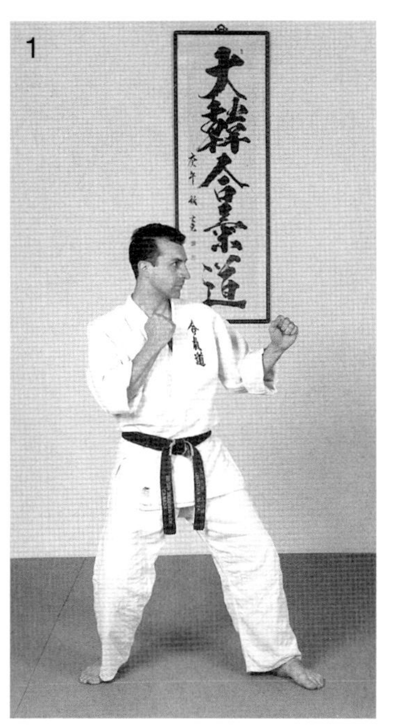

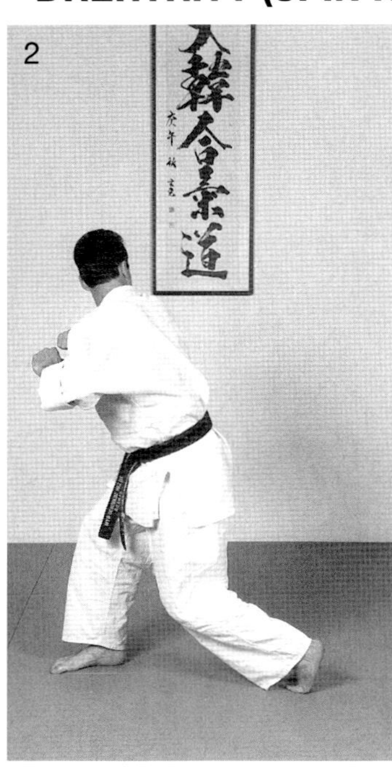

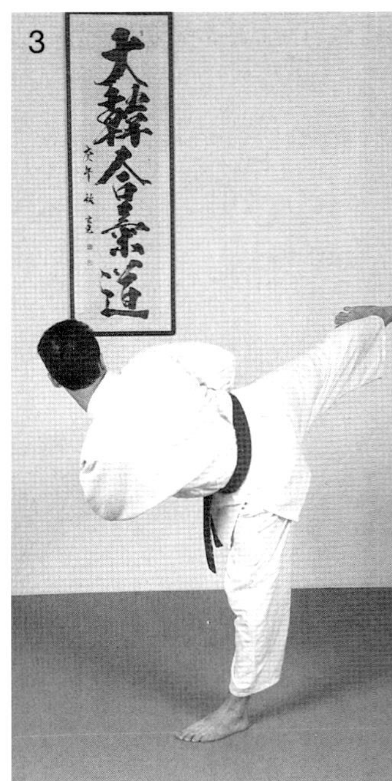

1. Nimm die Trittstellung ein .
2. Dreh dich auf dem vorderen Fuß und dreh deinen Kopf schnell in dieselbe Richtung.
3. Bring dein Bein mit Hilfe des Schwungs deiner Drehung weit von deinem Ziel entfernt nach oben.
4. Um den Tritt auf seinem Weg durch das Ziel zu beschleunigen, streckst du das Knie und lässt es wieder zurückschnappen.

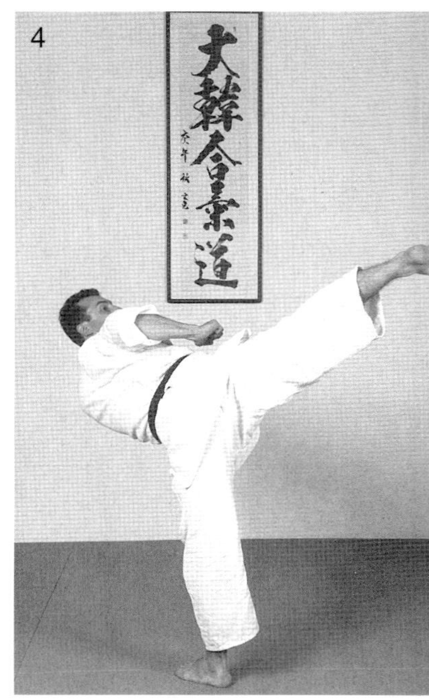

DREHTRITT (SPIN KICK)

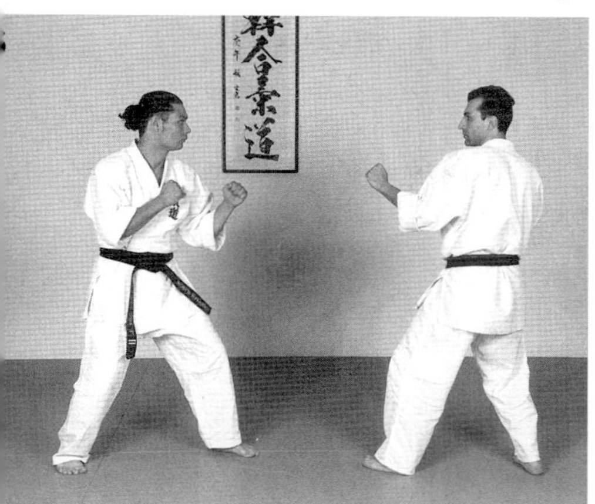

5. Du kannst diesen Tritt anwenden, wenn sich dein Gegner vor dir befindet. Steh ihm in Trittstellung gegenüber.
6. Beginn deine Körperdrehung mit einer Drehung des vorderen Fußes. Wende schnell den Kopf, um den Augenkontakt mit dem Angreifer aufrecht zu erhalten.
7. Streck das rechte Bein und stell mit deiner Ferse den Kontakt zu dem Angreifer her.
8. Führ die Aktion zu Ende, bis du wieder in deine ursprüngliche Trittstellung zurückkehrst.

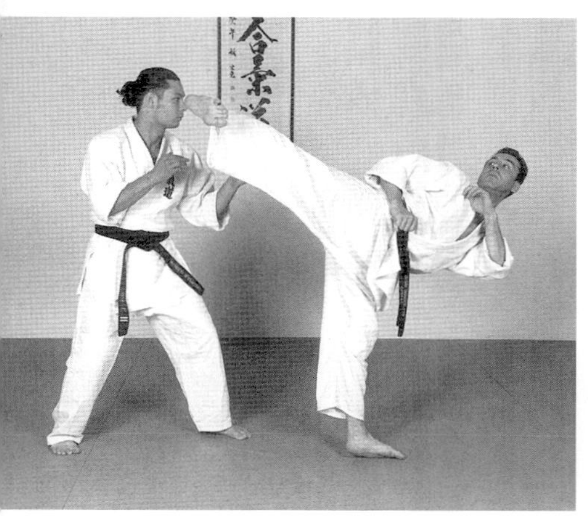

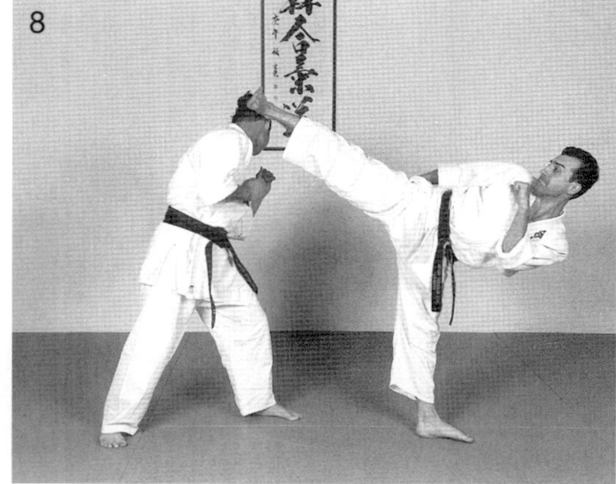

DREHTRITT AUS DEM SITZ (SIT DOWN SPIN KICK)

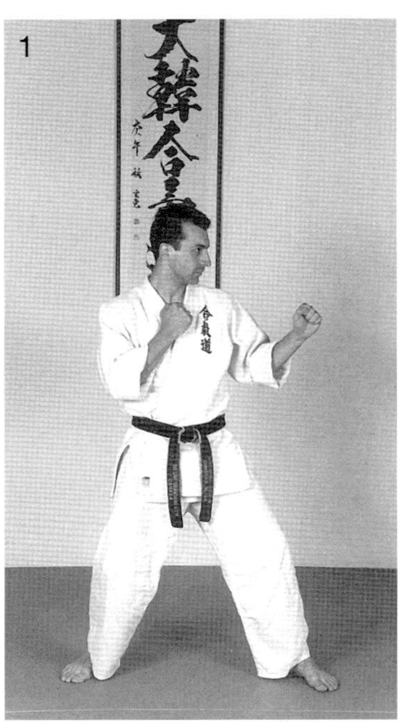
1

1. Nimm die Trittstellung ein.
2. Drehe Kopf und Körper, während du dich auf dein linkes Knie fallen lässt. Dabei setzt du beide Hände auf dem Boden auf.
3. Streck das Bein und halt dabei den Schwung deiner Drehung aufrecht. Führe die Bewegung durch das Ziel fort, um den Tritt zu vollenden.

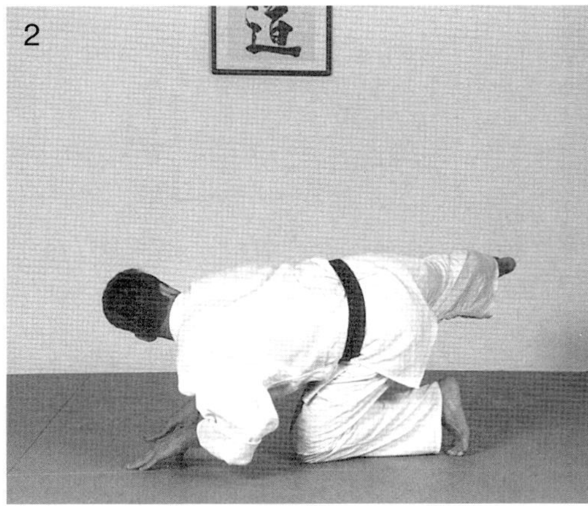
2

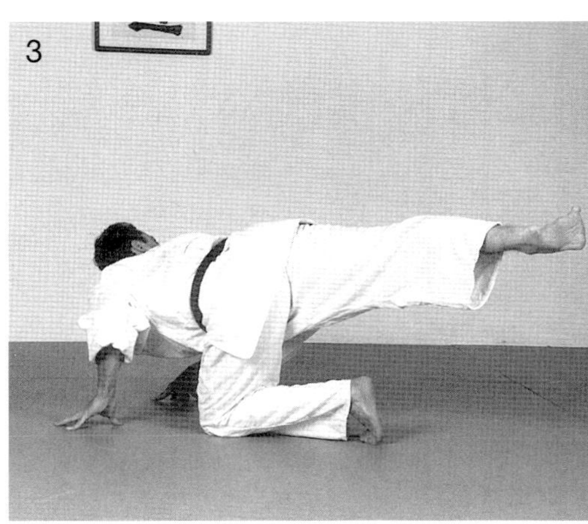
3

DREHTRITT AUS DEM SITZ (SIT DOWN SPIN KICK)

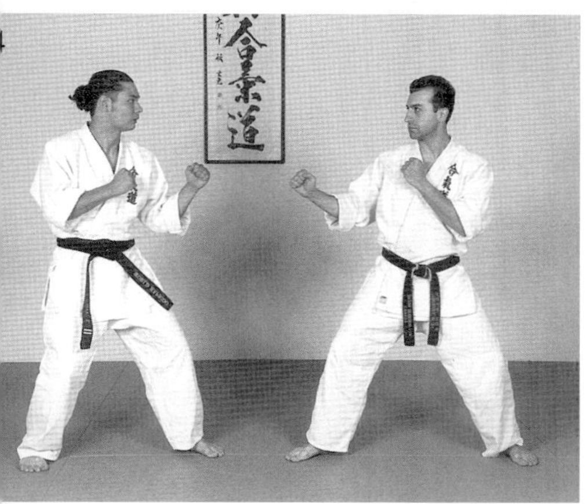

4. Steh deinem Gegner in Trittstellung gegenüber.
5. Dreh dich und lass dich auf ein Knie herab. Setze beide Hände auf dem Boden auf.
6. Fahre aus einer Drehbewegung heraus dein linkes Bein aus.
7. Dein Tritt richtet sich gegen die Kniekehle des Angreifers.

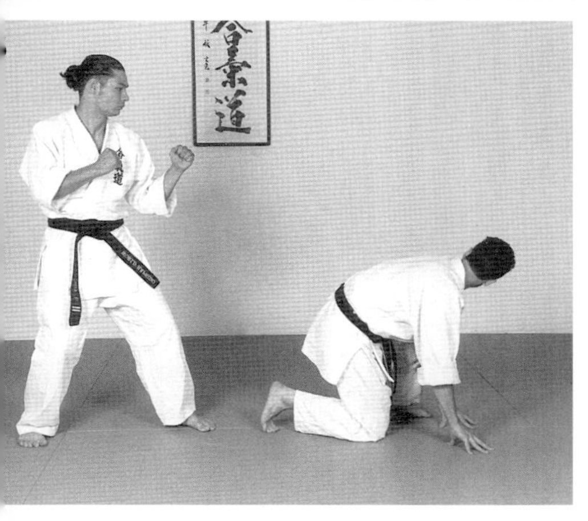

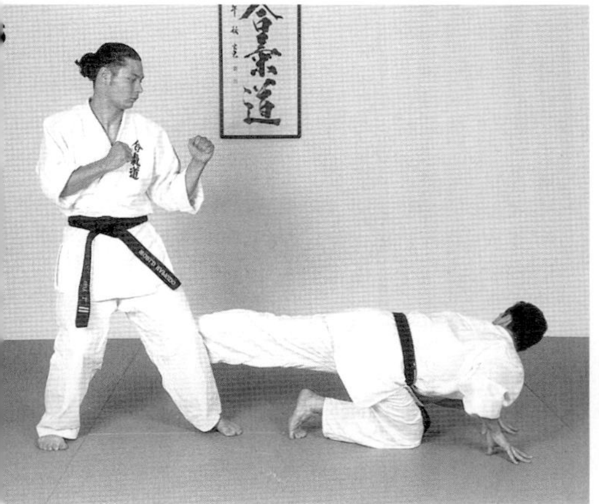

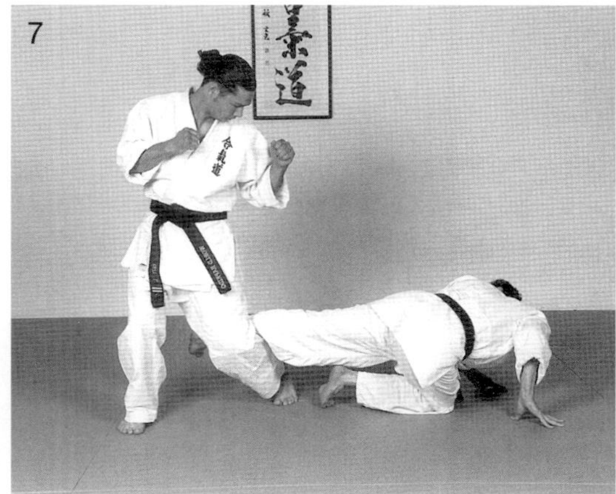

HALBKREISFUßTRITT AUS DEM SITZ (SIT DOWN ROUNDHOUSE KICK)

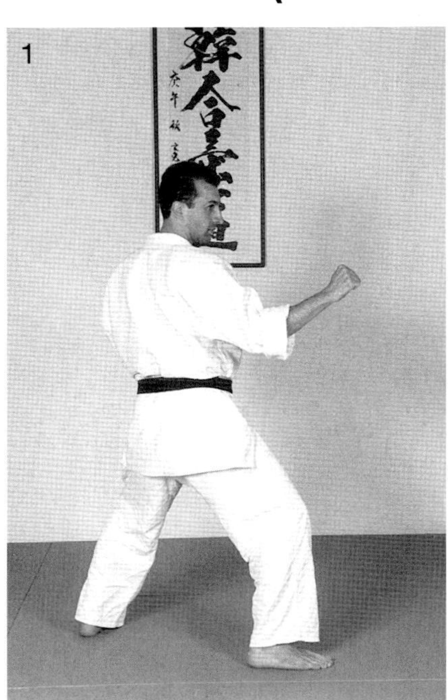
1

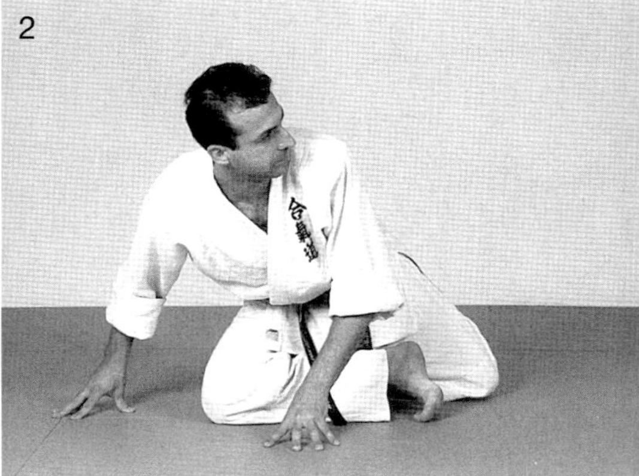
2

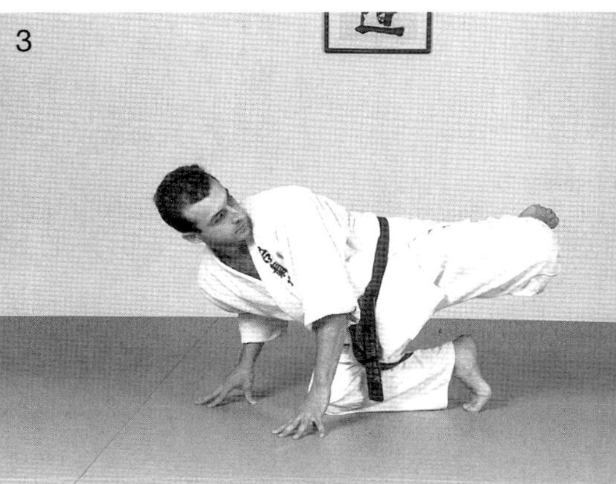
3

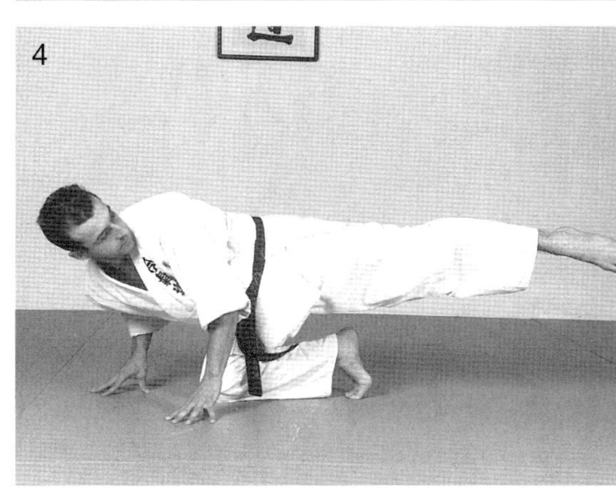
4

1. Nimm die Trittstellung ein.
2. Lass dich auf das vordere Knie herab und setze beide Hände auf dem Boden auf.
3. Zieh das linke Knie in angewinkelter Stellung nach oben.
4. Führe blitzschnell den Halbkreisfußtritt aus.

HALBKREISFUßTRITT AUS DEM SITZ (SIT DOWN ROUNDHOUSE KICK)

5. Steh deinem Gegner in einer Trittstellung gegenüber.
6. Dreh dich auf dem vorderen Fuß und richte dein aus der Krümmung heraus tretendes Bein gegen das Knie des Angreifers.
7. Achte darauf, dass sich deine Hände auf dem Boden befinden, um deinem Halbkreisfußtritt die maximale Kraft zu verleihen.

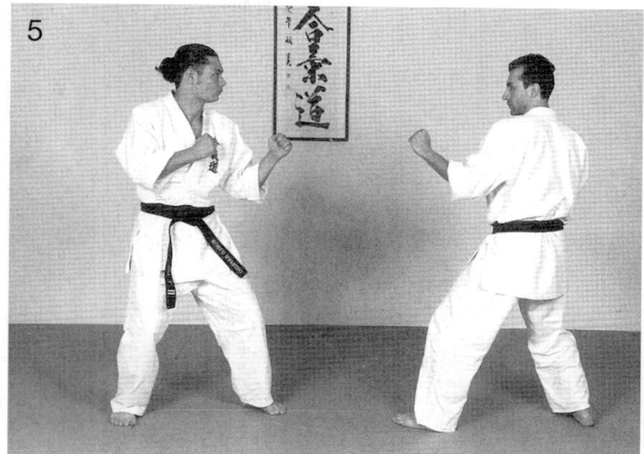
5

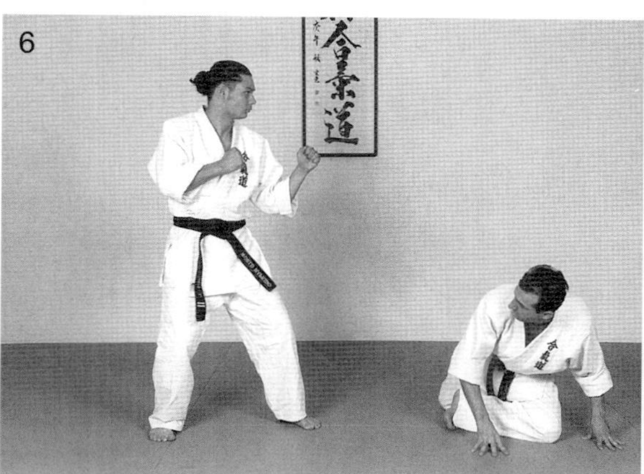
6

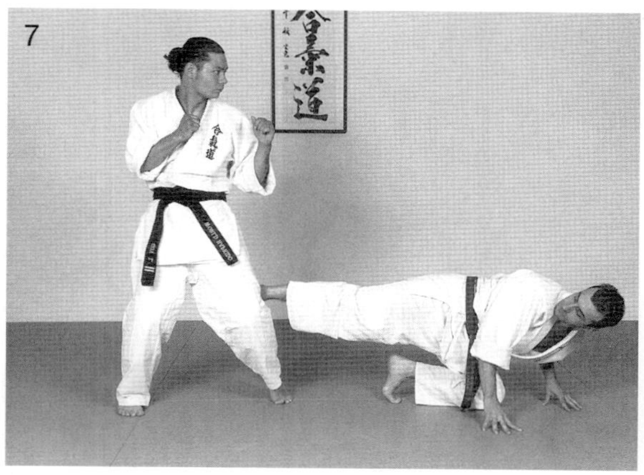
7

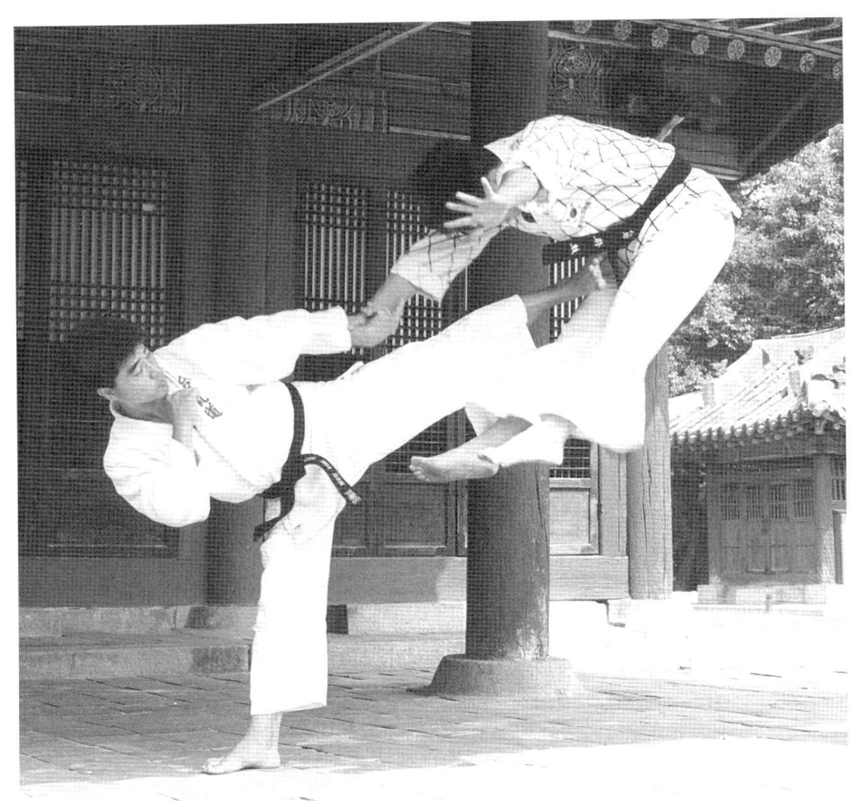

Meister Choe

GRUNDLEGENDE SCHRITTE

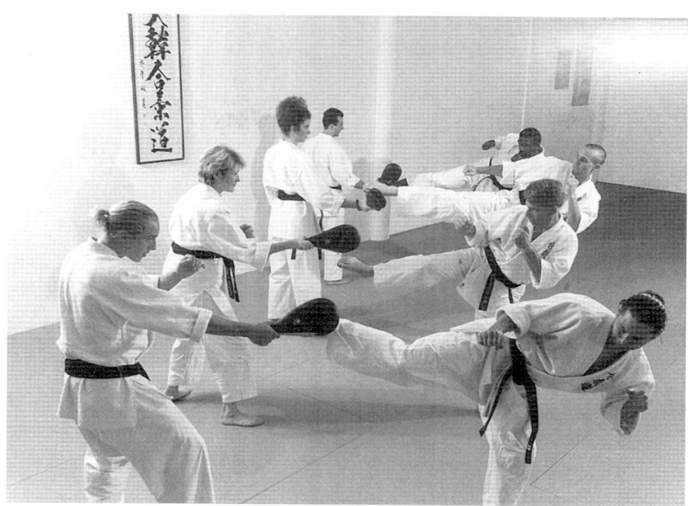

Das Kampfsporttraining ist spannend und kommt in den unterschiedlichsten Formen vor, um jedem etwas zu bieten. Zielgenaue Tritte sind eine von vielen Varianten, die es beim Kampfsport gibt. Man kann sie alleine oder im Gruppenunterricht trainieren.

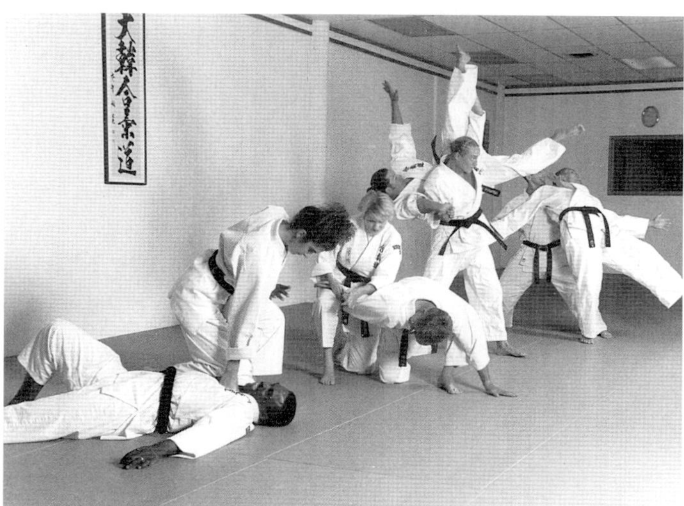

Hapkido ist eine Kampfsportart der offenen Hände, bei der man Haltetechniken, Armhebel, Würfe und Würgegriffe anwendet. Diese werden sicher und mit Vorsicht gegenüber dem Gegner ausgeführt.

VORWÄRTSSCHRITT (STEP FORWARD)

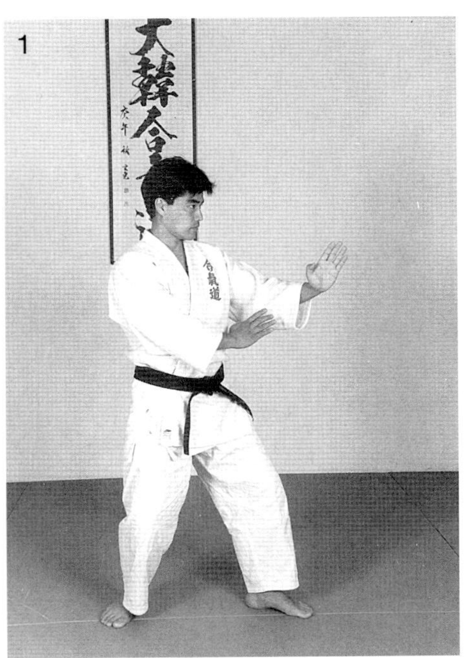

Stand und Ausrichtung sind die Grundlage für die Ausführung einer effektiven Technik. Dein Stand sorgt für das Gleichgewicht, das du benötigst, um Kraft zu erzeugen. Die Ausrichtung dient der Konzentration deiner Bewegung, deiner Gedanken und deiner Reaktionsfähigkeit. Du solltest dein Blickfeld fokussieren und gleichzeitig eine periphere Wahrnehmung zulassen, um auch all das sehen zu können, was um deinen zentralen Blickpunkt herum vorgeht.

1. Die Kampfstellung ermöglicht es dir, auf unterschiedliche Weise zu reagieren. Der hintere Fuß steht seitlich versetzt, um dir Stabilität zu verleihen. Der vordere Fuß weist nach vorn, damit sich dein Körper vorwärts bewegen kann. Die linke Hand ist geöffnet und befindet sich in Brusthöhe außen. Diese Hand dient in erster Linie dem Blocken und ermöglicht erste Greifaktivitäten. Die rechte Hand ist ebenfalls geöffnet. Sie befindet sich ungefähr eine Handbreit neben deinem linken Ellenbogen. Achte darauf, dass dein Rücken gerade ist und dass du dein Kinn unten läßt.

2. Durch ein Vorangehen mit dem rechten Bein gelangt deine rechte Hand über deine linke und befindet sich nun vorn. Füße und Hände haben die Position im Vergleich zur Ausgangsstellung gewechselt.

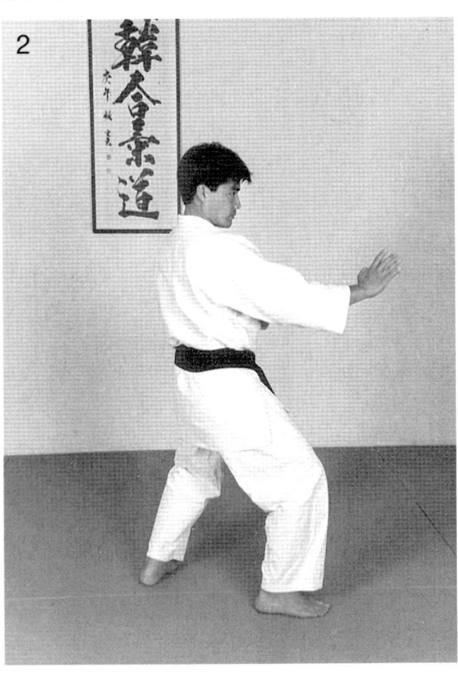

TIEFER SCHRITT (DEEP STEP)

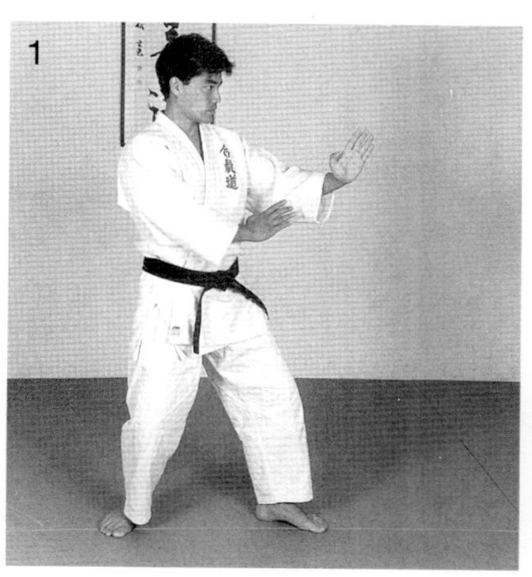
1

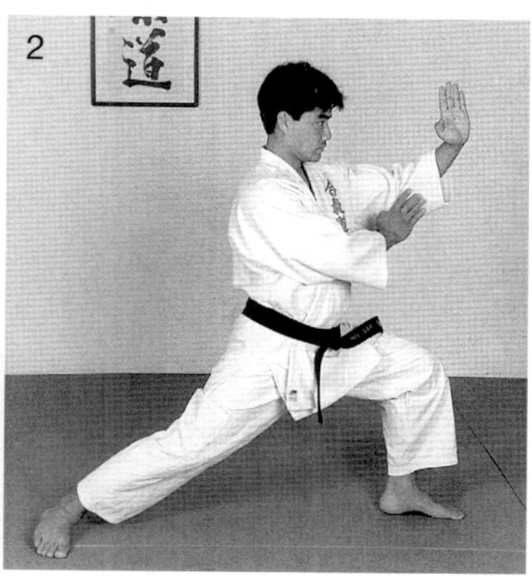
2

1. Der Angreifer packt dein linkes Handgelenk mit seiner rechten Hand.
2. Ein nach vorn gerichteter Stand ist eine gute Maßnahme, um deine Technik umzusetzen. Du führst mit dem linken Bein einen großen, weit nach außen verlaufenden Schritt aus, wobei dein Knie stark gebeugt wird. Das hintere Bein unterstützt die Vorwärtsbewegung, indem es fast gestreckt wird, wobei sich der hintere Fuß fest gegen den Boden stemmt. Der Rücken bleibt gerade. Zeitgleich mit der Ausführung des Schritts hebst du deine linke Hand. Damit lockerst du den Griff des Angreifers und überführst diesen in eine für ihn unangenehme Haltung im Bereich seiner Schulter. Zieh deine rechte Hand an deinen linken Ellenbogen, um einen Block vor deinem Körper zu errichten.

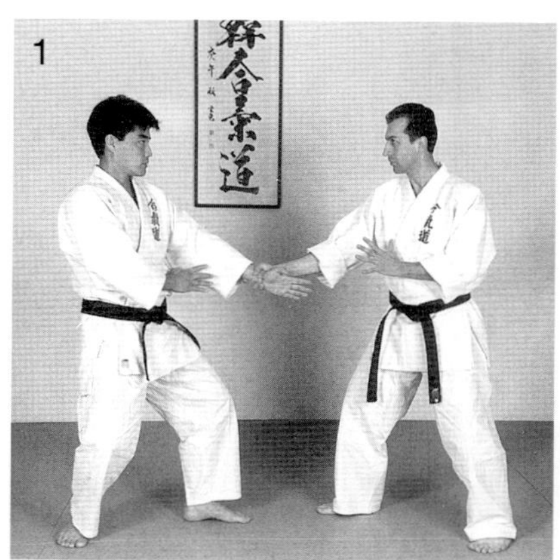
1

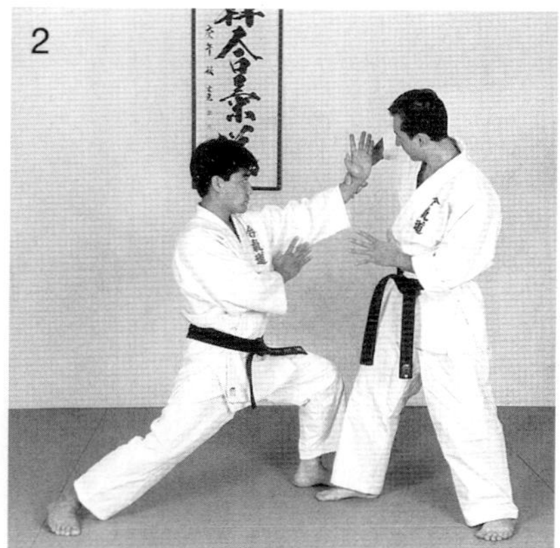
2

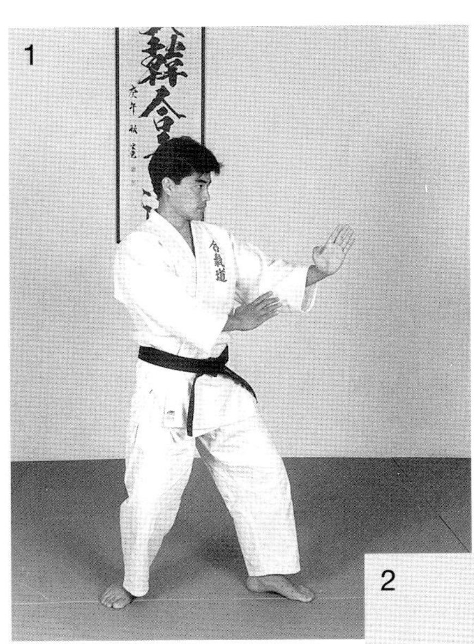

SCHRITT MIT HALBER DREHUNG (HALF TURN STEP)

1. Der Schritt mit halber Drehung beginnt zunächst mit einer kreisenden Bewegung. Blicke in Bereitschaftsstellung zum Kampf nach vorn.
2. Dreh dich im Uhrzeigersinn auf dem linken Fuß.
3. Schließ deinen Schritt durch Einnehmen einer Kampfstellung ab. Du bist jetzt dem Ausgangspunkt deiner Aktion zugewandt.

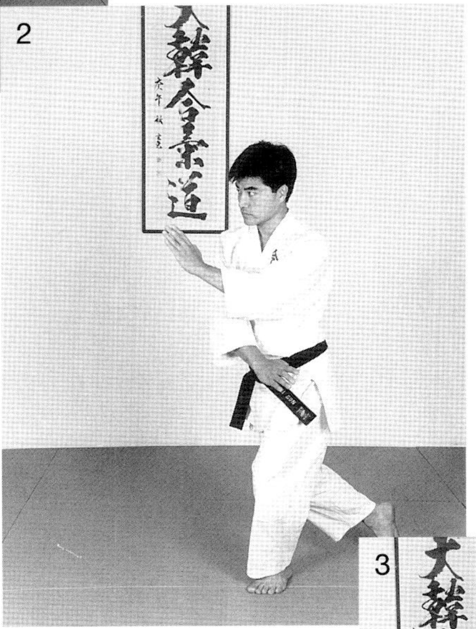

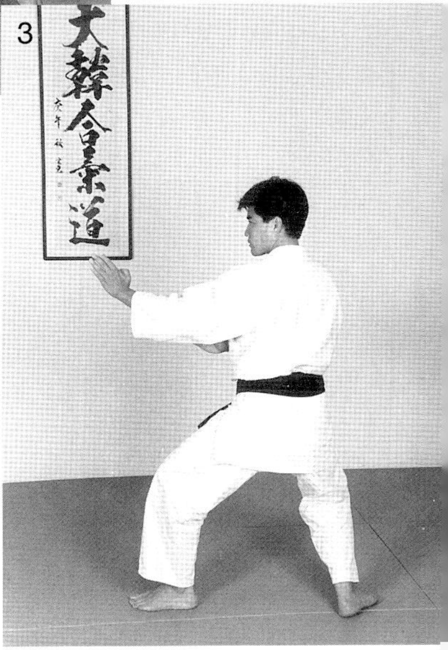

SCHRITT MIT HALBER DREHUNG (HALF TURN STEP)

PRAKTISCHE ANWENDUNG

1. Der Angreifer packt dein rechtes Handgelenk mit seiner linken Hand.
2. Dreh dich auf dem rechten Fuß gegen den Uhrzeigersinn. Setze dein linkes Bein hinter ihn, bevor dein Körper eine vollständige Drehung ausgeführt hat.
3. Beende die Körperdrehung, um die Kampfstellung einzunehmen. Dadurch bringst du seinen Griff in eine schwache und für ihn unangenehme Haltung und verschaffst dir auf diese Weise eine Überlegenheit.

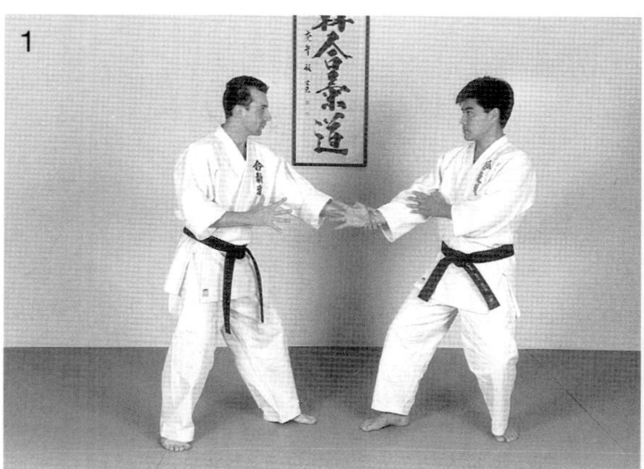
1

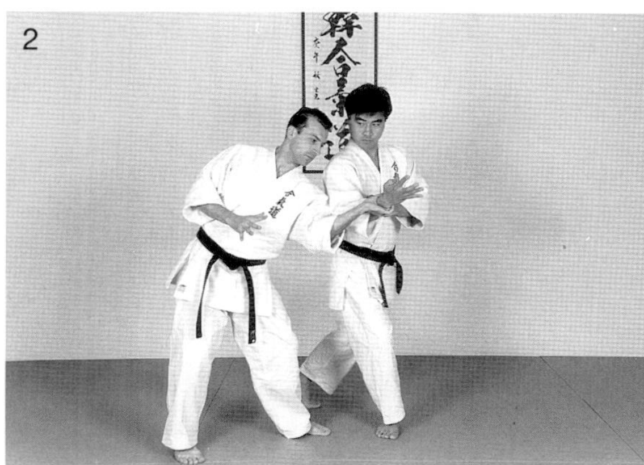
2

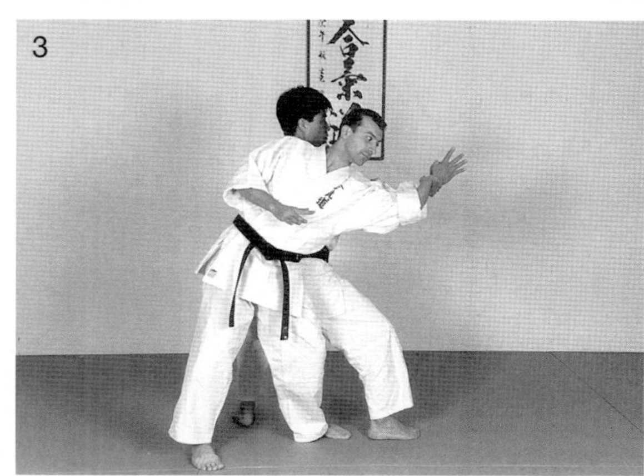
3

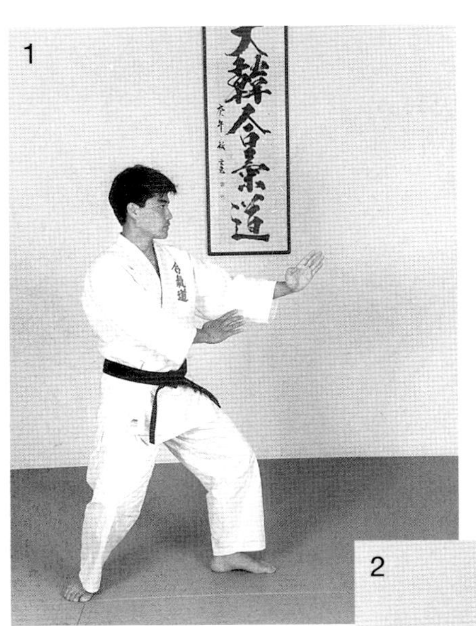

SCHRITT MIT GANZER DREHUNG (FULL TURN STEP)

1. Zu Beginn des nach vorn ausgeführten Schritts mit ganzer Drehung befindet sich dein linkes Bein vorn.
2. Dreh dich auf deinem linken Fuß gegen den Uhrzeigersinn, während du nach vorn gehst. Streck den rechten Arm nach außen und nach vorn. Deine linke Hand bewegt sich zur rechten Schulter.
3. Schließ den Schritt mit dem Einnehmen der Kampfstellung auf der gegenüberliegenden Seite ab. Du bist jetzt dem Ausgangspunkt deiner Aktion zugewandt.

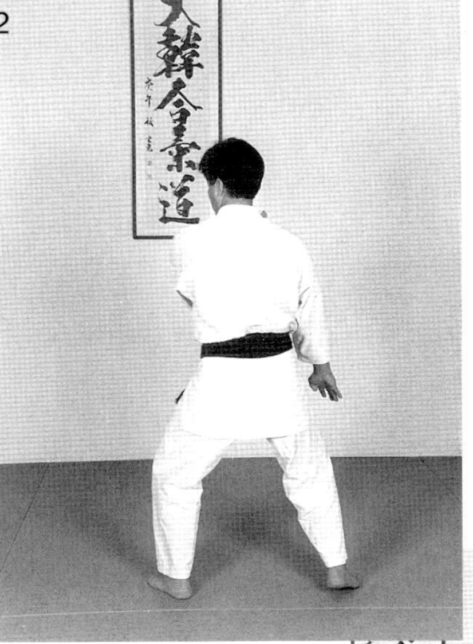

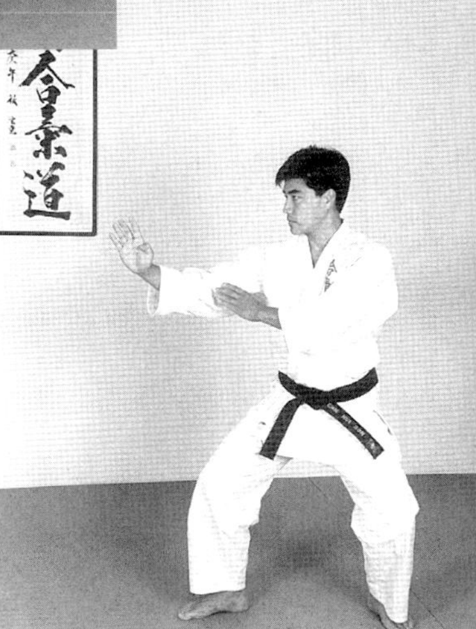

SCHRITT MIT GANZER DREHUNG (FULL TURN STEP)

PRAKTISCHE ANWENDUNG

1. Der Angreifer packt dein linkes Handgelenk mit seiner linken Hand.
2. Benutze deinen rechten Arm als Drehachse, wobei du seine linke Hand in die entgegengesetzte Richtung stößt und auf diese Weise den Ellenbogen des Angreifers überstreckst.
3. Dreh dich während du nach vorn gehst auf dem linken Fuß gegen den Uhrzeigersinn. Lege den rechten Arm einfach hinter seinen linken Ellenbogen.

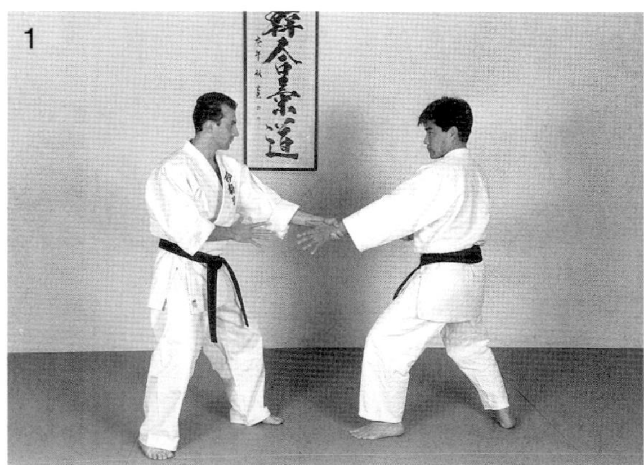
1

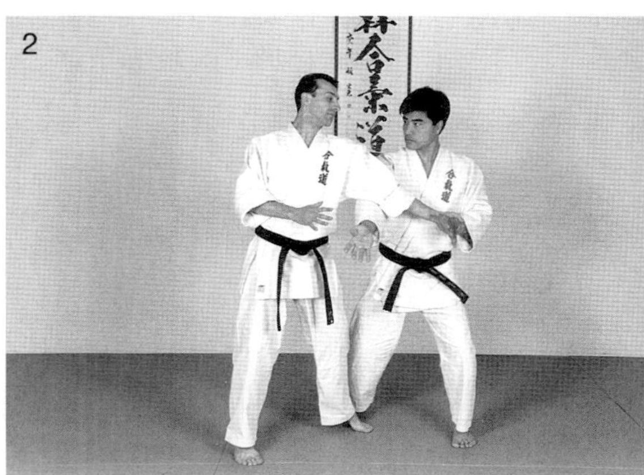
2

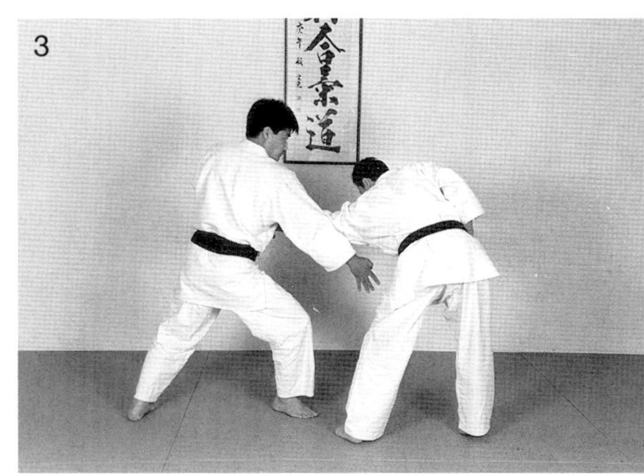
3

DREHSCHRITT (TURNING STEP)

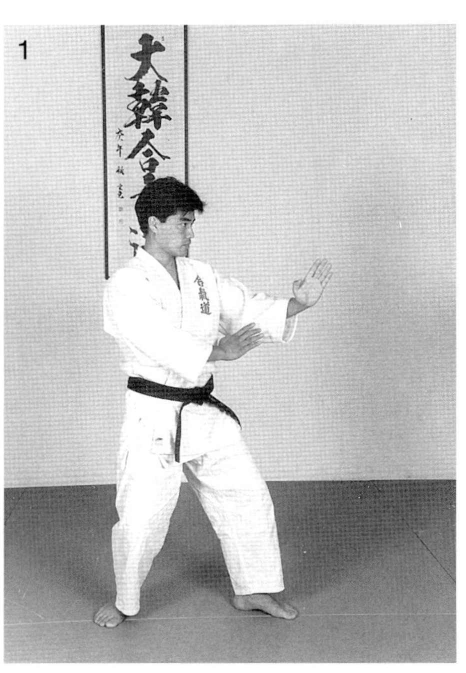

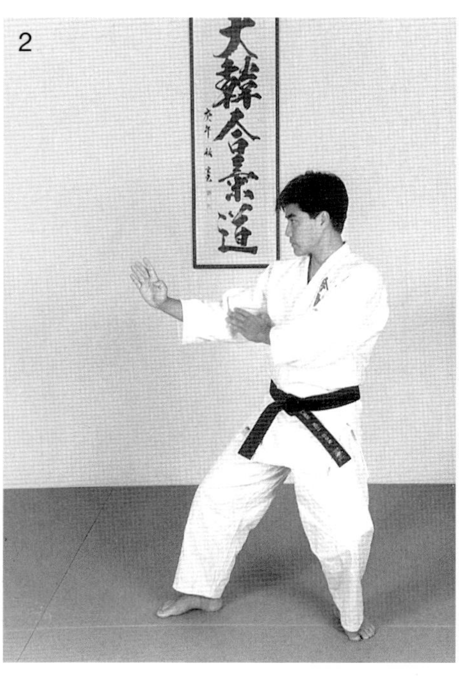

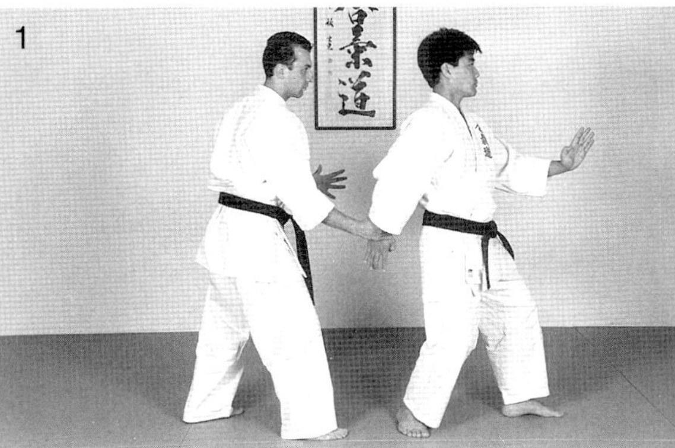

1. Der Drehschritt ermöglicht es dir, dich einem hinter dir stehenden Angreifer zu zuwenden. Der Angreifer packt mit seiner rechten Hand dein rechtes Handgelenk hinter deinem Rücken.
2. Dreh dich auf beiden Füßen im Uhrzeigersinn, damit du dem Angreifer gegenüber stehst, während du deine rechte Hand mit einer kreisförmigen Bewegung in Bereitschaftsstellung hebst. Durch diese Bewegung bringst du deine rechte Hand über das rechte Handgelenk des Angreifers und verschaffst dir auf diese Weise einen Hebelansatz. Deine linke Hand wandert zum rechten Ellenbogen, um deinen Körper zu schützen.

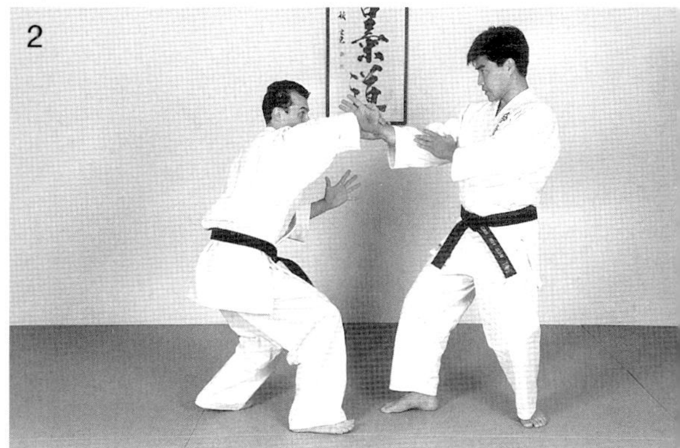

SELBSTVERTEIDIGUNG

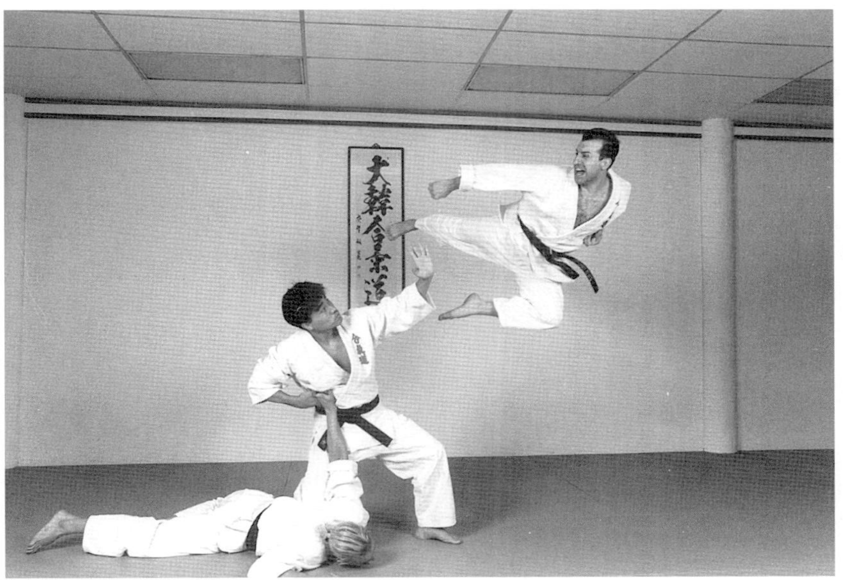

1

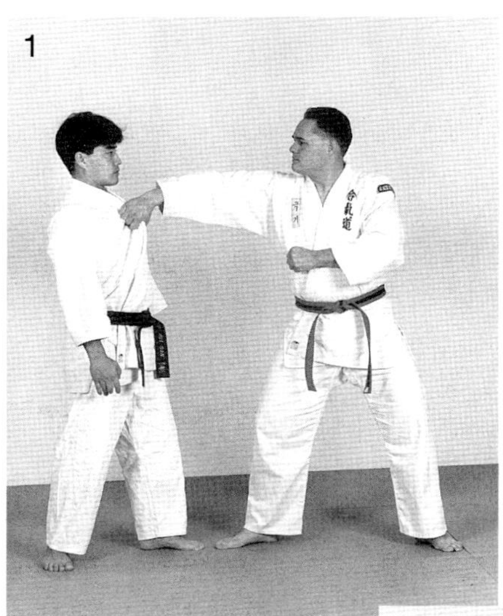

VORWÄRTSSTELLUNG

Technik 1

1. Der Angreifer packt dich mit der rechten Hand (Daumen unten) am Revers. **Son-Mok-Kuk-Gi**

2. Ergreife sein rechtes Handgelenk (Finger greifen darüber) mit deiner linken Hand und sein rechtes Handgelenk (Finger greifen darüber) mit deiner rechten Hand.

3. Geh mit dem linken Fuß entschlossen auf den Angreifer zu. Beuge das rechte Handgelenk des Angreifers, indem du seinen Arm mit deiner linken Hand zu dir ziehst. Dreh seine Finger sofort nach oben. Damit überstreckst du sein Handgelenk.

2

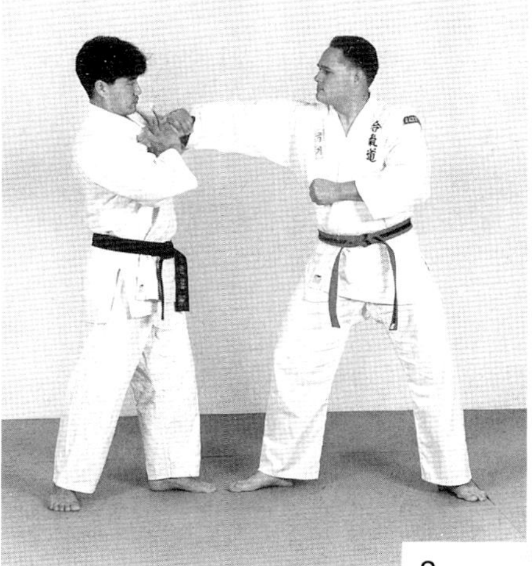

3

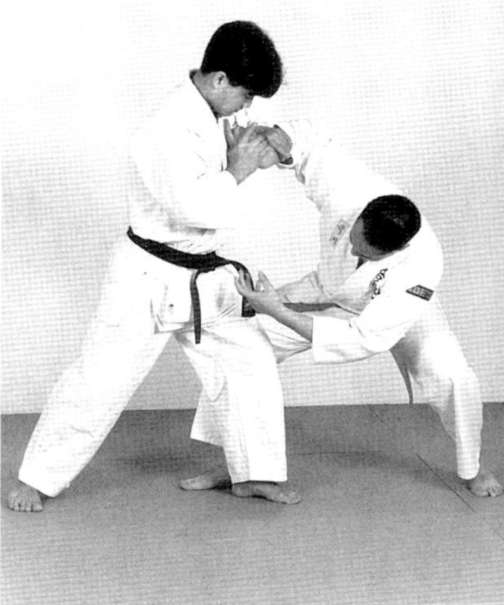

VORWÄRTSSTELLUNG

4. Drehe deinen Körper nach rechts und zieh den rechten Arm des Angreifers an deiner Brust entlang.

5. Beug dich über den rechten Ellenbogen des Angreifers.

5

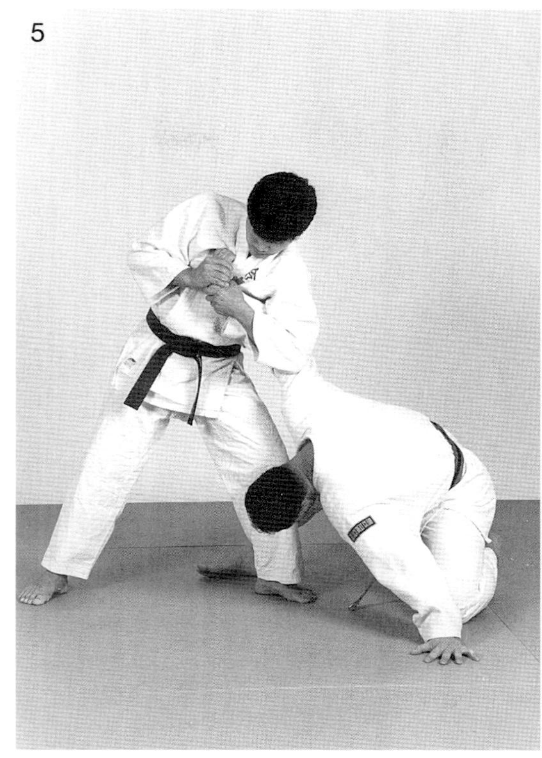

4

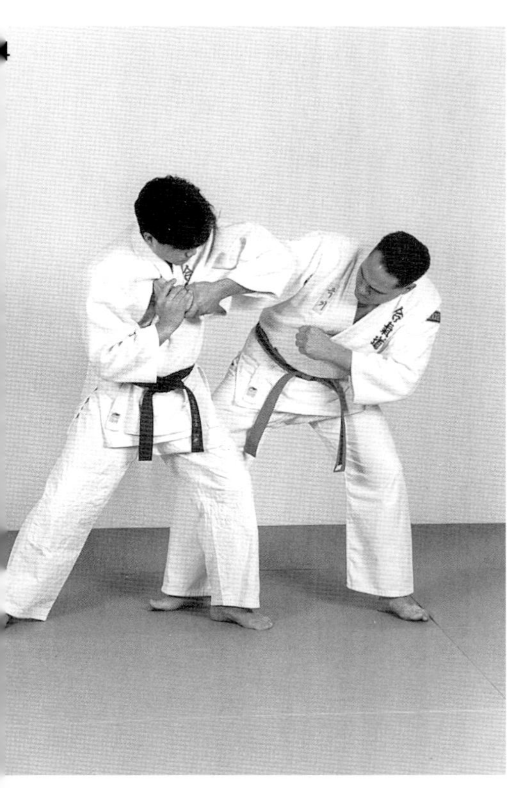

VORWÄRTSSTELLUNG

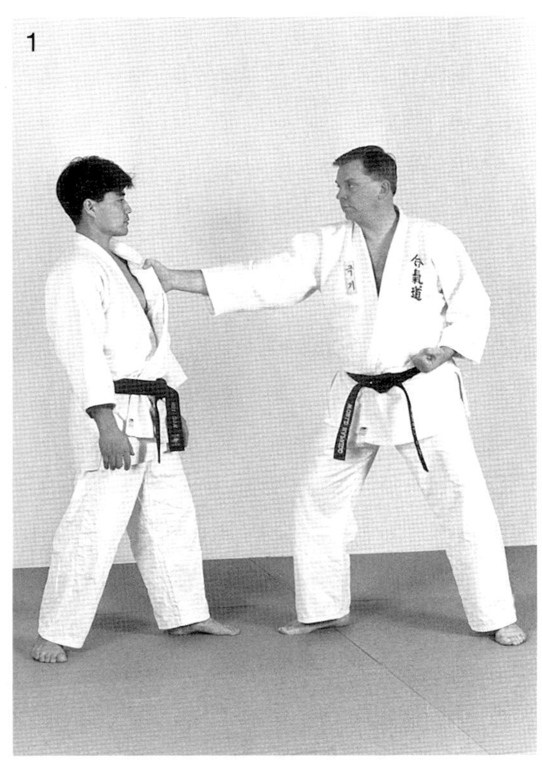

1

Technik 2

1. Der Angreifer packt dich mit der rechten Hand am Revers. **Son-Mok-Kuk-Gi**
2. Greife mit deiner rechten Hand über seine Hand hinweg. Dreh seine Hand um, indem du deinen Körper drehst und ihn leicht zu dir ziehst. Damit verleihst du deiner Hand zusätzliche Kraft. Leg deinen linken Arm auf seinen Ellenbogen und halte ihn mit einem Streckhebel gerade.

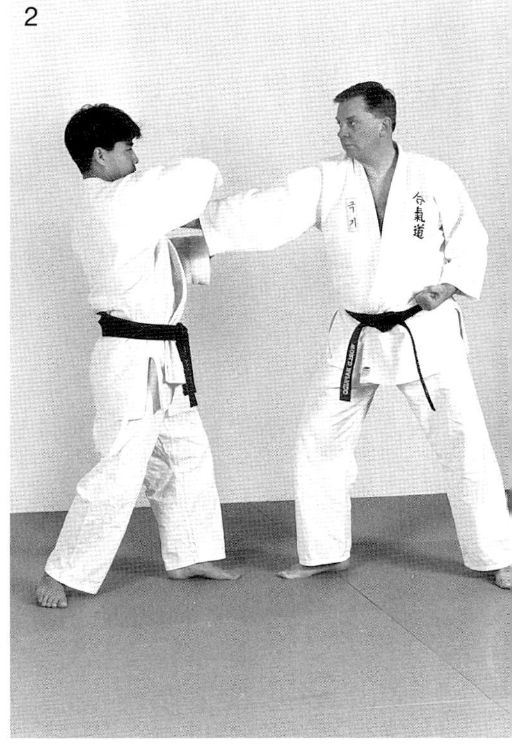

2

VORWÄRTSSTELLUNG

3. Beginne eine Kreisbewegung, indem du mit deinem linken Fuß einen Schritt nach vorn gehst. Übe mit deiner linken Hand jetzt langsam Druck auf seinen Ellenbogen aus und lege dein Gewicht darauf, während er zu Boden geht.

4. Mit dem rechten Fuß machst du einen kleinen Schritt. Am Boden drückst du den Handrücken des Angreifers mit deiner Greifhand in Richtung seiner Schulter.

3

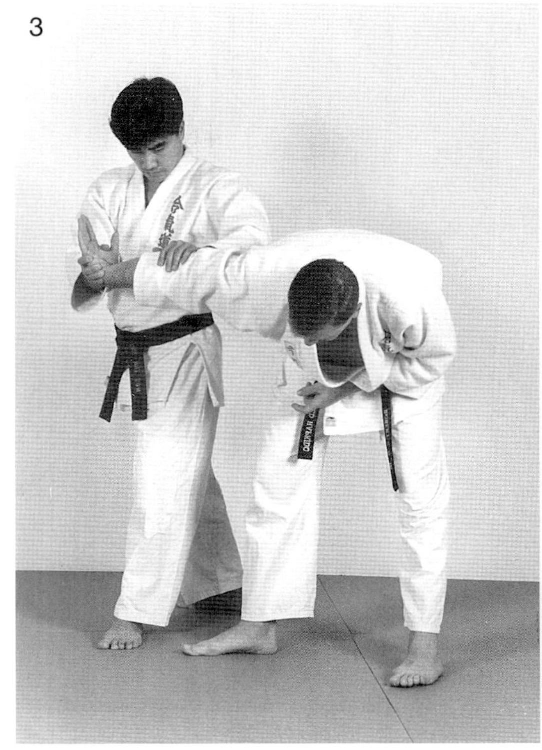

4

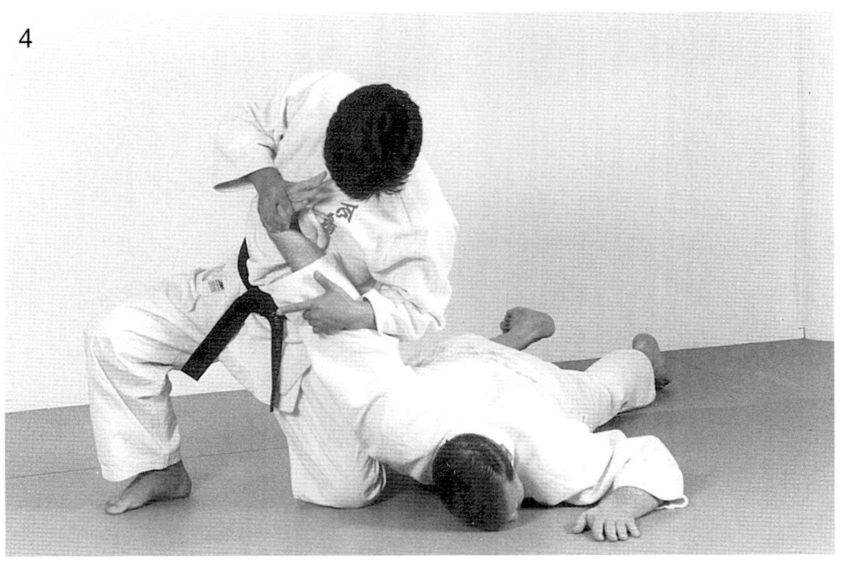

VORWÄRTSSTELLUNG

1

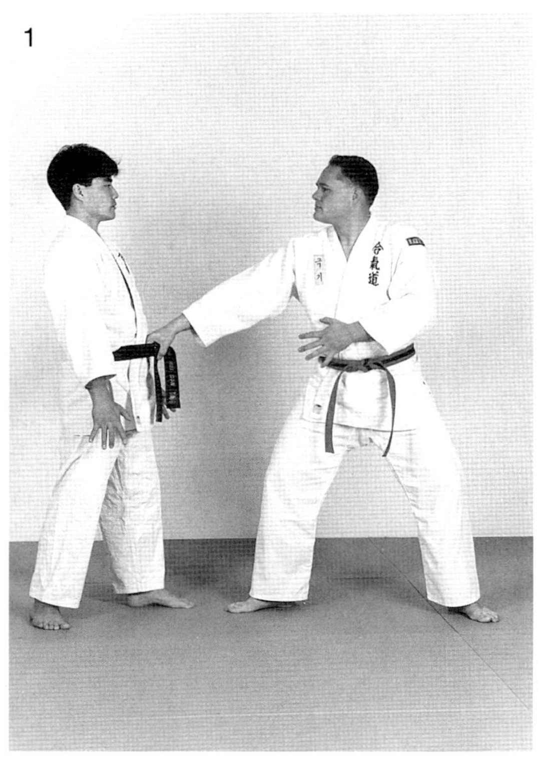

Technik 3

1. Der Angreifer packt dich am Gürtel und versucht dich auf diese Weise aus dem Gleichgewicht zu bringen. **Son-Mok-kuk-Gi**

2. Lege deine rechte Hand, bei der sich der Daumen oben befindet auf seine rechte Hand. Lege deine linke Hand (die Finger befinden sich auch oben) auf sein Handgelenk.

2

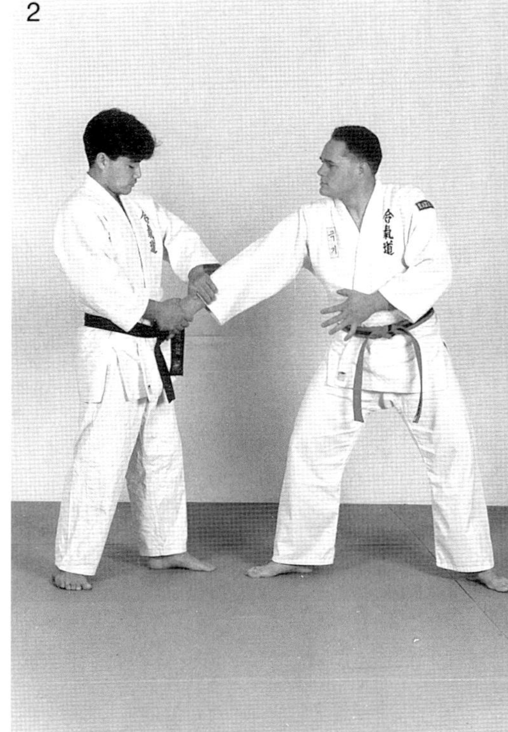

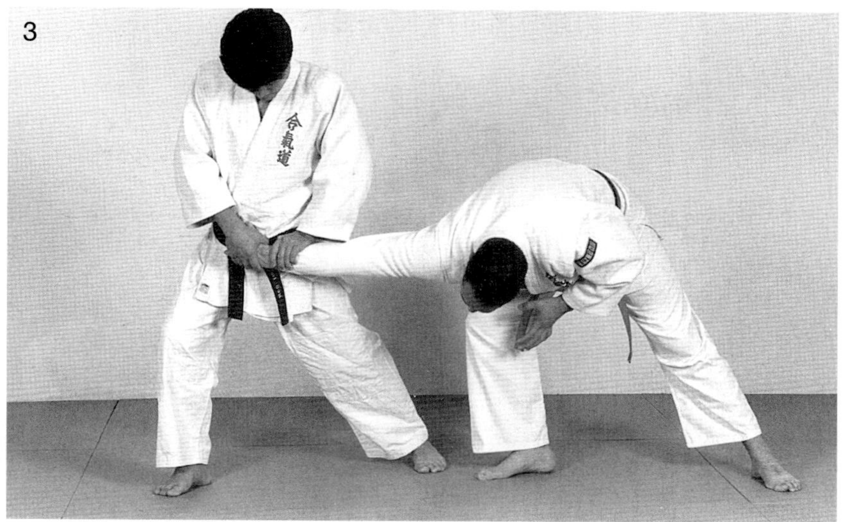

3. Dreh deine Hüfte und strecke seinen Arm, um dir eine überlegene Stellung zu verschaffen. Achte darauf, dass sein Handgelenk gerade ist und übe dann mit der linken Hand von oben her Druck darauf aus. Diesen Druck auf sein Handgelenk kannst du mit deiner rechten Hand noch verstärken. Aufgrund des Handgelenkhebels wird er seinen Griff an deinem Gürtel lockern.

4. Der Schmerz wird ihn nun zu Boden zwingen. Halte den Druck aufrecht und halte ihn unten, indem du dein linkes Knie auf seine Schulter setzt.

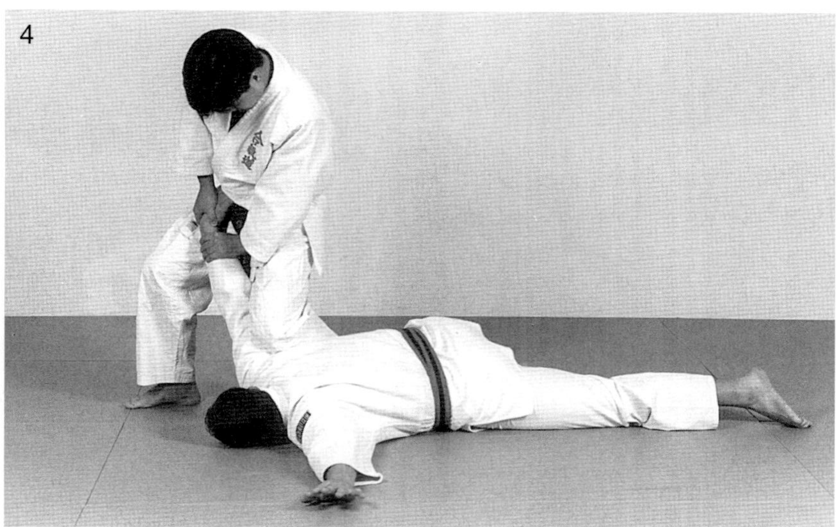

VORWÄRTSSTELLUNG

Technik 4

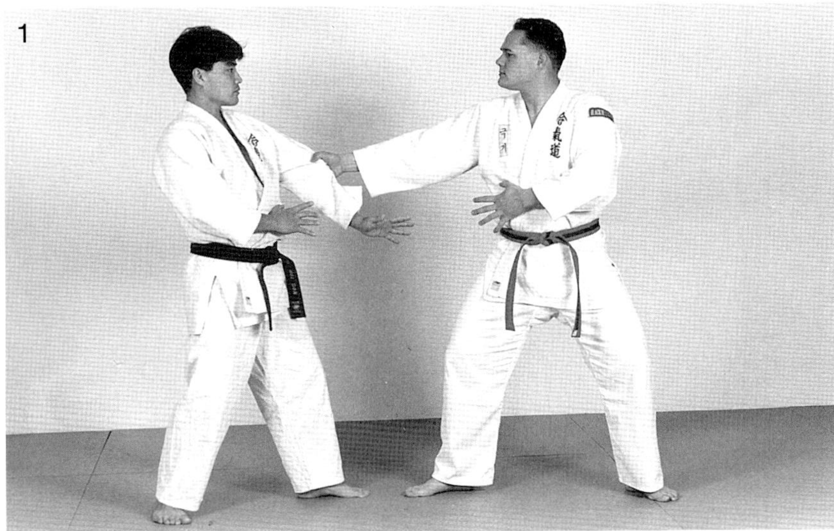

1. Der Angreifer packt deine Jacke mit seiner rechten Hand am linken Ellenbogen. **Son-Muk-kuk-Gi**
2. Lege deine rechte Hand (Finger oben) auf seine Hand und packe kräftig zu. Kreise mit deinem linken Arm um die Außenseite seines Arms.

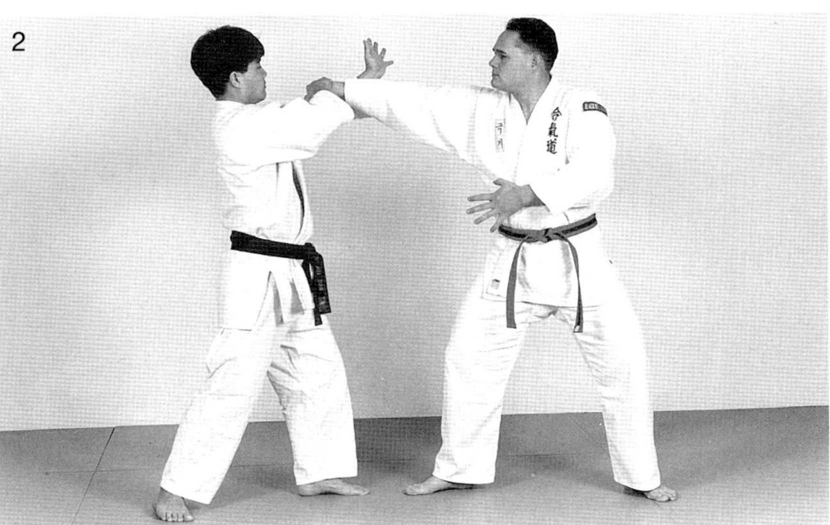

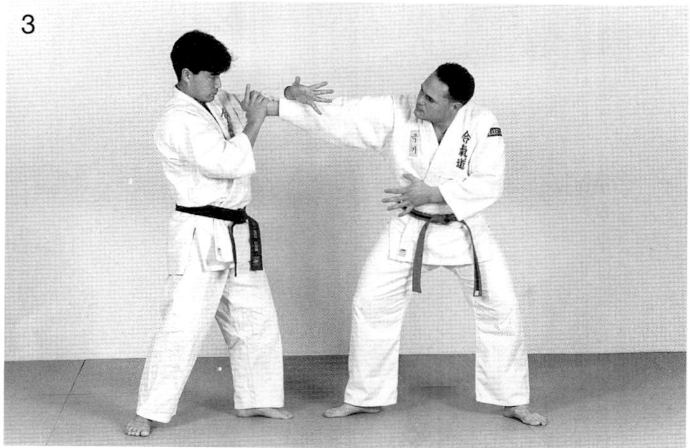

3. Während du deinen Arm über seinen Arm schiebst, beginnst du damit von oben herab Druck auf den Bereich seines Handgelenks auszuüben. Dies verursacht einen stechenden Schmerz im Handgelenk des Angreifers, der ihn auf den Boden zwingt.
4. Während der Angreifer zu Boden geht, lehnst du dich nach vorn, um den Druck aufrecht zu erhalten.
5. Der Bildausschnitt zeigt, dass das Handgelenk in einer geraden Linie zum Unterarm des Angreifers verbleibt und der Druck in einer Richtung gegen das Gelenk ausgeübt wird. Das hilft dir, seine zupackende Hand mit deiner rechten Hand festzuhalten. Achte auch darauf, dass du dich nicht nach unten beugst, sondern dich nur über das Handgelenk hinweg lehnst, den Druck hältst und mit Hilfe dieser Technik Kraft erzeugst.

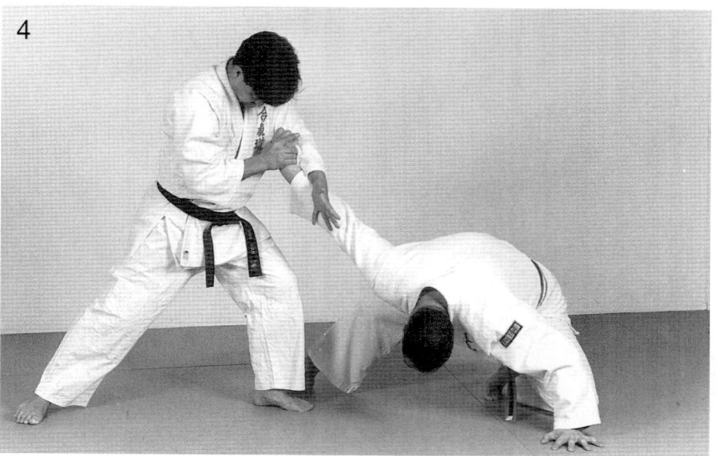

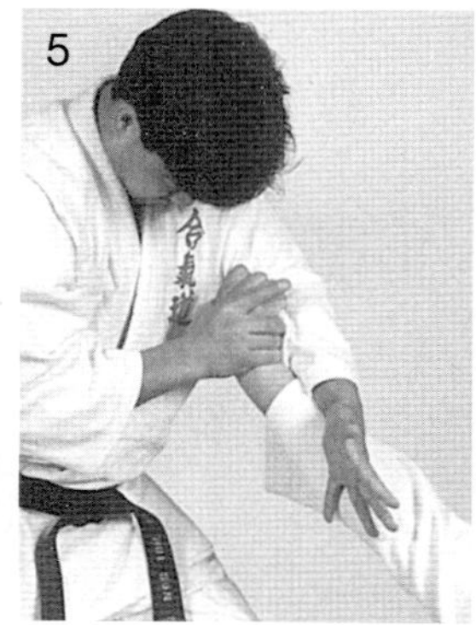

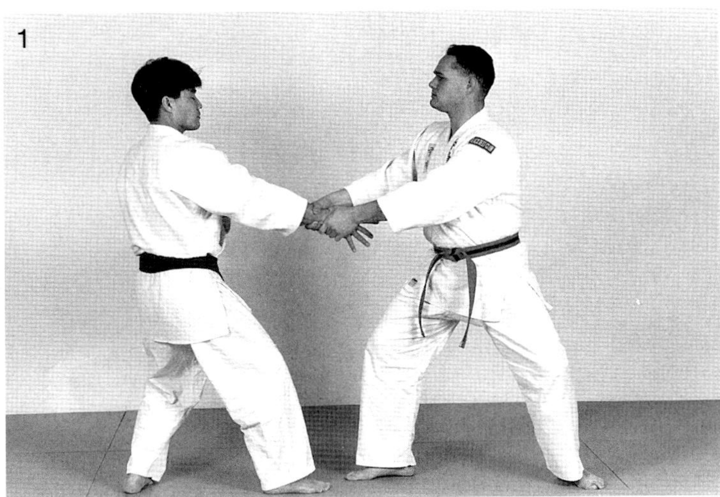

1

Technik 5

1. Der Angreifer ergreift dein rechtes Handgelenk mit beiden Händen. **Son-Mok-Kuk-Gi**
2. Bring deine Hand mit einer kreisenden von innen nach außen verlaufenden Bewegung nach oben, bis sie sich vor deiner Stirn befindet. Lege deine linke Hand (die Finger befinden sich oben) auf die Finger der rechten Hand des Angreifers.

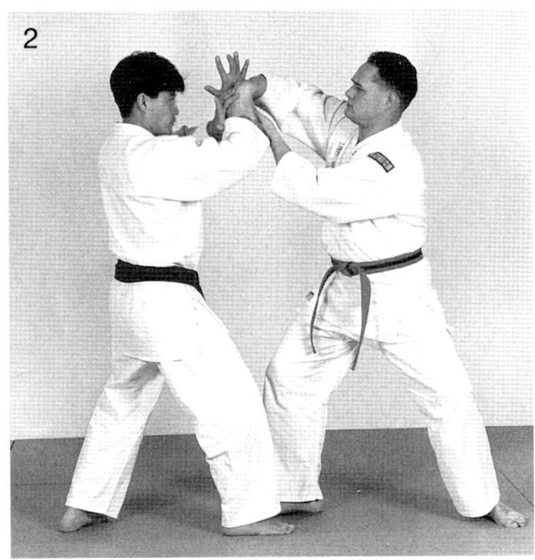

2

VORWÄRTSSTELLUNG

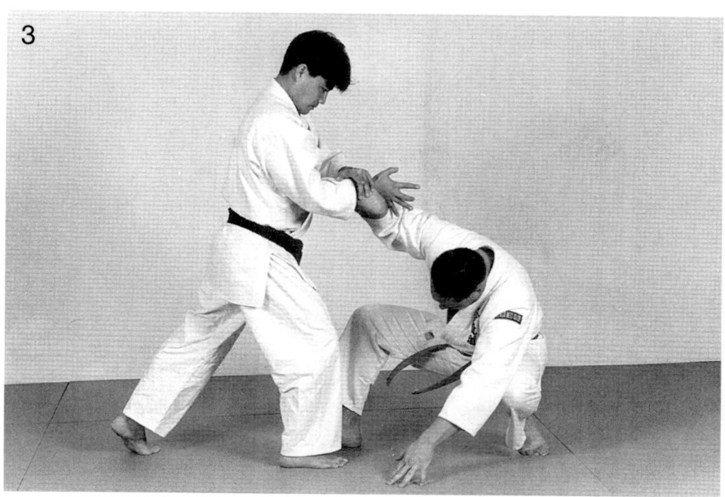

3. Fixiere die Hand des Angreifers an ihrem Platz, während du deine Hand mit weit gespreizten Fingern am Handgelenk des Angreifers nach unten drückst.

4. Du setzt einen Handgelenkhebel an, indem du seine Hand am Platz fixierst. Er kann seine Hand zurückziehen, solange du mit deiner Hand nicht kräftig nach vorn drückst und ihm dadurch die Kraft nimmst. Diese Technik verläuft völlig geradlinig ohne irgendeine Drehung deines Körpers oder ein Schwingen mit den Armen.

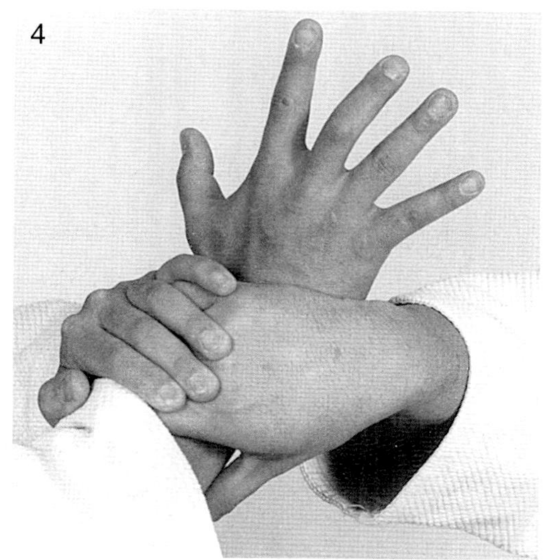

VORWÄRTSSTELLUNG

1

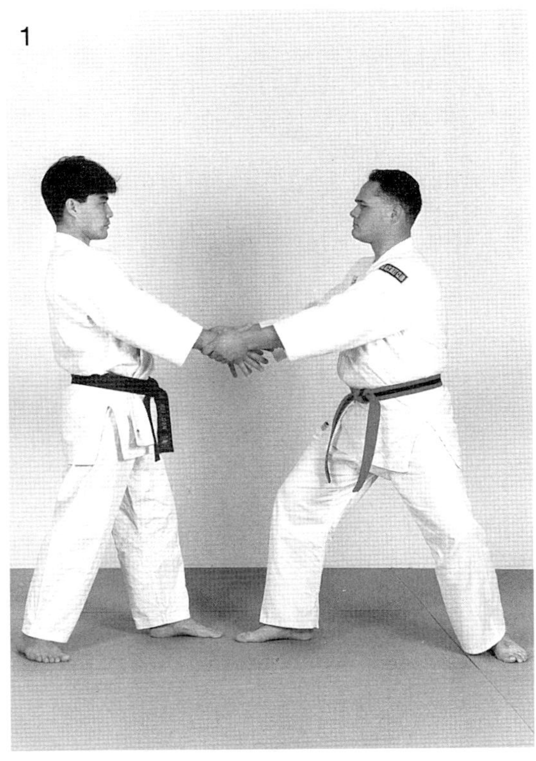

Technik 6

1. Der Angreifer packt deine beiden Handgelenke mit beiden Händen.
2. Du bringst deine linke Hand (die Finger befinden sich oben) mit einer kreisenden Bewegung an die Außenseite des rechten Handgelenks des Angreifers. Gleichzeitig packst du das rechte Handgelenk des Angreifers mit deiner linken Hand und biegst sein rechtes Handgelenk in Richtung des zwischen deinem linken Zeigefinger und dem Daumen liegenden Bereichs.

2

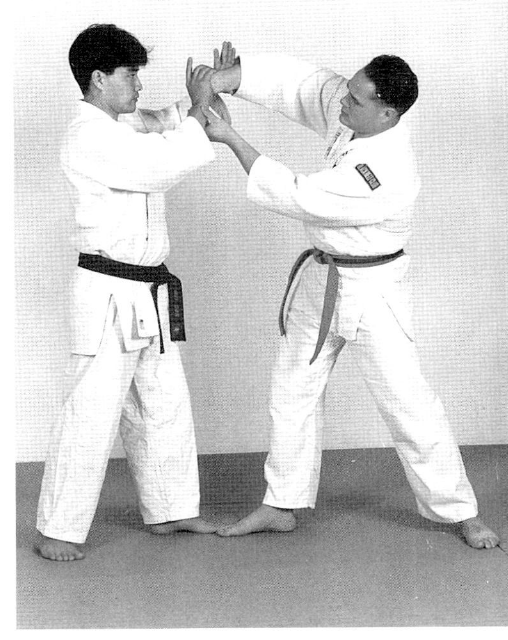

VORWÄRTSSTELLUNG

3. Halte das rechte Handgelenk des Angreifers weiterhin mit der linken Hand fest. Achte darauf, dass der Ellenbogen gekrümmt ist, bevor du einen nach unten gerichteten starken Druck auf das Handgelenk des Angreifers ausübst. Lehn dich nach vorn und verlagere dein Gewicht dabei auf das linke Bein, während du damit einen Schritt in Richtung des Angreifers machst. Dadurch behältst du die größtmögliche Kontrolle.

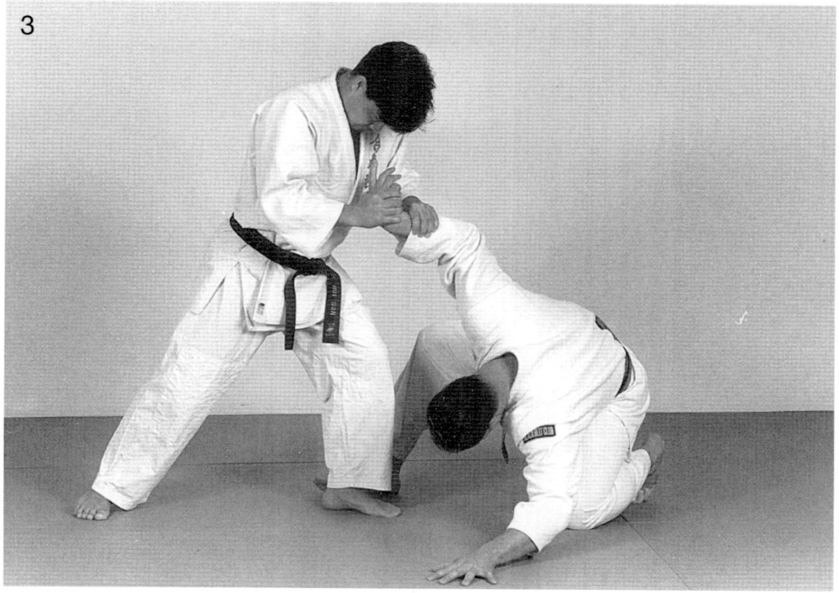

VORWÄRTSSTELLUNG

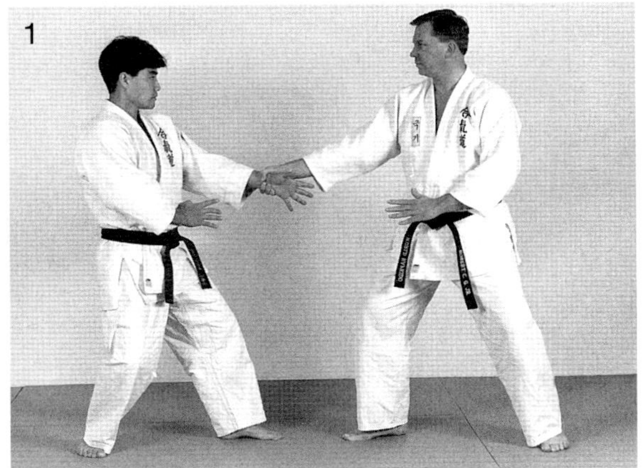
1

Technik 7

1. Der Angreifer ergreift dein linkes Handgelenk mit seiner rechten Hand. **Pal-Kum-Chi**

2. Lege deine rechte Hand (die Finger befinden sich oben) auf seine rechte Hand. Führe mit dem linken Arm eine kreisende Bewegung zur Außenseite seines rechten Arms aus. Löse seinen Griff, indem du sein Handgelenk mit deiner rechten Hand umbiegst und mit deiner linken Hand seinen Daumen wegdrückst.

3. Behalt die Spannung in seinem Handgelenk bei, während du seinen rechten Ellenbogen mit deiner linken Hand packst. Übe Druck aus, um seinen Ellenbogen zu überstrecken. Die rechte Hand bleibt nah vor deinem Körper.

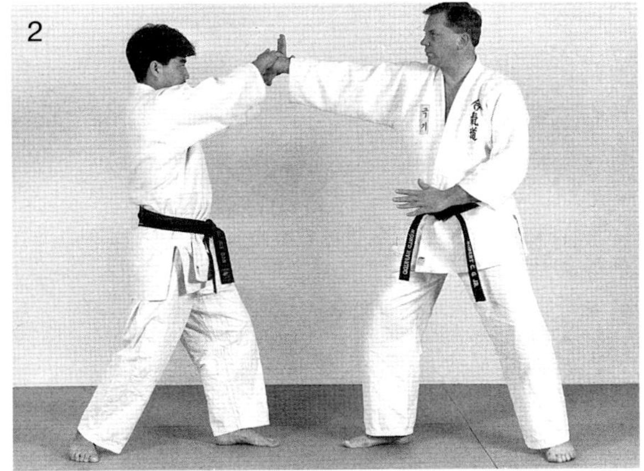
2

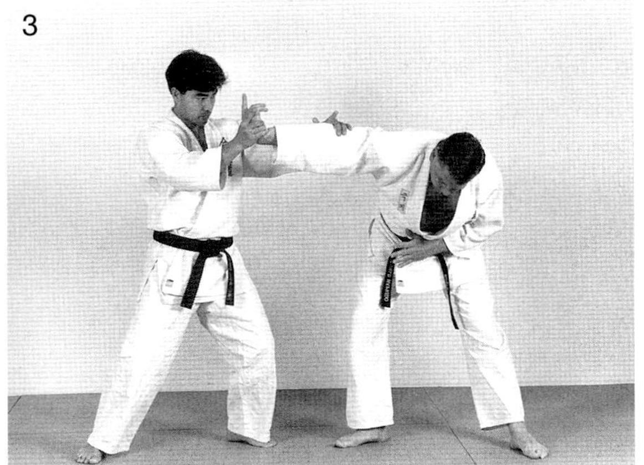
3

VORWÄRTSSTELLUNG

4

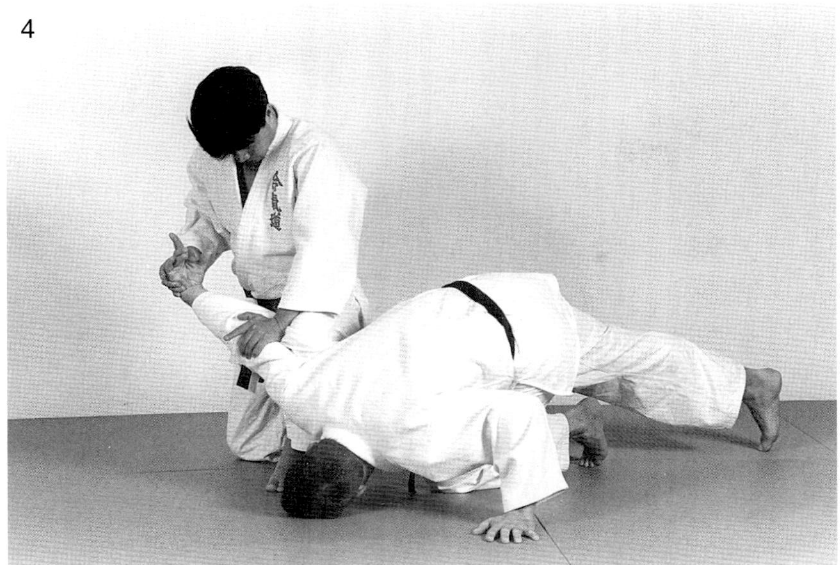

4. Dadurch wird der Angreifer hart auf den Boden geworfen.
5. Halt ihn mit deinem linken Knie unten und übe weiterhin Druck auf seinen Ellenbogen und sein Handgelenk aus.

5

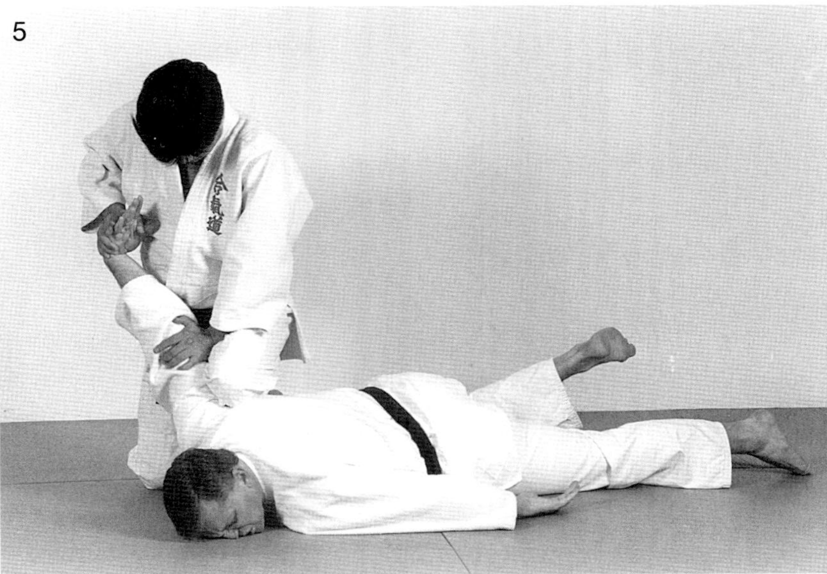

1

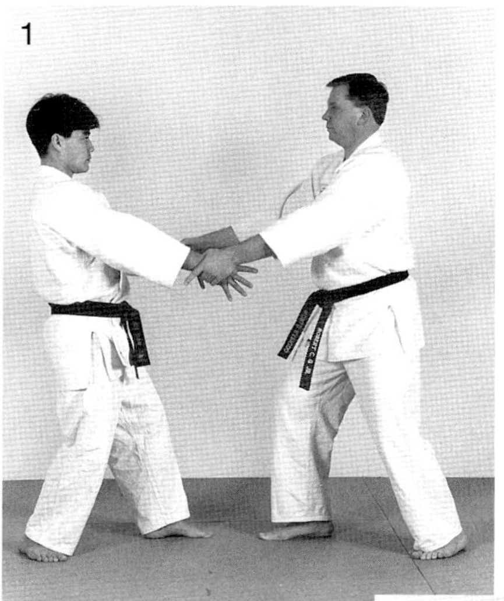

VORWÄRTSSTELLUNG

Technik 8

1. Der Angreifer ergreift deine beiden Handgelenke mit beiden Händen. **Pal-Kum-Chi**

2. Bringe deine linke Hand mit einer kreisenden Bewegung an die Außenseite, um damit sein rechtes Handgelenk (die Finger befinden sich oben) packen zu können. Deine rechte Hand ergreift gleichzeitig seine rechte Hand (die Finger befinden sich oben).

3. Leg deine linke Hand auf seinen rechten Ellenbogen, um Druck auszuüben. Fahre mit der Drehbewegung fort, wobei du den linken Fuß weitersetzt.

2

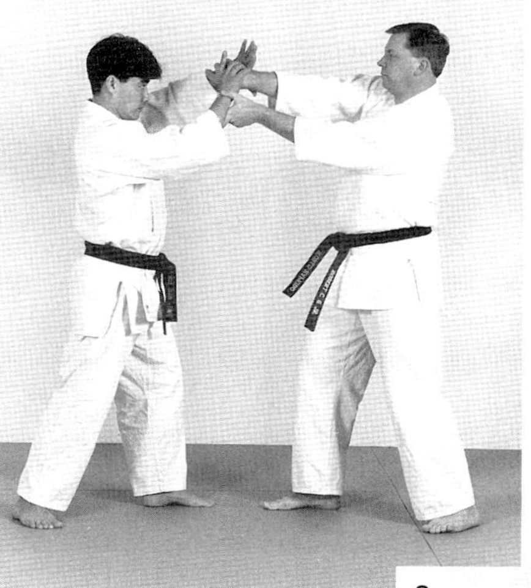

3

VORWÄRTSSTELLUNG

4. Bis zu dem Zeitpunkt, an dem der Angreifer auf dem Boden aufschlägt, hast du mit dem rechten Fuß einen kleinen Schritt ausgeführt. Setz das linke Knie zur Stabilisierung auf den Boden und stell dabei sicher, dass sich der Arm des Angreifers in senkrechter Position befindet. Zur Kontrolle übst du Druck auf sein Handgelenk und auf seinen Ellenbogen aus.

5. Nimm deine rechte Hand, um den Arm des Angreifers gegen deine linke Schulter zu drücken Die Handfläche seiner rechten Hand weist nach außen. Mit deinem linken Unterarm hältst du den auf seinen Ellenbogen ausgeübten Druck aufrecht, indem du ihn gegen deinen Körper presst.

6. Verstärk den Druck, indem du deinen linken Unterarm auf seinen rechten Trizeps legst und gegen deinen Körper presst.

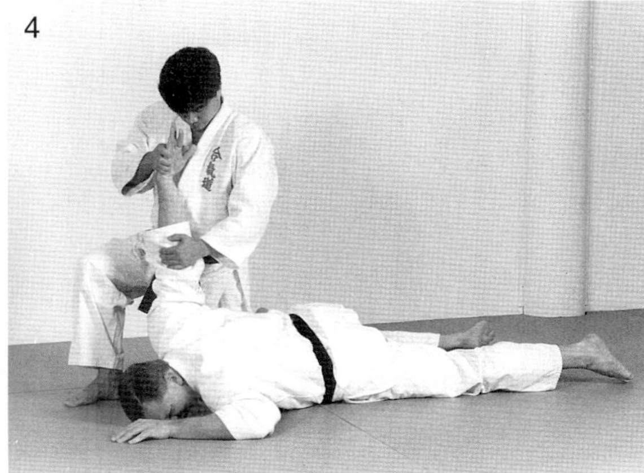
4

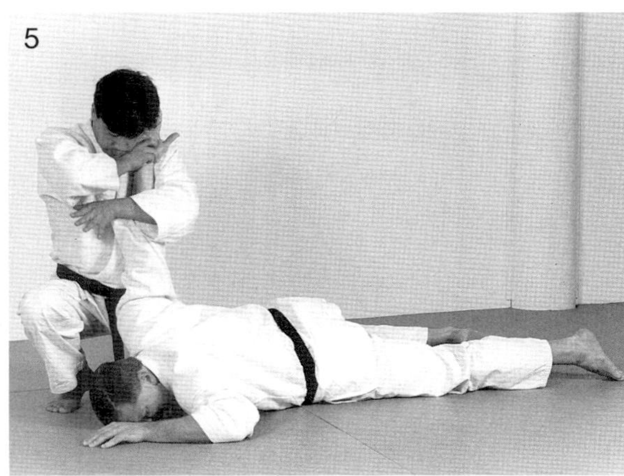
5

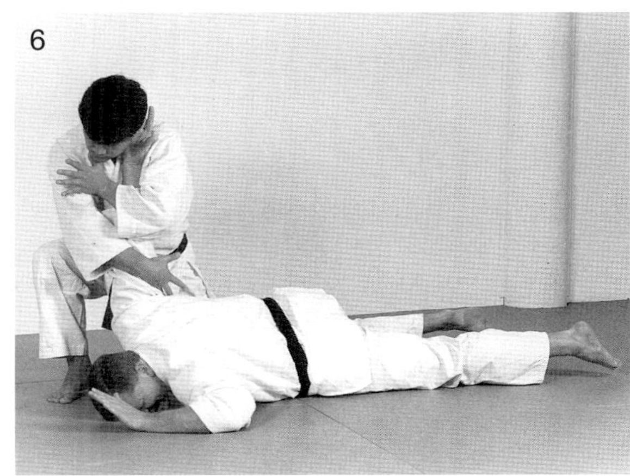
6

VORWÄRTSSTELLUNG

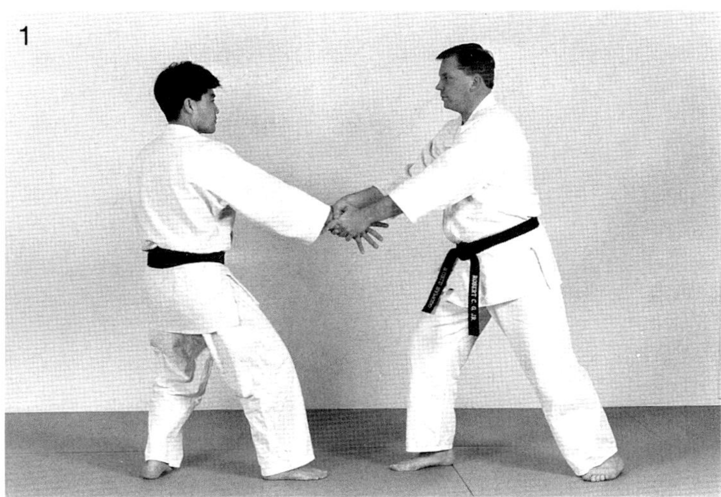

Technik 9

1. Der Angreifer ergreift dein rechtes Handgelenk mit beiden Händen. **Pal-Kum-Chi**
2. Lehn dich nach vorn und streck dabei deinen Arm zu einem Punkt aus, der hoch über seiner rechten Schulter liegt.

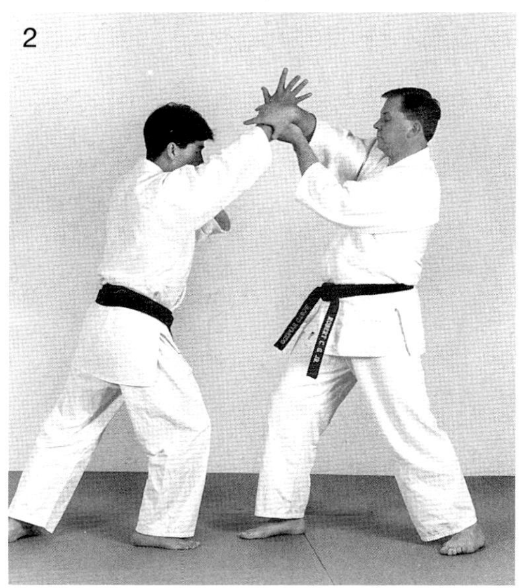

VORWÄRTSSTELLUNG

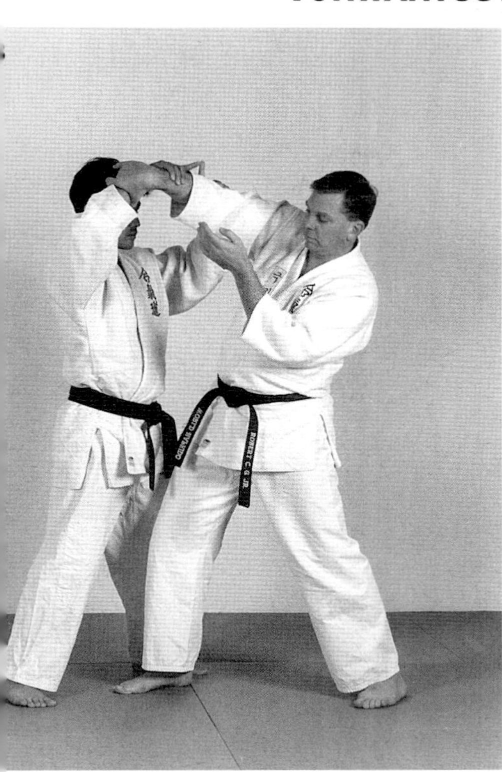

3. Zieh deinen Arm zu seiner linken Schulter. Dadurch kannst du mit deiner rechten Hand (die Finger liegen oben) sein rechtes Handgelenk packen. Leg deine linke Hand an seinen rechten Ellenbogen. Durch Ziehen bringst du die rechte Hand des Angreifers immer näher an dich heran, wobei sein Ellenbogen gestreckt und an der Außenseite vor dir bleibt. Übe mit deiner linken Hand Druck auf seinen Ellenbogen aus.

4. Der Druck auf seinen Ellenbogen bringt ihn aus dem Gleichgewicht und schnell vor deine Füße. Befindet er sich am Boden, hältst du den Druck aufrecht. Sichere deine überlegene Position, indem du seine rechte Schulter immer unterhalb der Höhe seiner rechten Hand hältst.

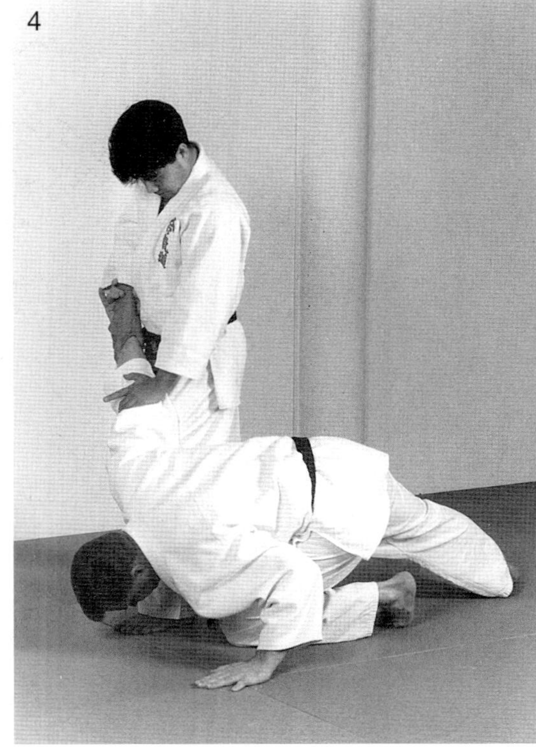
4

VORWÄRTSSTELLUNG

Technik 10

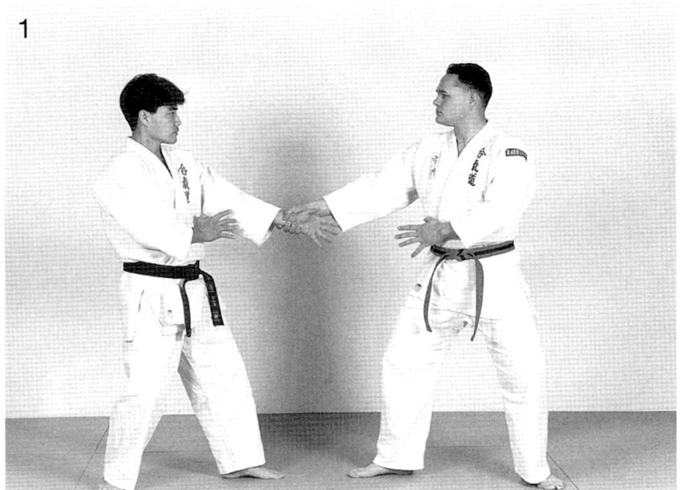

1. Der Angreifer ergreift dein linkes Handgelenk mit seiner rechten Hand. **Pal-Kum-Chi**
2. Lege deine rechte Hand (die Finger befinden sich oben) auf seine rechte Hand, während du mit der linken Hand eine von innen nach außen verlaufende kreisende Bewegung ausführst. Dadurch kannst du sein rechtes Handgelenk mit deiner linken Hand (die Finger befinden sich oben) packen.

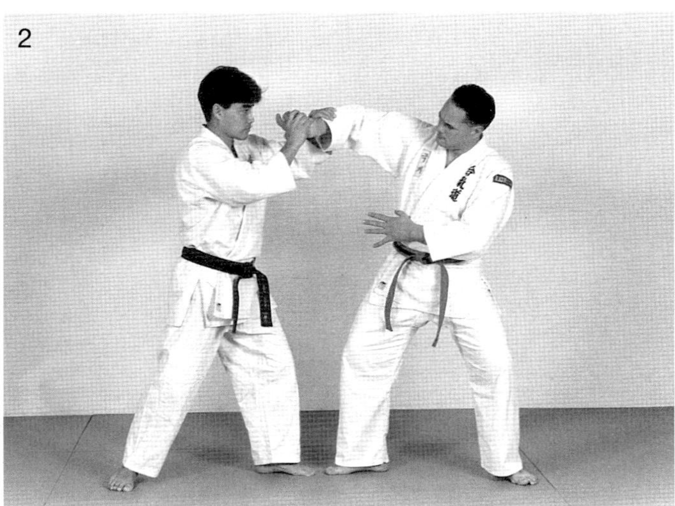

VORWÄRTSSTELLUNG

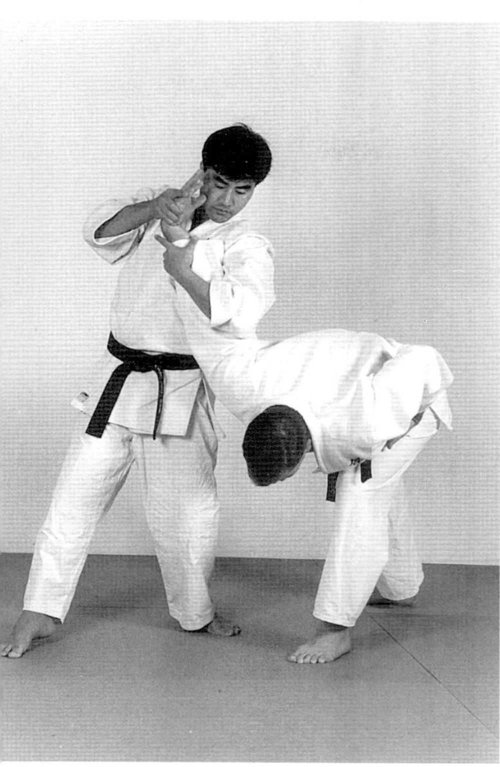

3. Schwing deinen linken Ellenbogen über seinen rechten. Lehn dich sofort nach vorn und beuge seinen Arm in eine senkrechte Stellung. Wenn sich der Arm des Angreifers in dieser Position befindet, kannst du Druck auf seinen Ellenbogen ausüben, indem du ihn in Richtung deines Körpers drückst. Übe gleichzeitig Druck auf das Handgelenk des Angreifers aus, indem du seine rechte Handfläche in Richtung seiner rechten Schulter drückst.

4. Lehn dich so lange nach vorn, bis sich sowohl der Angreifer als auch dein Knie auf dem Boden befinden. Um den Angreifer weiterhin zu kontrollieren, kannst du den Druck beibehalten.

4

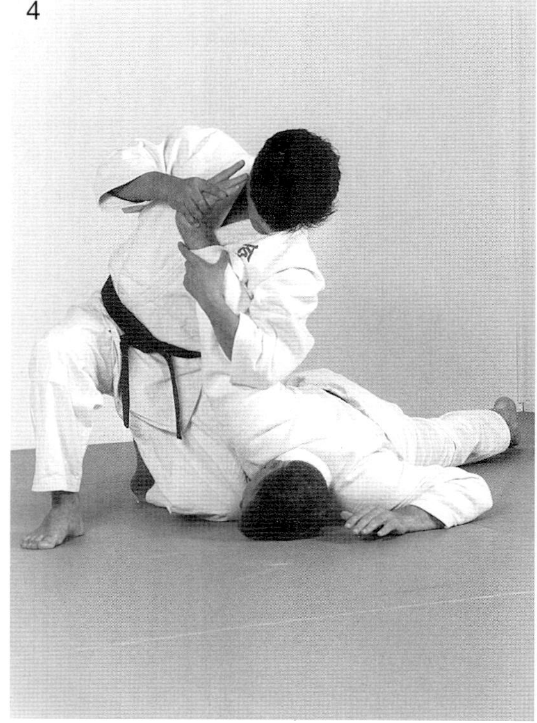

VORWÄRTSSTELLUNG

1

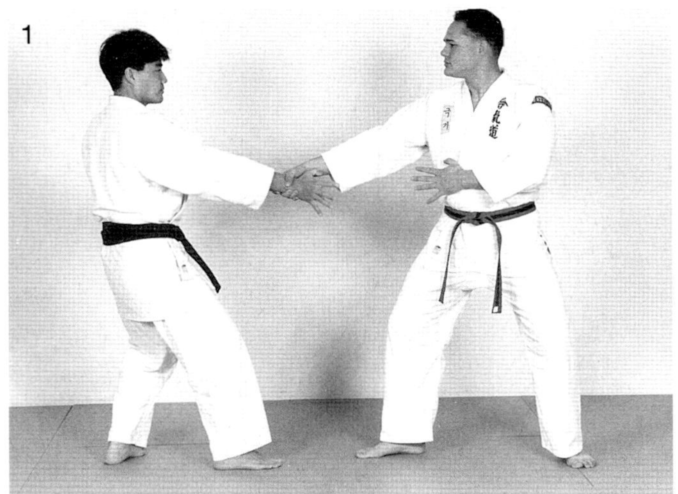

2

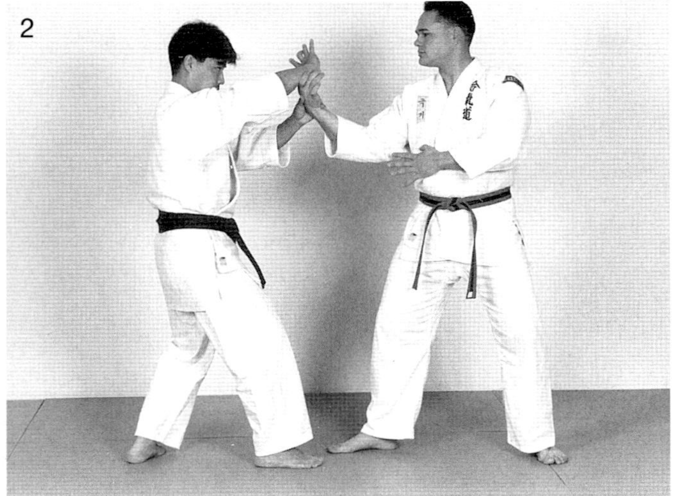

Technik 11

1. Der Angreifer ergreift dein rechtes Handgelenk mit seiner rechten Hand. **Boo-Chae**

2. Lege deine linke Hand (die Finger befinden sich oben, der Daumen unten) auf den rechten Daumen des Angreifers. Bring deine rechte Hand mit einer kreisenden Bewegung nach oben und strecke deinen Ellenbogen. Auf diese Weise kannst du dich mit einer hebelartigen Bewegung aus der Umklammerung des Angreifers lösen.

3. Pack sofort die rechte Hand des Angreifers und verstärke damit den Griff, den du bereits mit deiner linken Hand aufgebaut hast. Dies nennt man „Scherengriff".

3

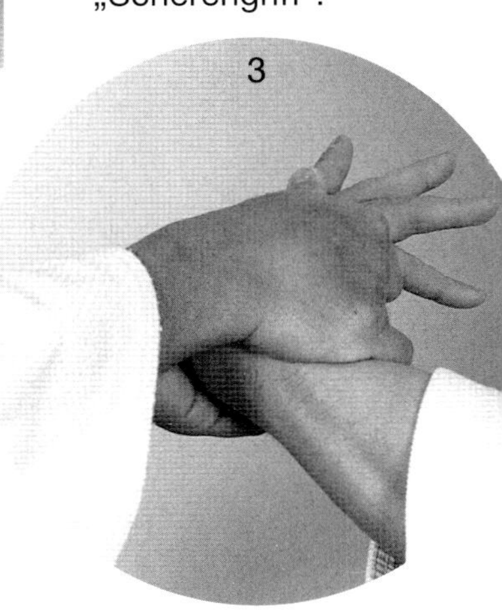

VORWÄRTSSTELLUNG

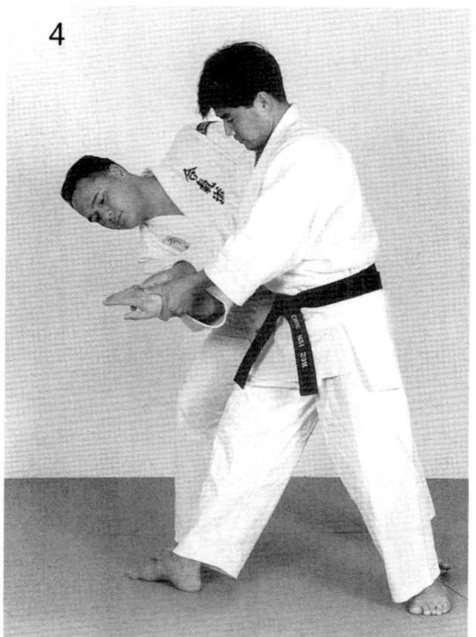

4. Beuge das rechte Handgelenk sowie den Ellenbogen des Angreifers um 90°, um die Hebelwirkung zu verstärken. Setz das linke Bein zurück, so dass du der selben Richtung zugewandt bist wie der Angreifer. Deine Füße stehen nun parallel zu seinen. Während der Ausführung des Schritts, drehst du das Handgelenk des Angreifers herum. Seine Handfläche weist auf den Boden.

5. Wenn der Angreifer am Boden liegt, hältst du ihn dort fest, indem du seinen Arm (mit dem Boden zugewandter Handfläche) ausstreckst und dein rechtes Knie gegen seinen Ellenbogen presst. Du kannst den Druck erhöhen, indem du seine Hand in der entgegengesetzten Richtung hochziehst.

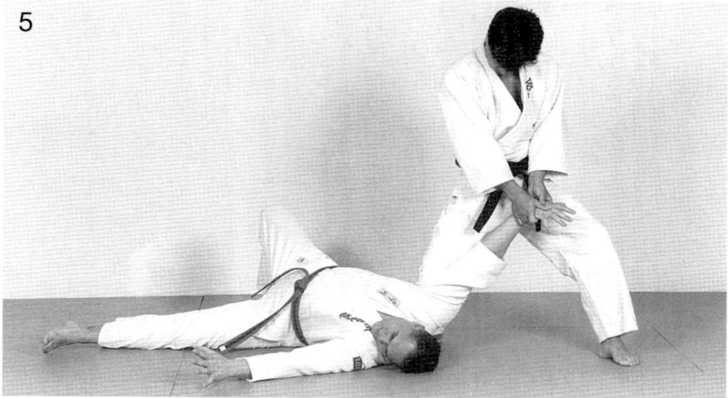

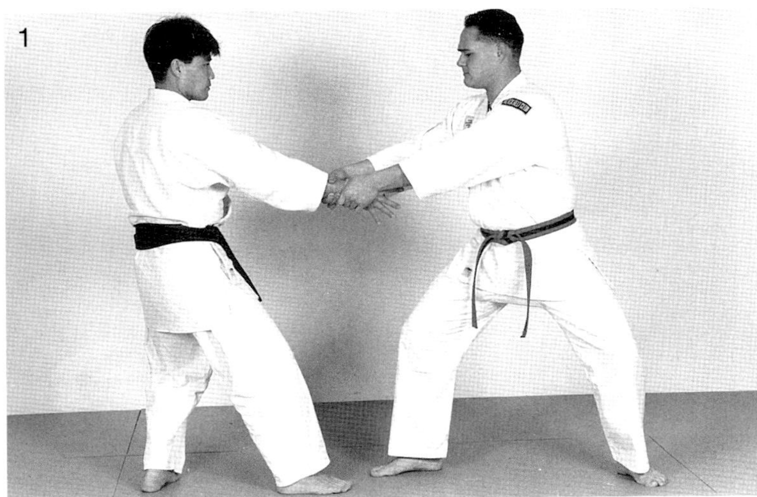

Technik 12

1. Der Angreifer ergreift dein rechtes Handgelenk mit beiden Händen. **Boo Chae**
2. Hebe deine rechte Hand so an, dass sie zwischen und oberhalb seiner Arme hindurchgleitet. Die Hebelwirkung erreichst du durch Beugen deines Ellenbogens. Greife mit deiner linken Hand um seinen rechten Daumen herum. Beuge deinen rechten Ellenbogen noch weiter, um den Griff seiner linken Hand zu lösen.

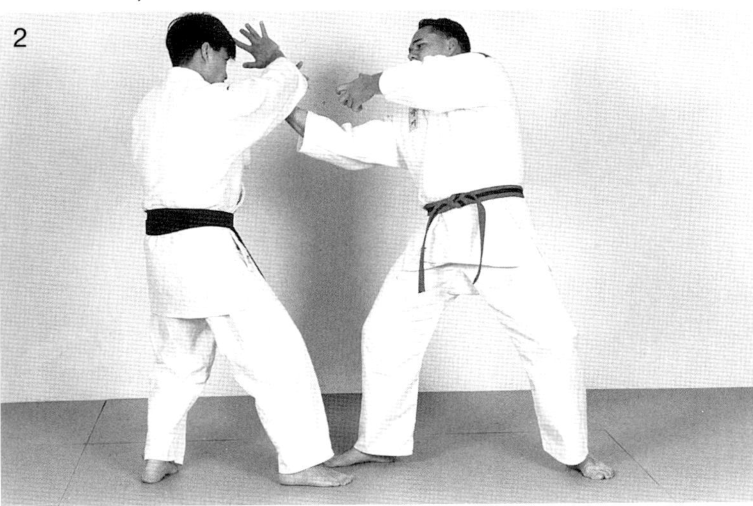

VORWÄRTSSTELLUNG

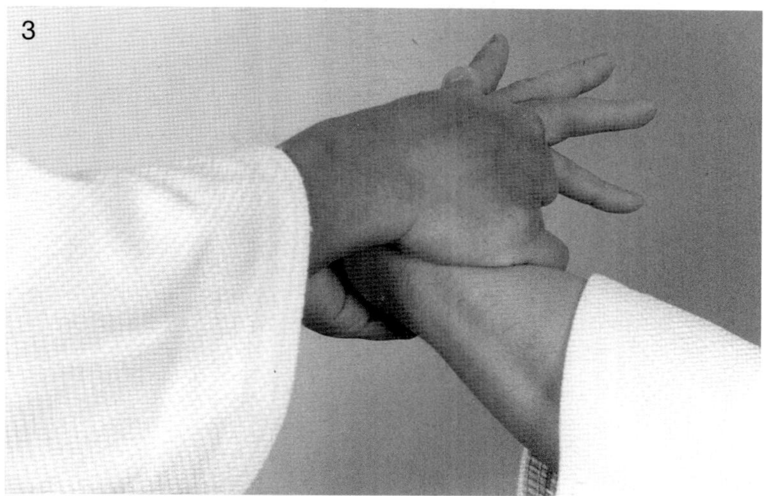

3. Greife seine rechte Hand an und setz mit beiden Händen einen Scherengriff an.
4. Geh mit dem linken Fuß soweit zurück, bis du in der selben Richtung stehst wie der Angreifer. Im Verlauf deines Schritts musst du sein Handgelenk ohne Unterbrechung deiner Drehbewegung nach unten drücken und es dabei herumdrehen.

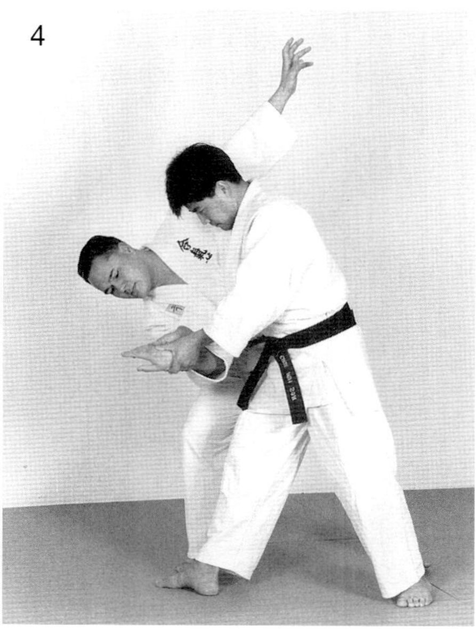

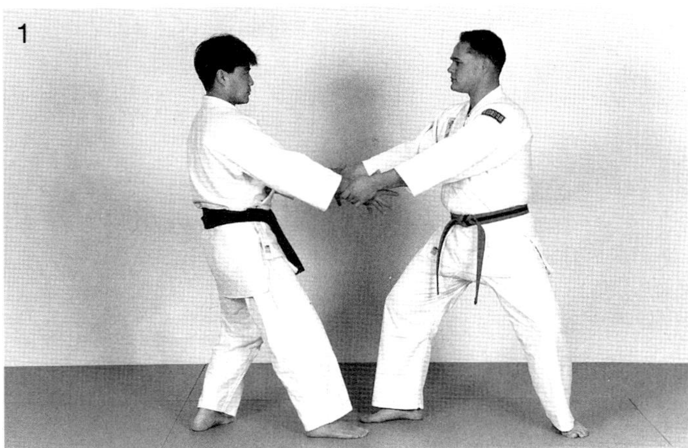

Technik 13

1. Der Angreifer packt deine beiden Handgelenke. **Boo-Chae**
2. Dreh deine beiden Handflächen mit einer nach innen verlaufenden synchronen Drehung zu dir. Achte darauf, dass sich deine linke Hand oben befindet und dir zugewandt ist, während die andere unter der rechten Hand des Angreifers hindurchgleitet. Pack mit der rechten Hand bei nach oben gewandter Handfläche den rechten Handrücken des Angreifers und greife dabei um seinen Daumen herum. Indem du die kleine Drehbewegung fortsetzt, löst du deine linke Hand aus der Umklammerung des Angreifers.

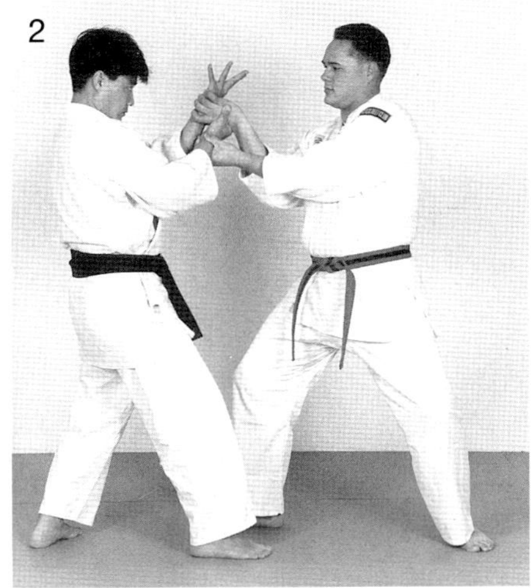

VORWÄRTSSTELLUNG

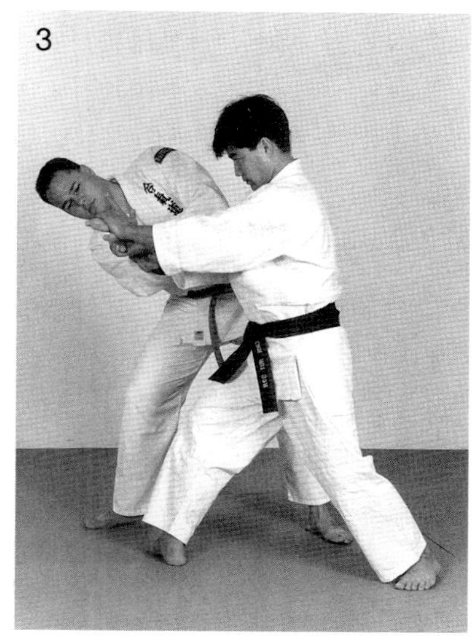

3. Lege deine linke Hand auf den rechten Handrücken des Angreifers und setze auf diese Weise einen Scherengriff an.

4. Achte auf eine geradlinige Druckausübung. Ist der richtige Winkel erreicht, kannst du die zweite Hand hinzunehmen, um ein Höchstmaß an geradlinig verlaufendem Druck einzusetzen.

5. Nun kannst du Druck auf das Handgelenk des Angreifers ausüben, während du das linke Bein zurückziehst. Sobald sich der Angreifer am Boden befindet, wendest du eine Haltetechnik an. Dies geschieht, indem du seinen Arm streckst (die Handfläche ist dem Boden zugewandt) und dein rechtes Knie gegen seinen Ellenbogen drückst.

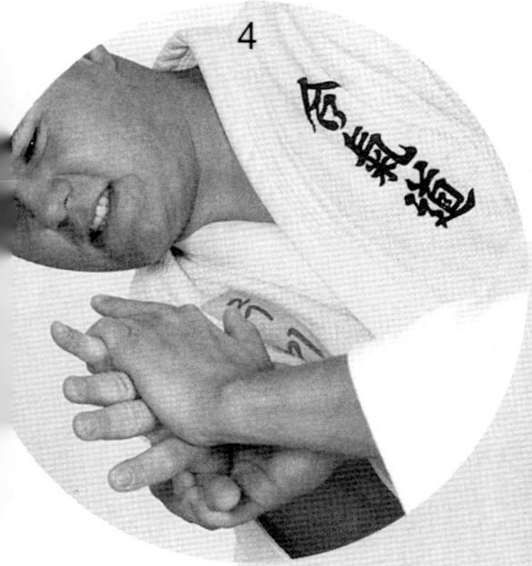

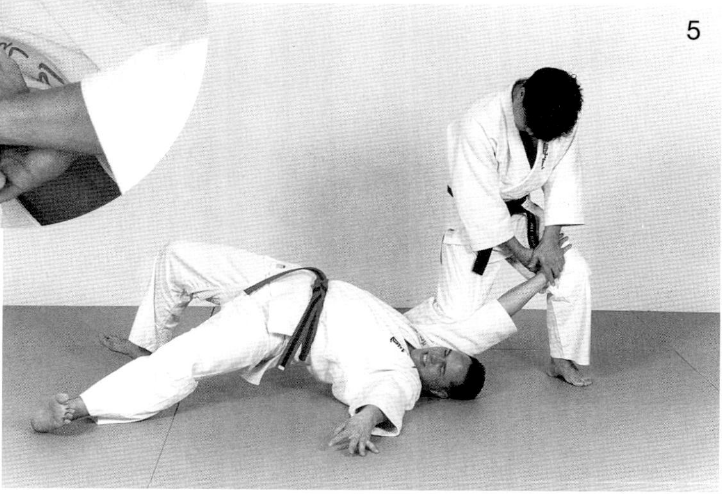

1

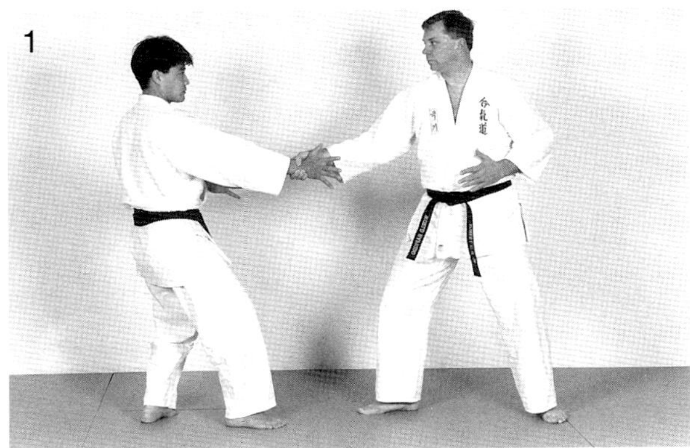

Technik 14

1. Der Angreifer packt dein rechtes Handgelenk mit seiner rechten Hand. **Hei-Jun**
2. Lege deine linke Hand (der Daumen befindet sich oben) auf seinen rechten Handrücken. Setze das rechte Bein nach vorn und schwinge seine rechte Hand vor dir nach oben.
3. Setze diese Bewegung fort und geh dabei mit dem linken Bein voran. Jetzt stehen deine Füße mit seinen auf gleicher Höhe.

2

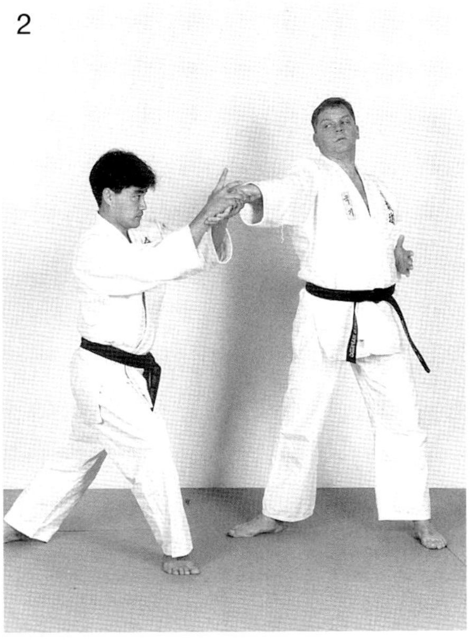

3

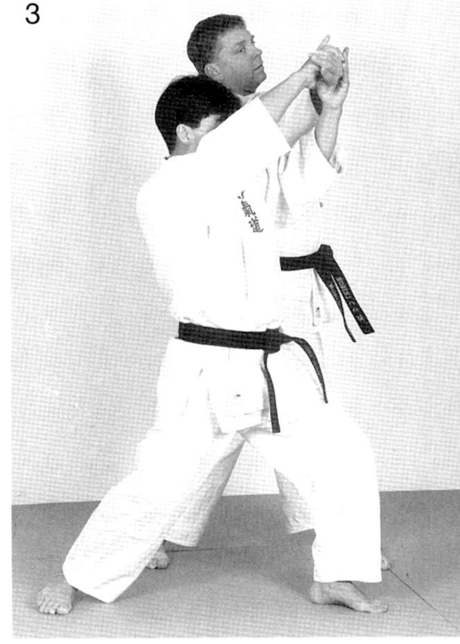

4. Dreh dich um 180° auf den Ballen deiner beiden Füße, um danach wieder der Richtung zugewandt zu sein, aus der du gekommen bist. Während der Drehung hebst du seine Hand direkt über deinen Kopf, bis sie sich über seiner rechten Schulter befindet. Mit Hilfe des zu Beginn eingesetzten Scherengriffs biegst du sein Handgelenk auf dich zu.

4a. Setz diese Bewegung fort, als würdest du mit einem Schwert in deinen Händen von oben nach unten schlagen.

5. Ohne deine Bewegung zu unterbrechen, ziehst du seine Hand über die Schulter und weiter bis auf den Boden herab. Den Druck auf das Handgelenk erhältst du aufrecht, indem du die Hand auf deinen Körper zuziehst.

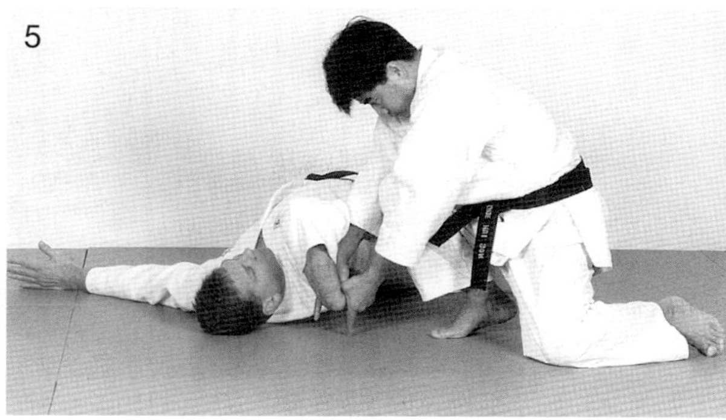
5

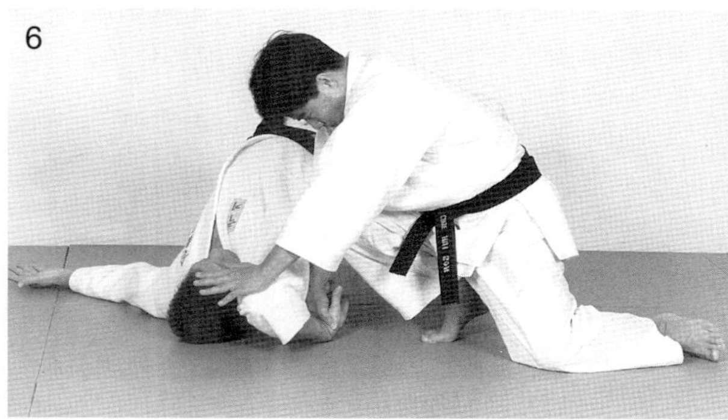
6

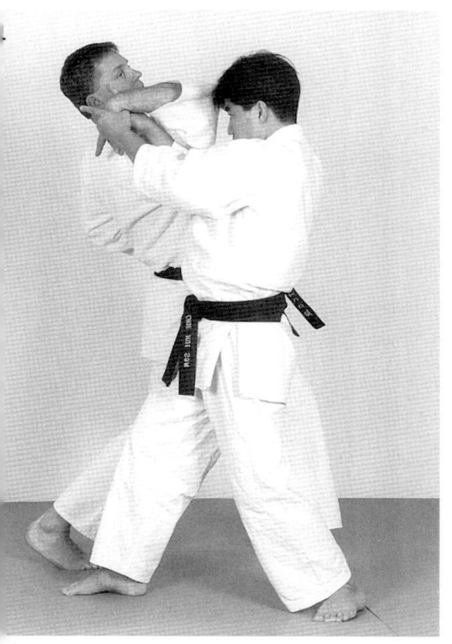

6. Am Boden wendest du eine Haltetechnik an, indem du deine linke Hand löst und sie auf seinen rechten Ellenbogen legst. Drück den Ellenbogen hinunter und zieh an der Hand, bis der Ellenbogen des Angreifers den Boden berührt.

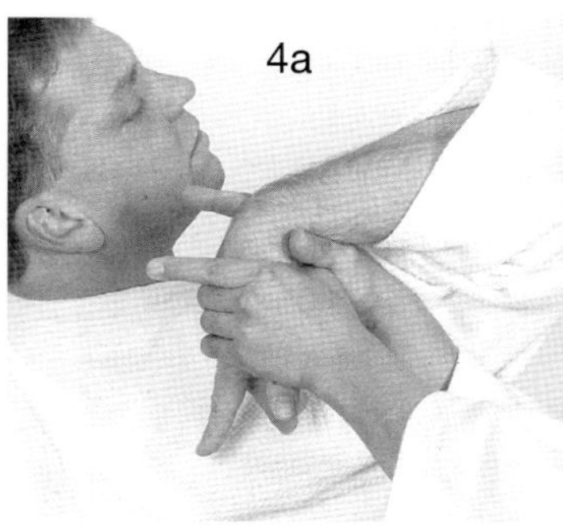
4a

VORWÄRTSSTELLUNG

Technik 15

1

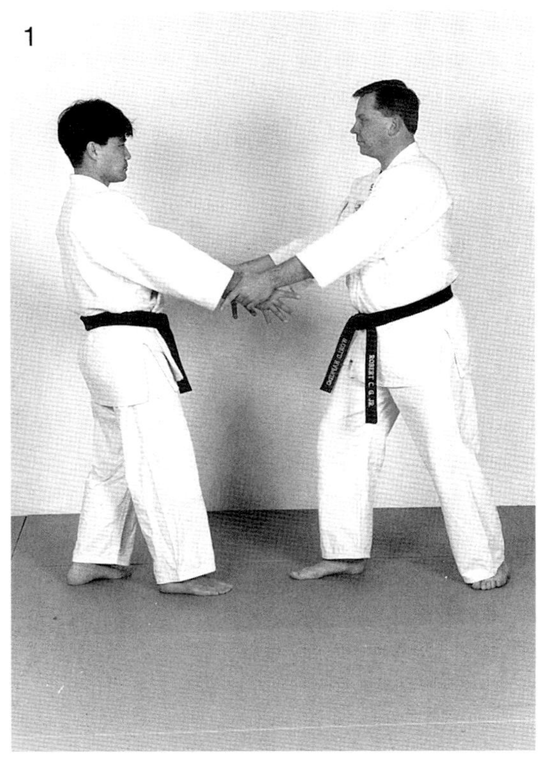

1. Der Angreifer packt deine beiden Handgelenke mit beiden Händen. **Hei Jun**

2. Du legst die rechte Hand auf sein rechtes Handgelenk. Zieh seine rechte Hand vor dich, wobei du mit dem rechten Bein nach vorn gehst. Halte deinen Körper so tief, dass sich seine Hände auf Höhe deiner Schultern befinden.

2

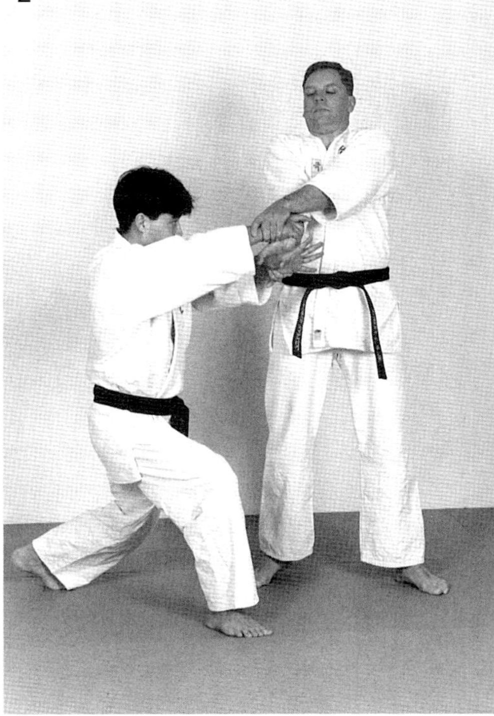

VORWÄRTSSTELLUNG

3. Setz deinen linken Fuß vor, um dich parallel zu seiner Stellung auszurichten.

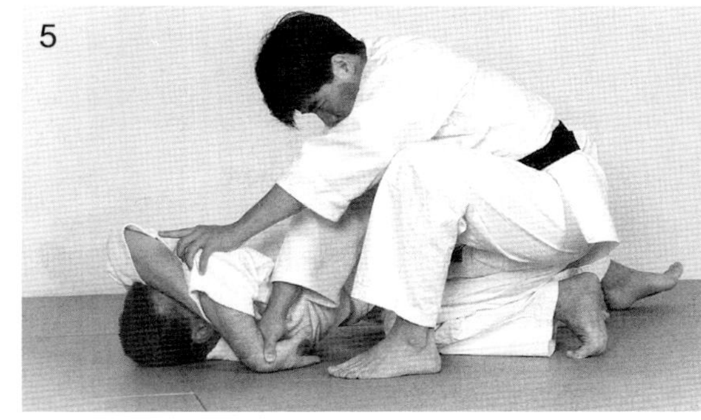

4. Dreh dich schnell herum. Lass deine Hand von seinem rechten Handgelenk zu seiner rechten Hand gleiten. Dadurch kannst du seine Hand in Richtung deines Körpers ziehen und Druck auf sein Handgelenk ausüben.

5. Setze deine Bewegung fort und führe die rechte Hand des Angreifers über seine Schulter bis auf den Boden herab. Halt ihn fest, indem du seinen Ellenbogen mit deiner linken Hand auf den Boden drückst.

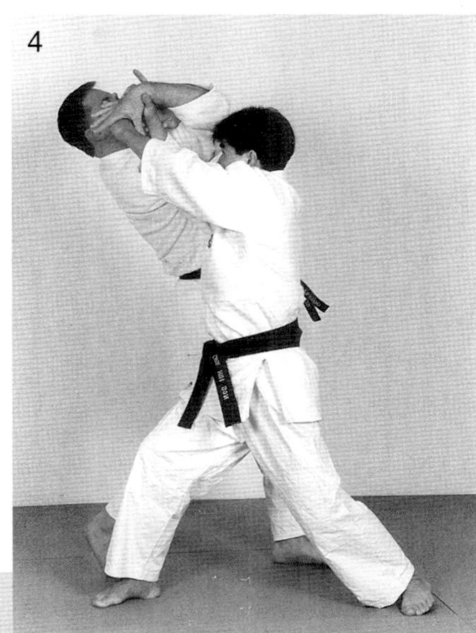

VORWÄRTSSTELLUNG

1

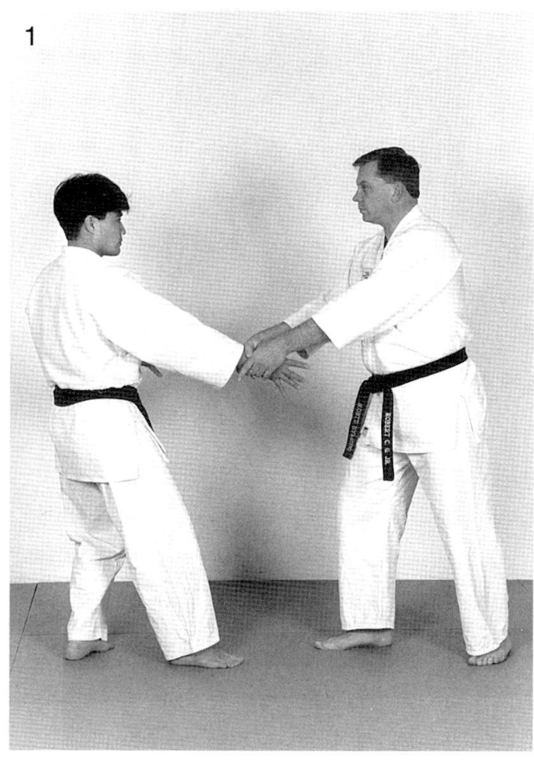

Technik 16

1. Der Angreifer packt dein rechtes Handgelenk mit beiden Händen. **Hei-Jun**

2. Ergreife das Handgelenk des Angreifers mit deiner linken Hand. Stoße seine Hand mit einer kreisenden Bewegung nach vorn und mach gleichzeitig einen großen Schritt mit dem linken Fuß.

2

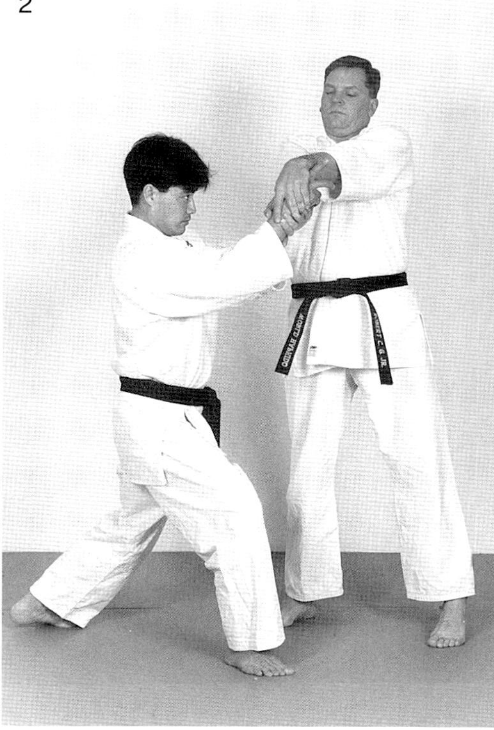

VORWÄRTSSTELLUNG

3. Führe einen Schritt mit dem linken Fuß aus und bring die Hand des Angreifers vor deiner Stirn nach oben. Setze einen Scherengriff an der rechten Hand des Angreifers an.

4. Dreh dich um 180° im Uhrzeigersinn und bring die Hand des Angreifers dabei gleichzeitig über seine Schulter. Zieh diese Bewegung bis zum Boden hin durch.

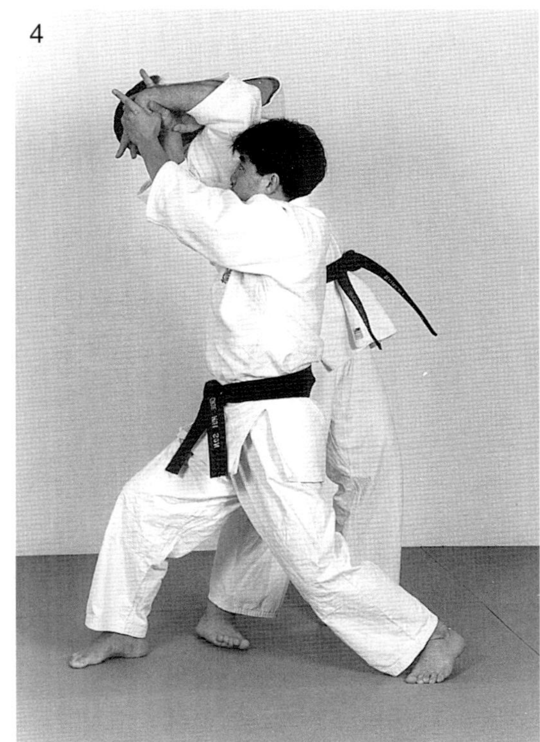
4

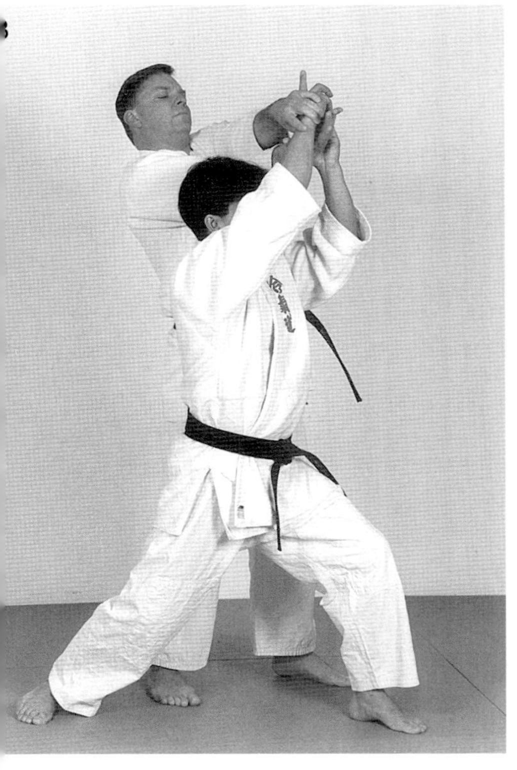
3

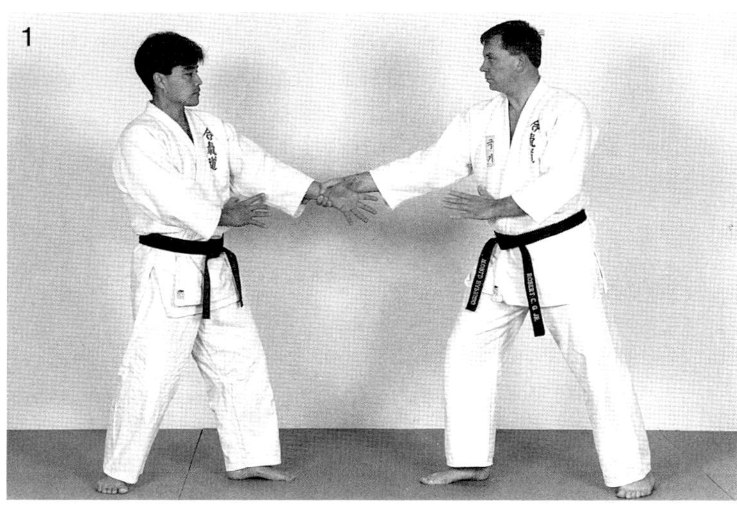

Technik 17

1. Der Angreifer packt dein linkes Handgelenk mit seiner rechten Hand. **Hei-Jun**
2. Ergreife das Handgelenk des Angreifers mit deiner linken Hand. Stoße seine Hand mit einer kreisenden Bewegung nach vorn und mach gleichzeitig einen großen Schritt mit dem rechten Fuß.

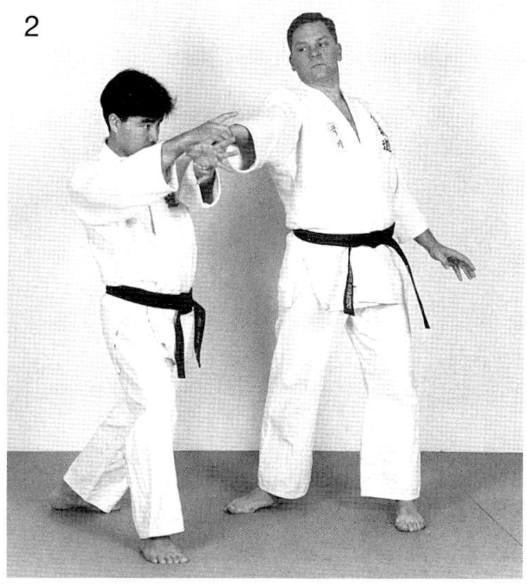

VORWÄRTSSTELLUNG

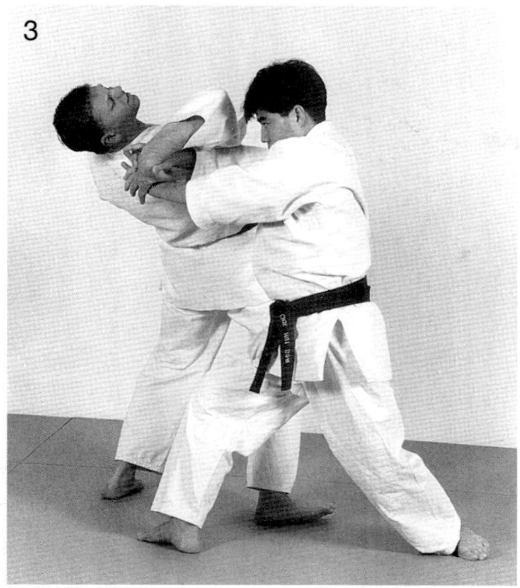

3. Führe einen Schritt mit dem linken Fuß aus und bring die Hand des Angreifers vor deiner Stirn nach oben. Setze einen Scherengriff an der rechten Hand des Angreifers an.
4. Zieh diese Bewegung bis zum Boden hin durch.

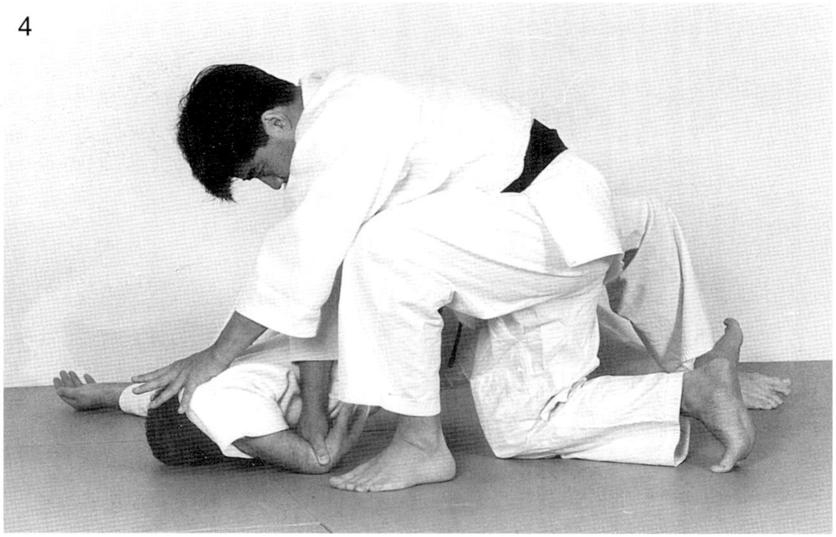

1

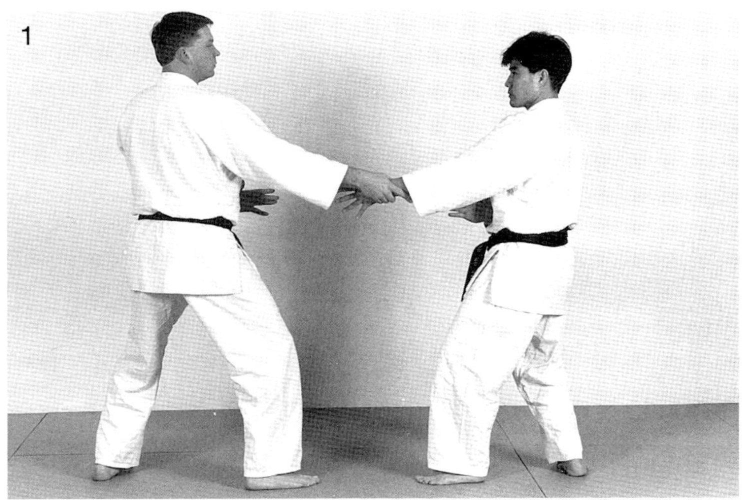

Technik 18

1. Der Angreifer packt dein linkes Handgelenk mit seiner rechten Hand. **Yuk-Hei-Jun**
2. Ergreife die Innenseite seines rechten Handgelenks mit deiner rechten Hand. Hebe die Hand bis auf Schulterhöhe des Angreifers. Setze deinen rechten Fuß hinter den Angreifer und dreh dich im Uhrzeigersinn auf dem linken Fuß.

2

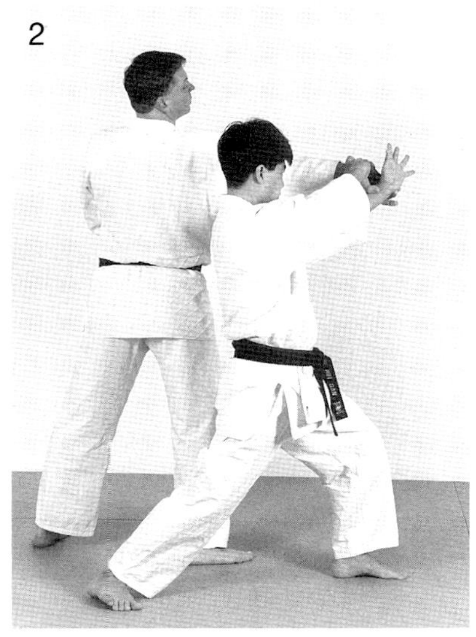

VORWÄRTSSTELLUNG

3. Dreh dich jetzt auf beiden Füßen weiter im Uhrzeigersinn. Bringe die Hand des Angreifers direkt über deinen Kopf (Heb sie aber nicht zu hoch, weil du dadurch sonst seinen Körper drehen würdest).

4. Setze die Bewegung nach unten hin sowie über seine rechte Schulter hinweg fort. Übe dabei Druck aus, indem du das Handgelenk des Angreifers mit deiner rechten Hand auf dich zu biegst. Unterstütze diese Bewegung mit deiner linken Hand.

4

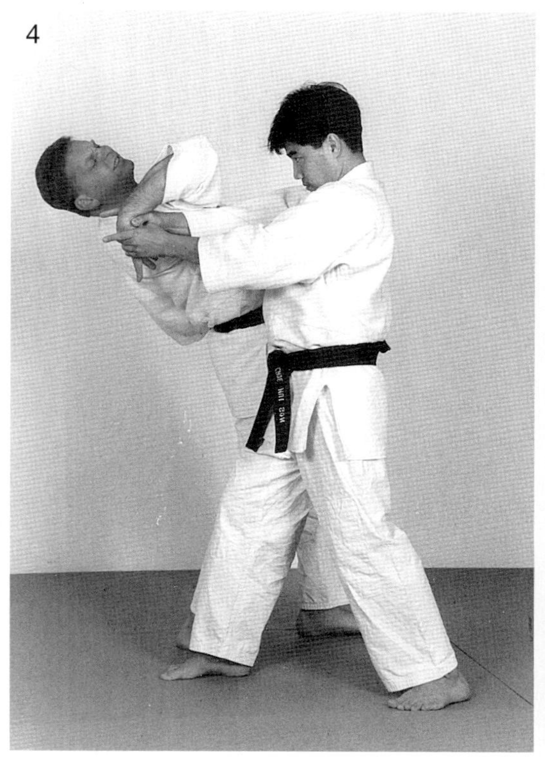

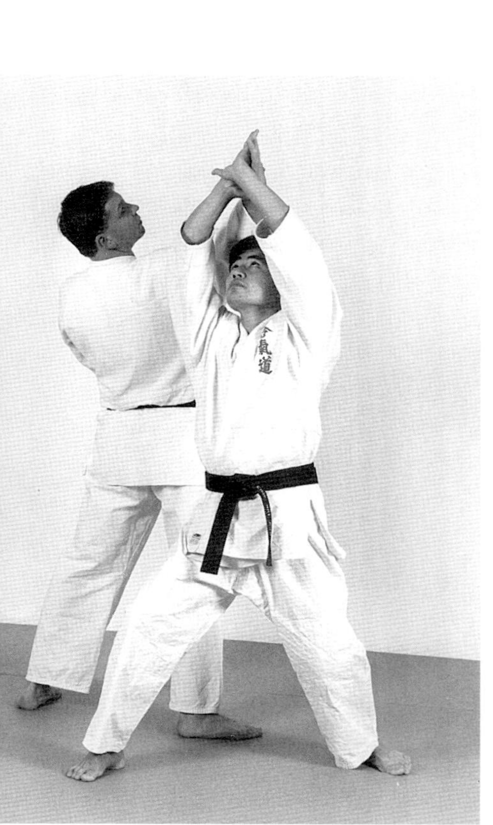

VORWÄRTSSTELLUNG

1

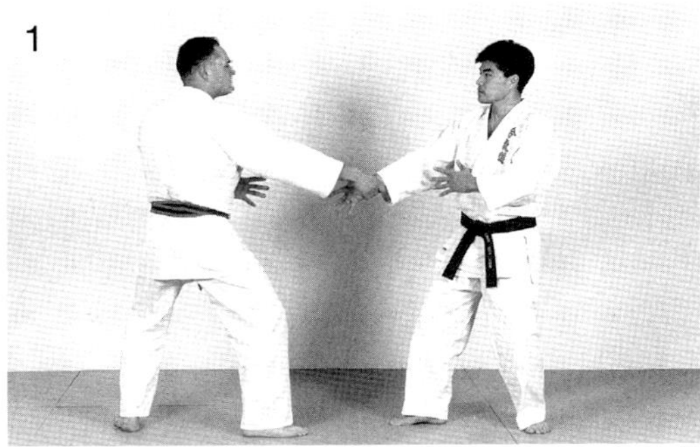

Technik 19

1. Der Angreifer packt dein rechtes Handgelenk mit seiner rechten Hand. **Yun-Hang**
2. Lege deine linke Hand auf die Rückseite des rechten Handgelenks des Angreifers. Gehe mit dem linken Bein voran und bringe die Hand des Angreifers mit einer kreisenden Bewegung nach oben.
3. Setze die Kreisbewegung fort, indem du mit dem rechten Bein voranschreitest und dich gegen den Uhrzeigersinn drehst. Durch die Drehung gelangt die Hand des Angreifers über deinen Kopf. Indem du seine rechte Hand in Richtung seines rechten Ellenbogen ziehst, wird ein starker Druck auf das Handgelenk des Angreifers ausgeübt.

2

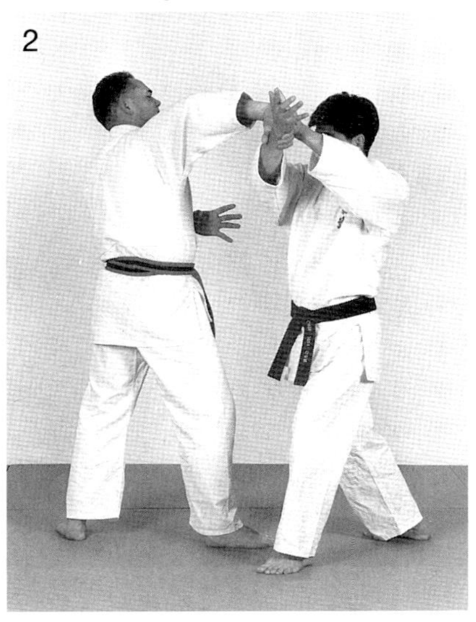

3

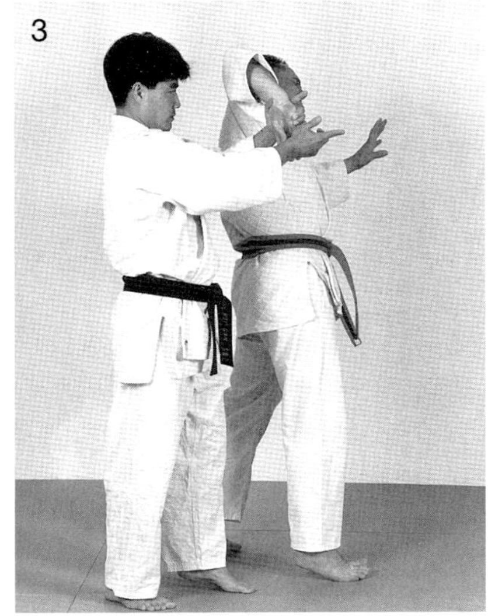

VORWÄRTSSTELLUNG

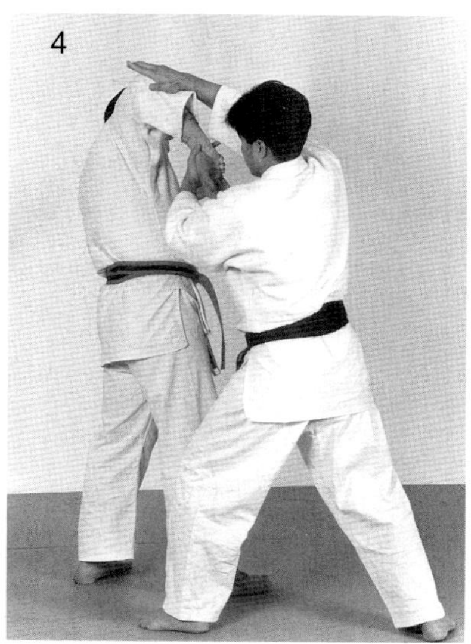

4. Dreh dich weiter in die selbe Richtung und setze dein rechtes Bein an die rechte Seite seines Körpers. Streck seinen Arm, indem du von oben nach unten solange Druck auf seinen Ellenbogen ausübst, bis er sich parallel zum Boden befindet.
5. Fortgesetzter Druck bringt den Angreifer zu Boden. Halt seinen Ellenbogen mit deiner rechten Hand unten und übe Druck auf sein Handgelenk aus, indem du es mit deiner linken Hand nach oben biegst.

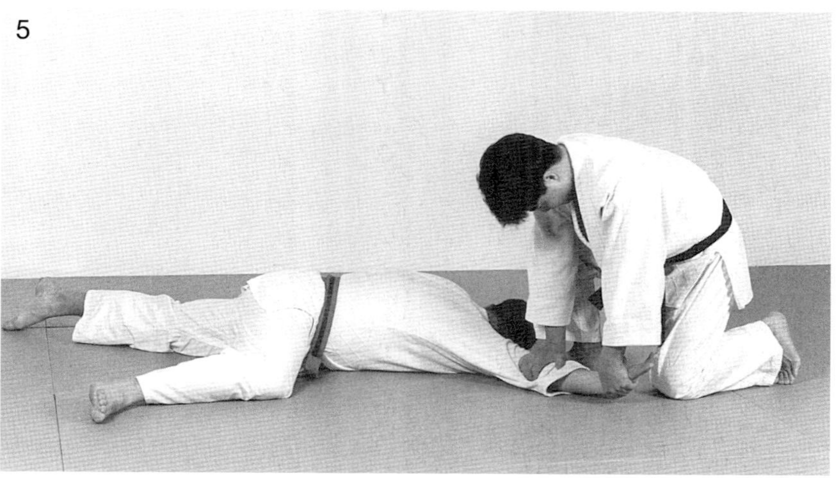

VORWÄRTSSTELLUNG

1

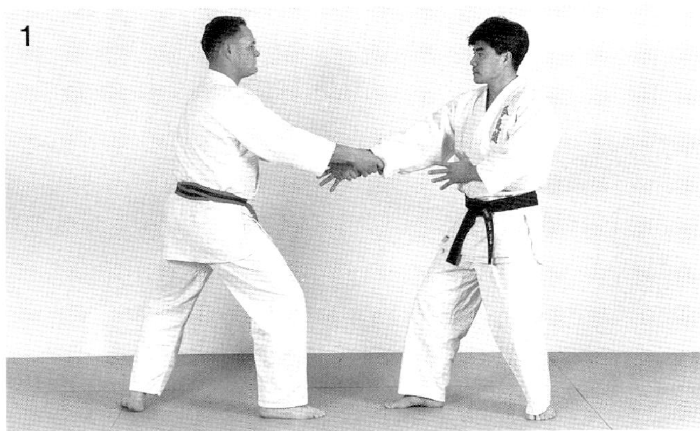

Technik 20

1. Der Angreifer packt dein rechtes Handgelenk mit beiden Händen. **Yun-Hang**
2. Lege deine linke Hand auf den Handrücken des Angreifers. Geh mit dem linken Bein voran und bringe die Hand des Angreifers mit einer kreisenden Bewegung nach oben.
3. Dreh seine Hand mit beiden Händen in horizontaler Richtung, bis seine Handfläche dem Boden zugewandt ist.

2

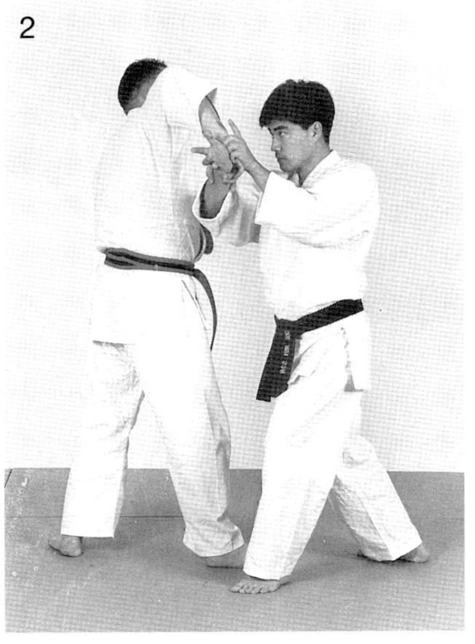

3

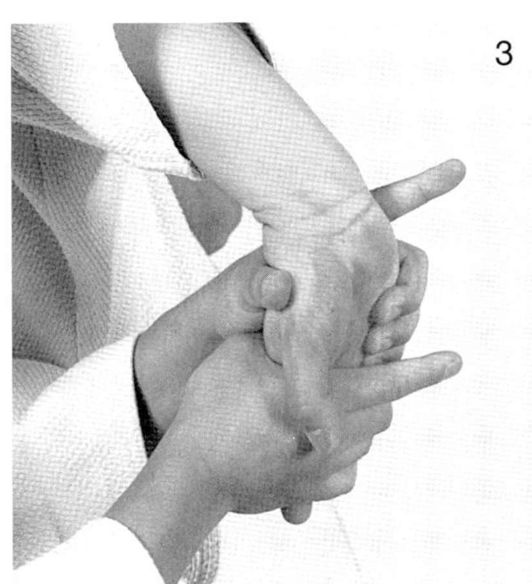

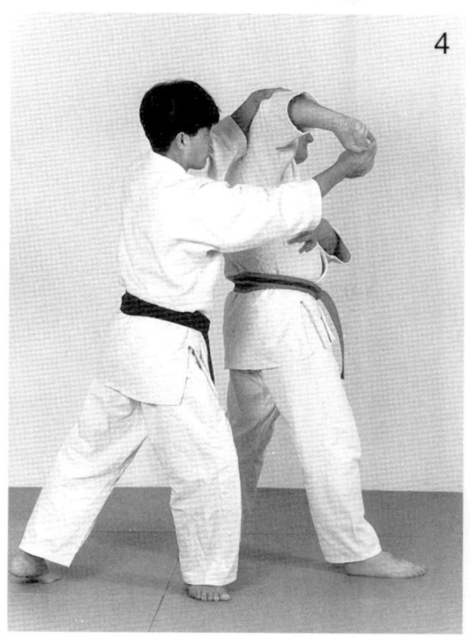

4

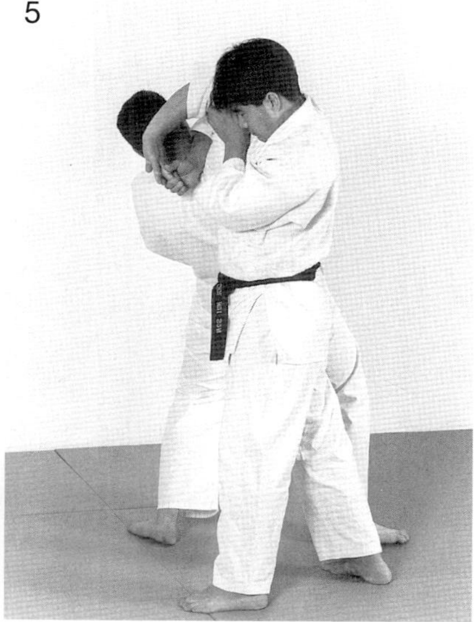

5

4. Du setzt das linke Bein voran, damit du dich zum Angreifer hin eindrehen kannst. Lege die linke Hand auf seinen Ellenbogen und biege seine vier Finger zurück.
5. Setze die Körperdrehung fort, indem du dich auf beiden Füßen drehst. Bringe die Finger des Angreifers über dessen Schulter und halte den Ellenbogen gebeugt, um einen Hebel ansetzen zu können.
6. Führe die Bewegung bis zum Boden hin fort. Zieh die Finger des Angreifers nach oben auf dich zu.
7. Die Vergrößerung zeigt, wie du die Hand des Angreifers einklemmst, indem du dein rechtes Handgelenk mit deiner linken Hand ergreifst und auf diese Weise den größtmöglichen Hebeleffekt erzielst.

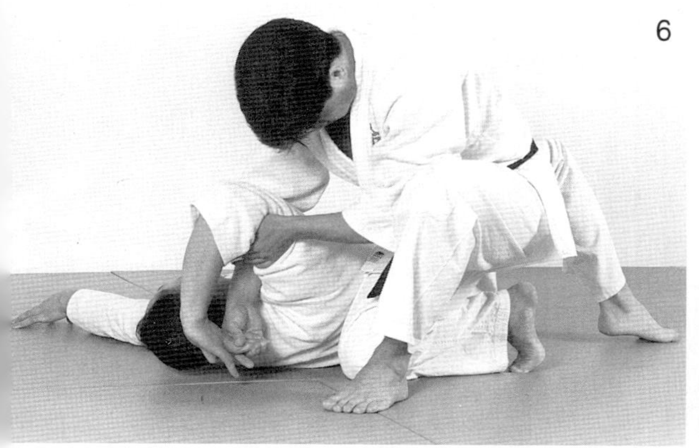

6

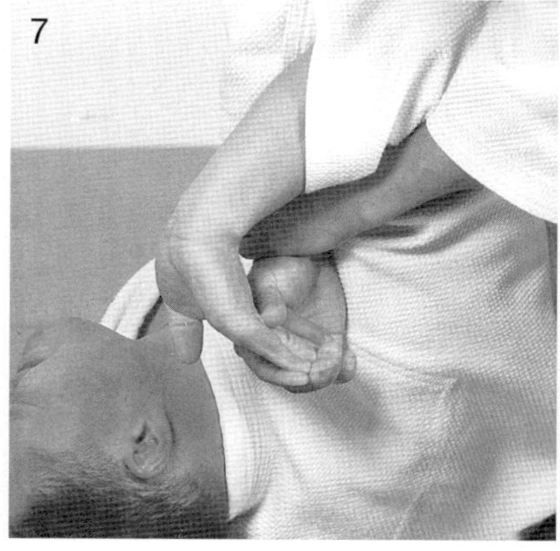

7

VORWÄRTSSTELLUNG

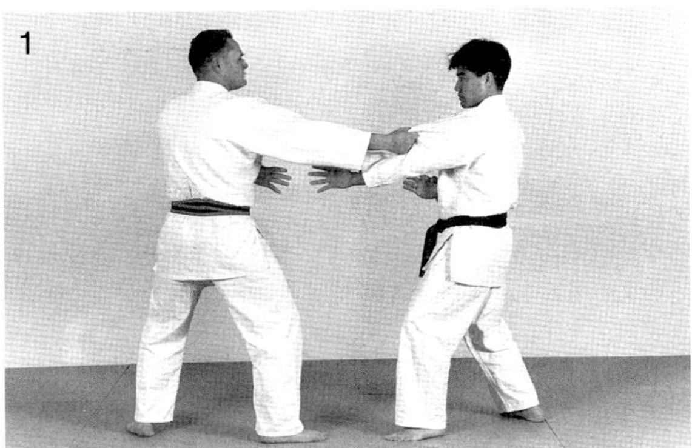

Technik 21

1. Der Angreifer packt mit der rechten Hand deine Jacke am Ellenbogen. **Yun-Hang**
2. Ergreife das rechte Handgelenk des Angreifers mit deiner rechten Hand an der Innenseite. Bring deinen linken Arm mit einer Kreisbewegung unter die rechte Hand des Angreifers.
3. Gehe mit dem rechten Bein so nach vorn, dass du dich danach hinter dem Angreifer befindest. Dreh dich beim Vorgehen gegen den Uhrzeigersinn und bringe dabei die rechte Hand des Angreifers in Richtung der Achselhöhle unter denselben Arm. Wende Druck an, indem du deinen linken Arm hebst und sein rechtes Handgelenk mit deiner rechten Hand drehst.

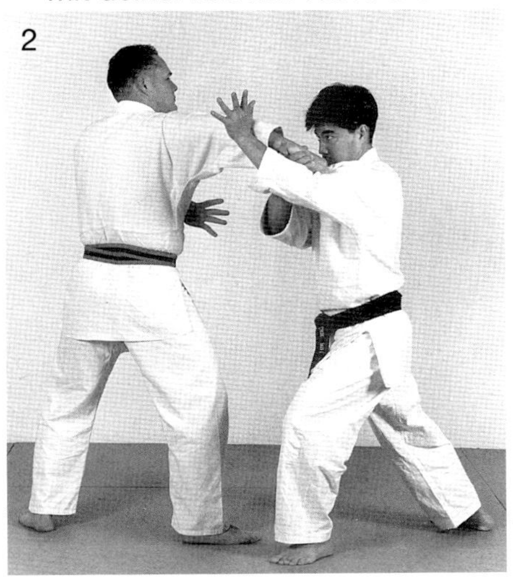

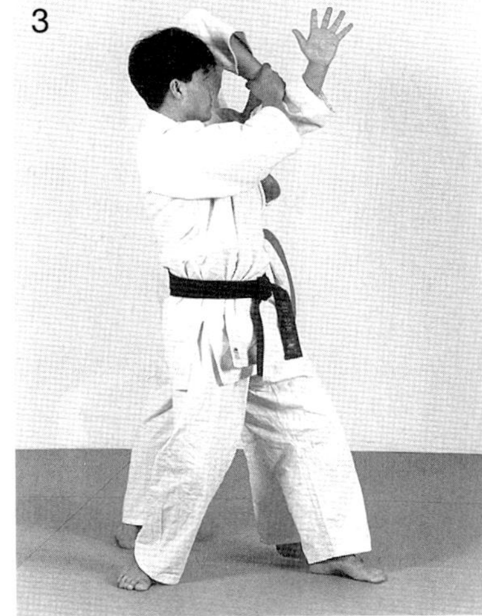

6

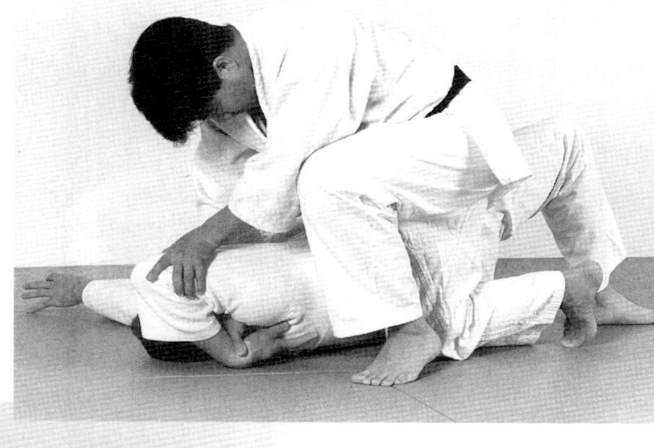

VORWÄRTSSTELLUNG

4. Gehe mit dem linken Bein zurück, während du den Armgriff wieder entsprechend anpasst. Lockere den Druck und biege das rechte Handgelenk des Angreifers mit deiner rechten Hand in die entgegengesetzte Richtung. Erleichtere dir das Beugen des Handgelenks, indem du den rechten Ellenbogen des Angreifers mit deiner linken Hand an deinem rechten Ellenbogen anlegst.

5

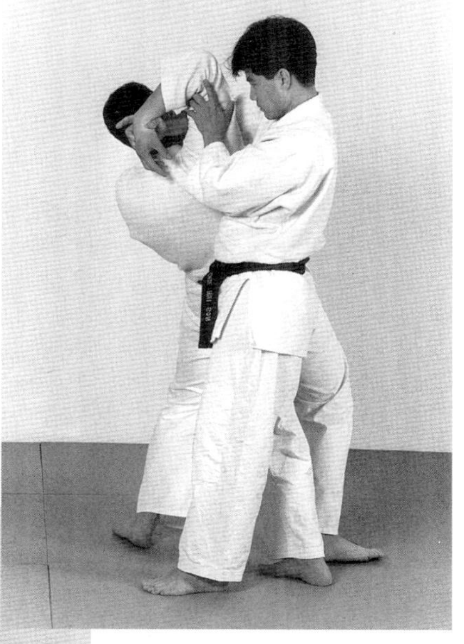

5. Wenn du die Situation unter Kontrolle hast, drehst du dich schnell gegen den Uhrzeigersinn und bringst damit die Hand des Angreifers über dessen rechte Schulter.

6. Führe diese Bewegung unter Einbeziehung eines kleinen Rückwärtsschritts nach links bis zum Boden hin durch. Setze dein linkes Knie auf den Boden und halte den Angreifer auf diese Weise fest.

VORWÄRTSSTELLUNG

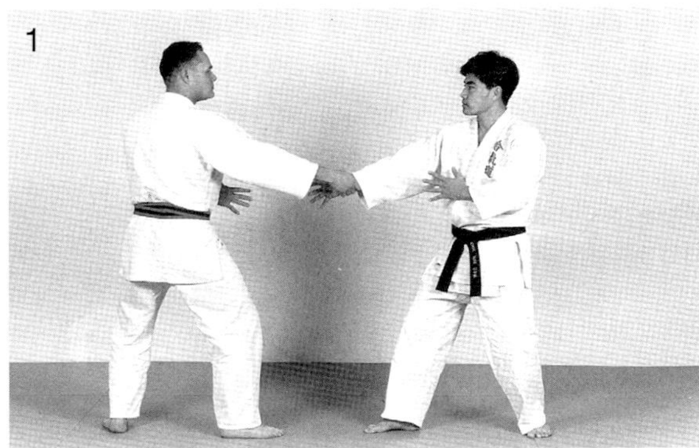

Technik 22

1. Der Angreifer packt dein linkes Handgelenk mit der rechten Hand. **Yun-Hang**

2. Bewege dich gegen den Uhrzeigersinn, während du mit einer 180°-Drehung zuerst mit dem rechten und dann mit dem linken Bein vorangehst. Hebe im Verlauf der Schrittfolge die Hand des Angreifers über deinen Kopf. Durch das Anheben der Finger des Angreifers mit deiner hinteren linken Hand und einem Hinunterziehen derselben in entgegengesetzter Richtung mit der rechten Hand wendest du Druck an.

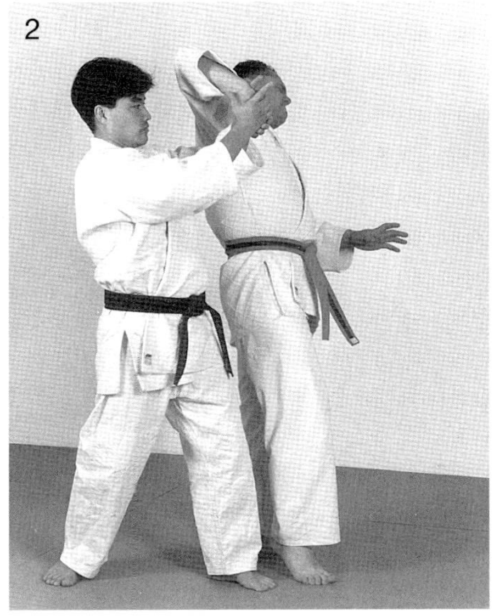

VORWÄRTSSTELLUNG

5

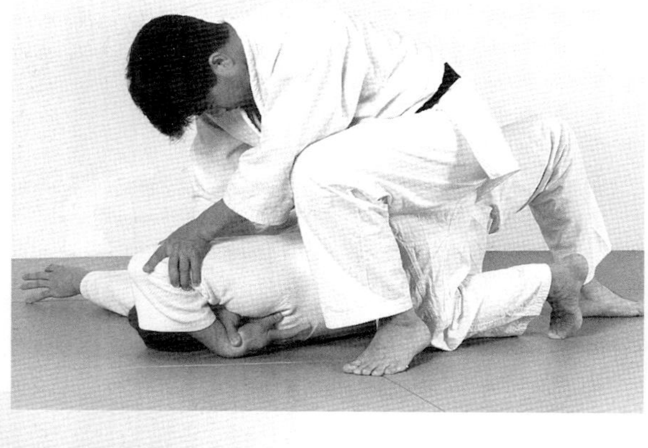

3. Mit Hilfe des Drucks befreist du deine linke Hand aus dem Griff des Angreifers, die du nun auf seinen rechten Ellenbogen legen kannst.

4. Drehe dich gegen den Uhrzeigersinn und drücke den rechten Ellenbogen des Angreifers gegen deinen rechten Ellenbogen. Bringe die Hand des Angreifers während des Drehvorgangs hinter seine rechte Schulter.

4

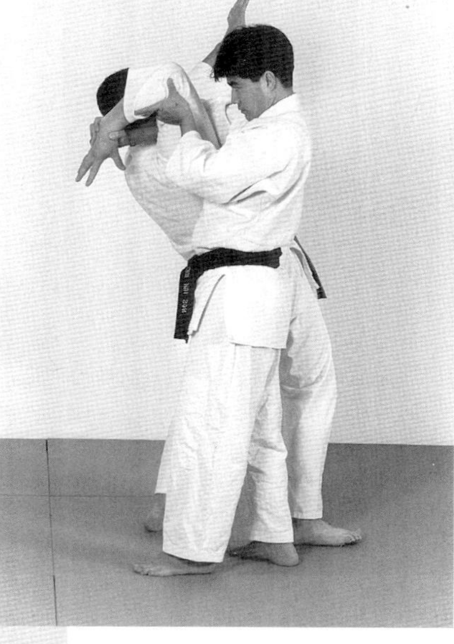

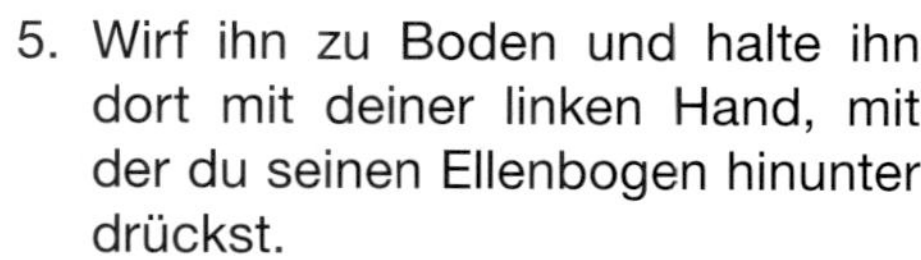

5. Wirf ihn zu Boden und halte ihn dort mit deiner linken Hand, mit der du seinen Ellenbogen hinunter drückst.

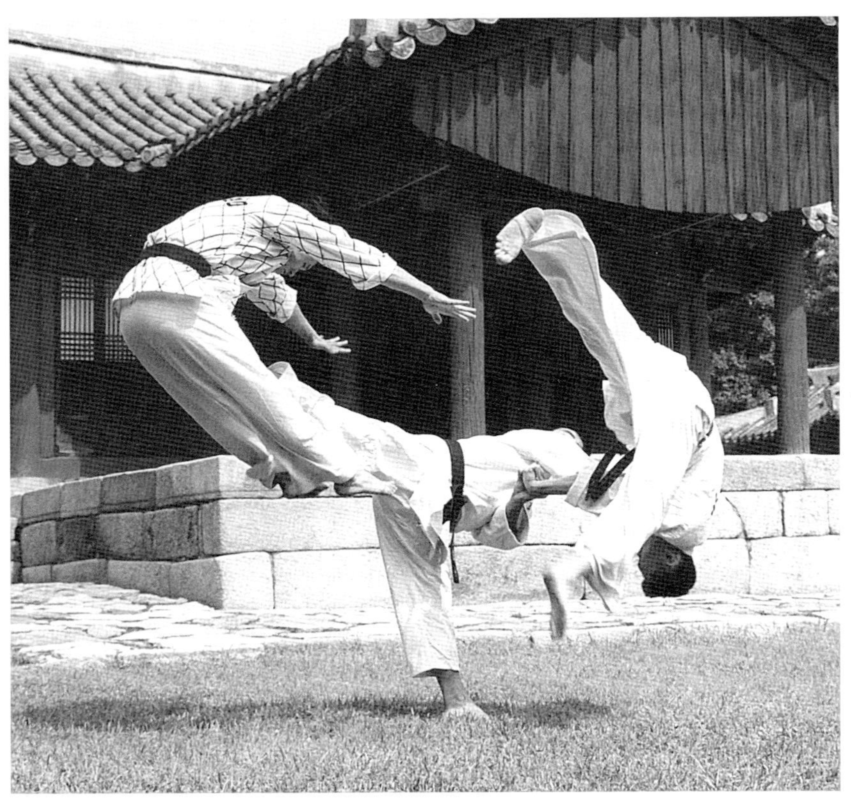

Meister Choe bei der Selbstverteidigung gegen zwei Angreifer

WURFTECHNIKEN

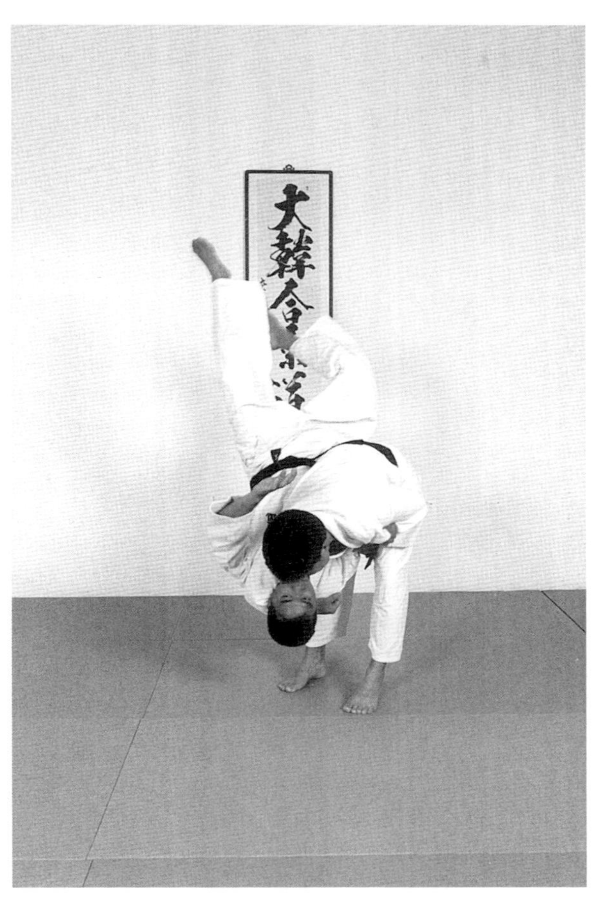

WURFTECHNIKEN – DUN-JI-GI

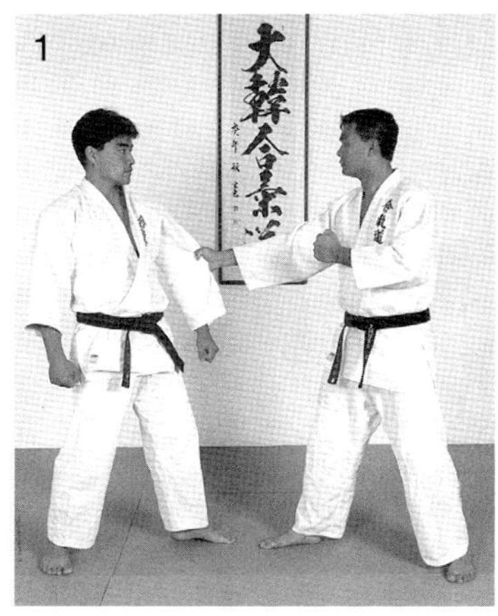
1

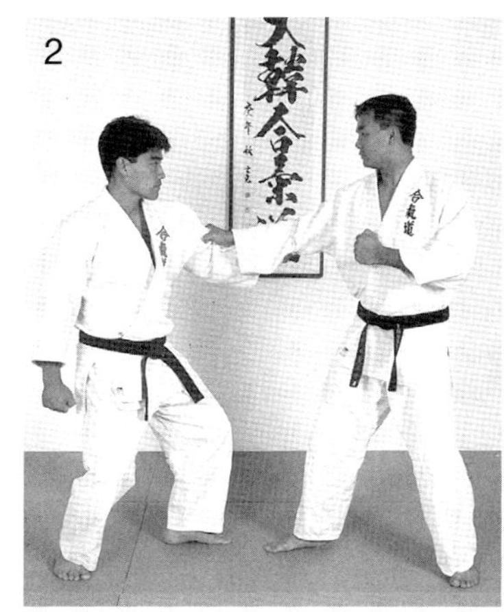
2

Technik 1

1. Der Angreifer packt deine Jacke mit seiner rechten Hand am linken Ellenbogen.
2. Ergreife seine Jacke mit der linken Hand auf die selbe Weise.
3. Setze deinen rechten Fuß an die Innenseite seines rechten Fußes. Lege deinen Arm um das Genick des Angreifers, so dass sich sein Kopf nah an deiner rechten Schulter befindet.
4. Setz deinen linken Fuß an die Innenseite des rechten Fußes des Angreifers. Beug dich nach vorn, so dass er sich um deinen Körper herum legt. Deine linke Hüfte muss seinen Körperschwerpunkt berühren. Dadurch kannst du ihn mit Leichtigkeit werfen. Achte darauf, dass deine Füße leicht nach außen gewandt sind. Das ermöglicht es dir, auch deine Knie nach außen hin zu beugen.

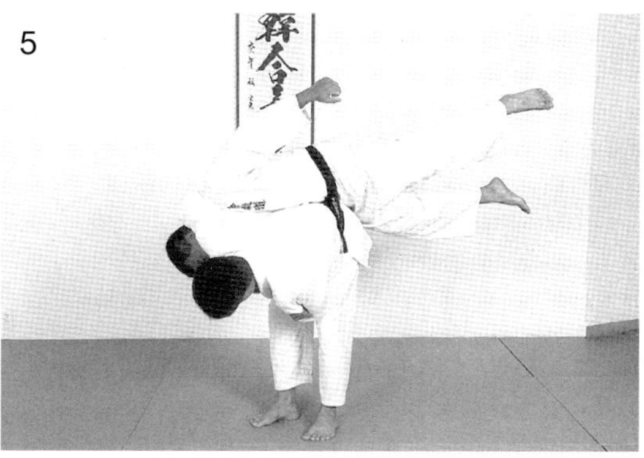
5

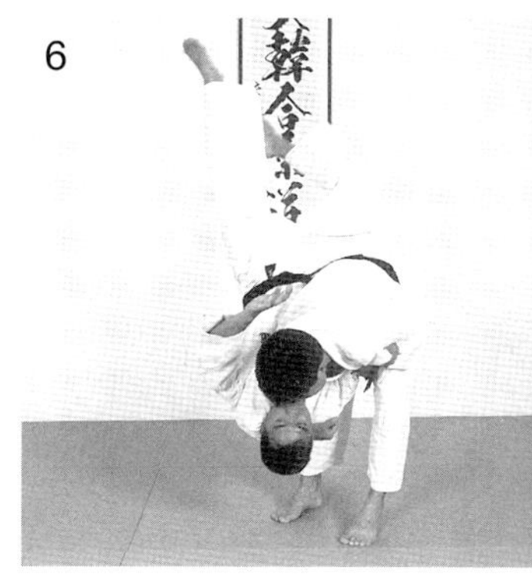
6

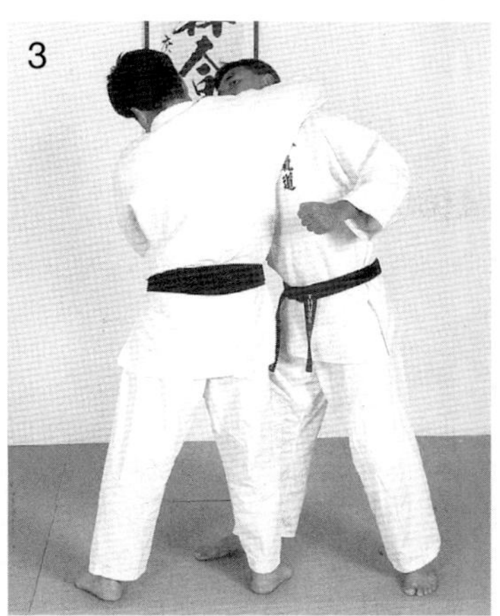
3

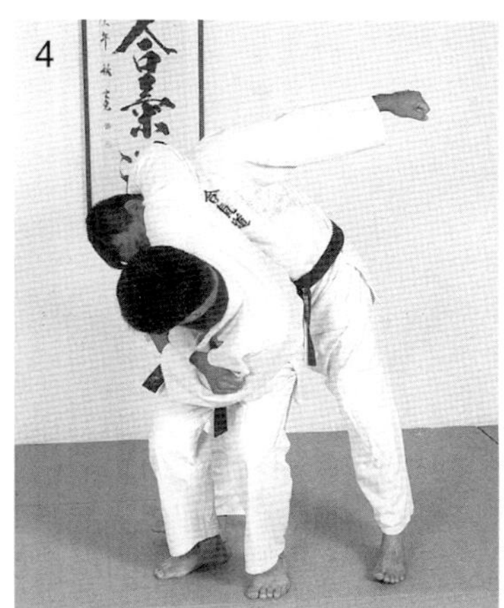
4

5. Beuge dich tiefer und dreh deinen Körper dabei.
6. Deine rechte Hand bewegt sich auf dein linkes Knie zu. Deine linke Hand nähert sich deiner linken Hüfte, während du den Angreifer mit Hilfe deiner Beine anhebst. Achte darauf, dass du erst mit dem Heben beginnst, wenn das Gewicht des Angreifers auf dir lastet.
7. Der Angreifer fliegt über dich und landet vor deinen Füßen. Halt deinen Griff aufrecht, wobei du auf dein rechtes Knie hinuntergehst.
8. Würge den Angreifer, indem du deine rechte Schulter auf seinen Hals herabdrückst. Zieh deinen rechten Arm fest um seinen Hals, um den Würgegriff zu vollenden. Achte darauf, dass dein rechter Daumen in deine Richtung weist.

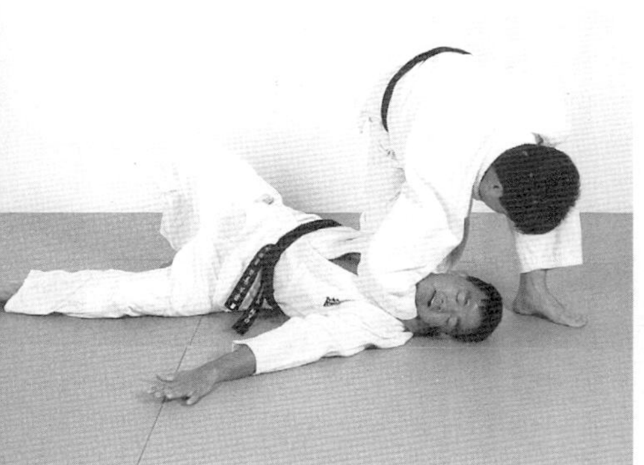

8

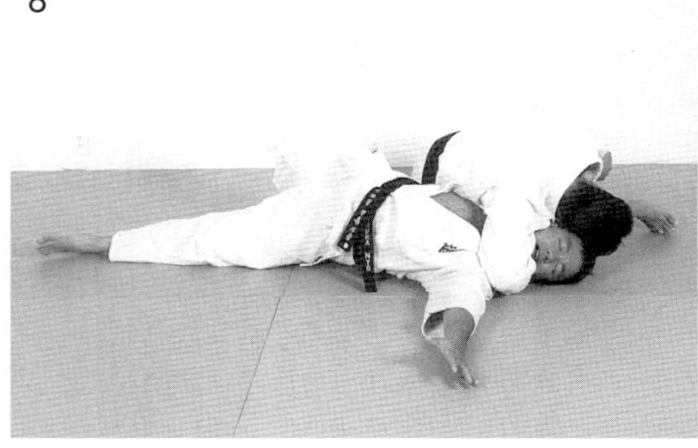

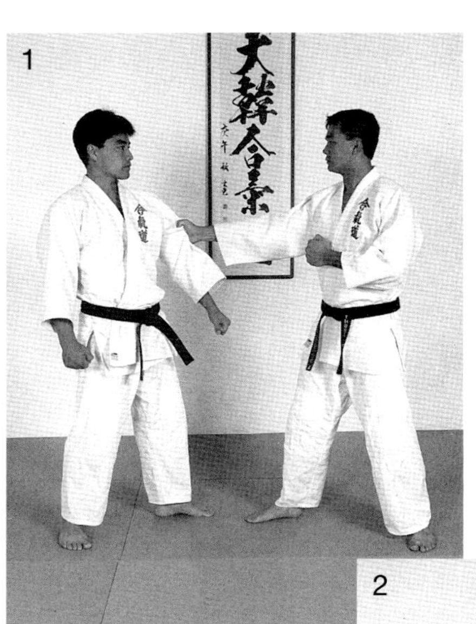

WURFTECHNIKEN – DUN-JI-GI

Technik 2

1. Der Angreifer packt deine Jacke mit seiner rechten Hand am linken Ellenbogen.
2. Pack den rechten Arm des Angreifers mit deiner linken Hand und stelle so ein Spiegelbild seines Griffs her.
3. Geh mit deinem rechten Fuß an die Innenseite seines rechten Fußes. Hake deinen Arm unter der rechten Schulter des Angreifers ein.

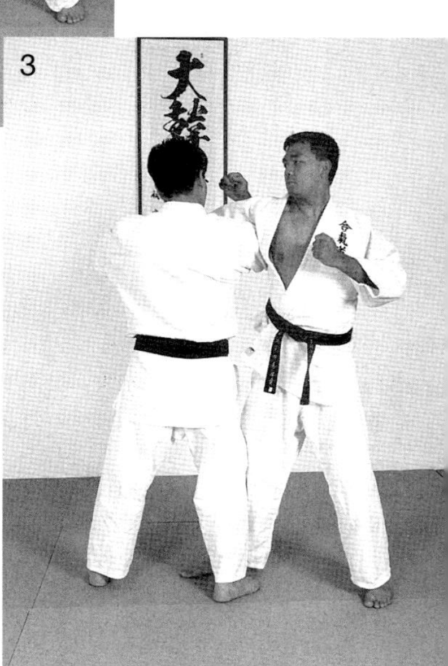

WURFTECHNIKEN – DUN-JI-GI

4. Geh mit dem linken Fuß an die Innenseite des linken Fußes des Angreifers. Beug dich nach vorn, so dass er sich langsam um deinen Körper herumlegt.
5. Deine rechte Hand bewegt sich auf dein linkes Knie zu. Deine linke Hand nähert sich deiner linken Hüfte, während du den Angreifer mit Hilfe deiner Beine anhebst. Achte darauf, dass du nicht mit dem Heben beginnst, bevor das Gewicht des Angreifers auf dir lastet.
6. Setze die Bewegung fort, bis sich der Angreifer gänzlich auf deinem Rücken befindet. Hebe den Kopf und beobachte, wo der Angreifer landet.

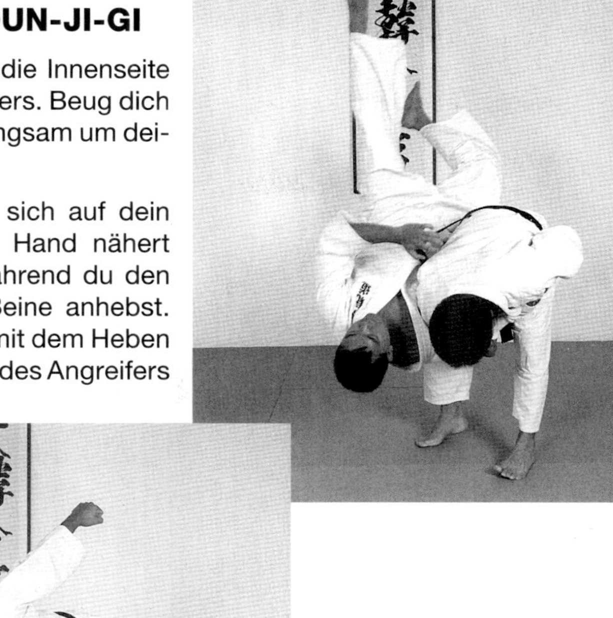
6

5

WURFTECHNIKEN – DUN-JI-GI

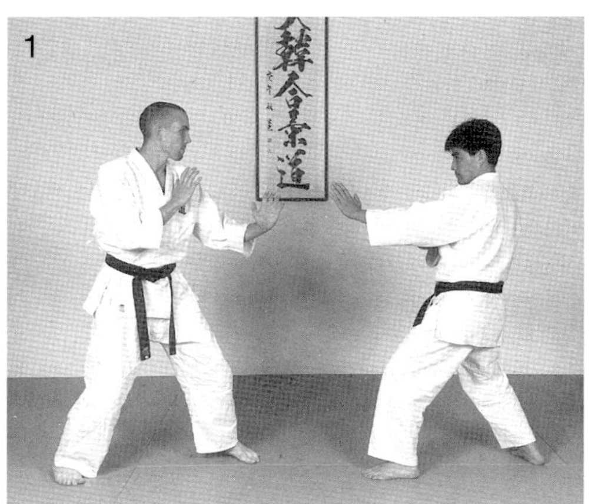

Technik 3

1. Der Angreifer steht dir in einem geschlossenen Stand gegenüber. Das jeweils rechte Bein befindet sich sowohl bei dir als auch bei ihm hinten.

2. Der Angriff besteht aus einem Vorwärtsschritt und einem Fauststoß mit der rechten Hand. Blocke ihn mit deinem linken Unterarm. Ergreife sofort die Jacke mit der linken Hand. Bringe dein Körpergewicht nach vorn, um dein Blocken zu unterstützen.

3. Setz deinen rechten Fuß zwischen die Füße des Angreifers. Zieh den rechten Arm des Angreifers über deine Schulter, um seinen Rumpf auf deinen Nacken zu laden. Dein rechter Arm umfaßt die Rückseite seines rechten Oberschenkels. Ziehe den mittleren Bereich seines Körpers auf deine Schulter.

4. Nun kannst du den Angreifer, dessen Gewicht gleichmäßig auf deinen Schultern verteilt ist, hochheben.

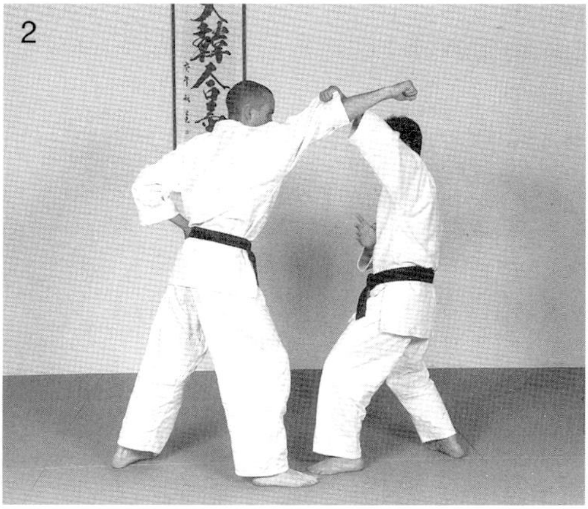

2

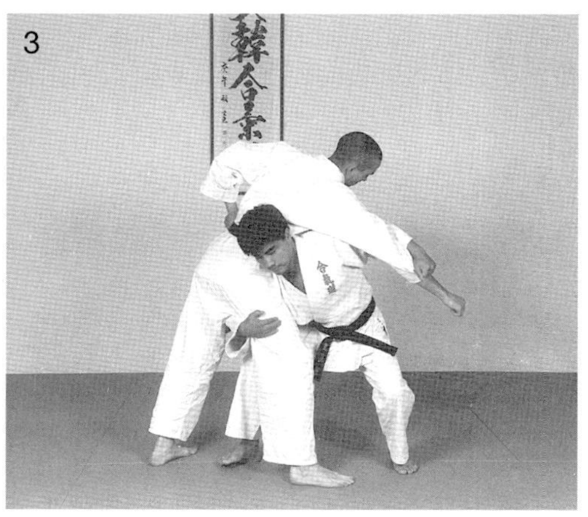

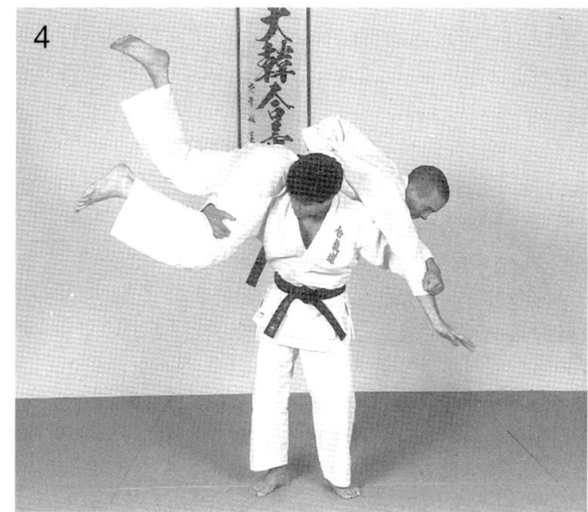

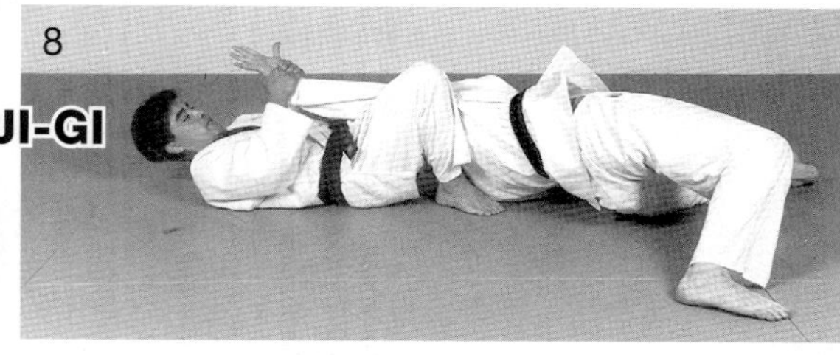
8

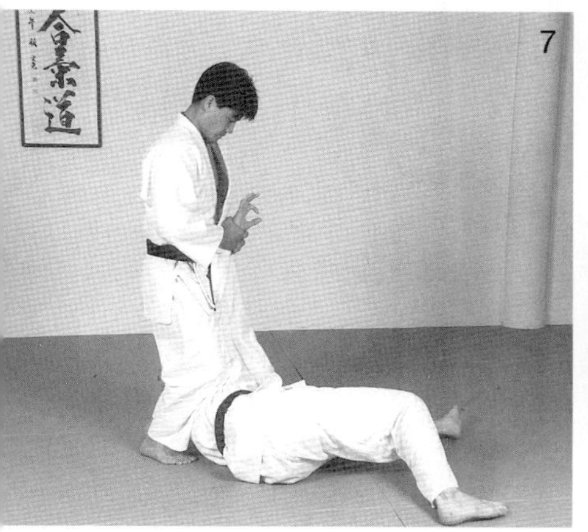
7

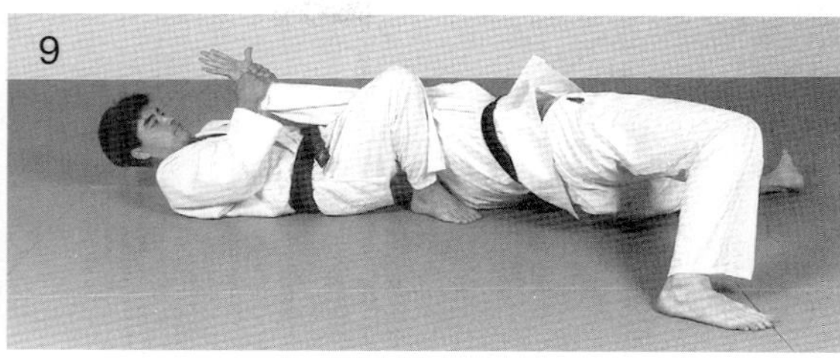
9

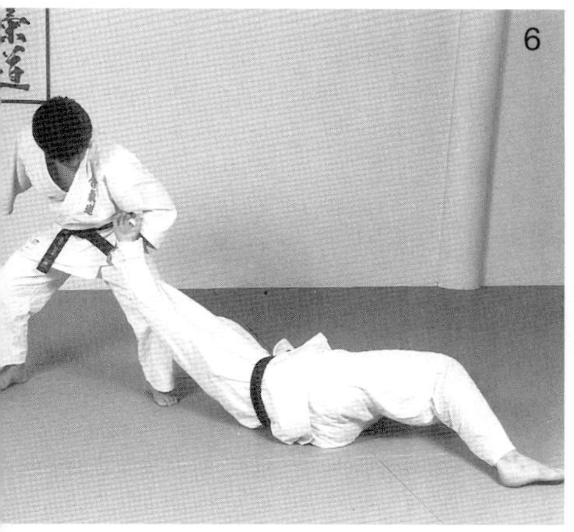
6

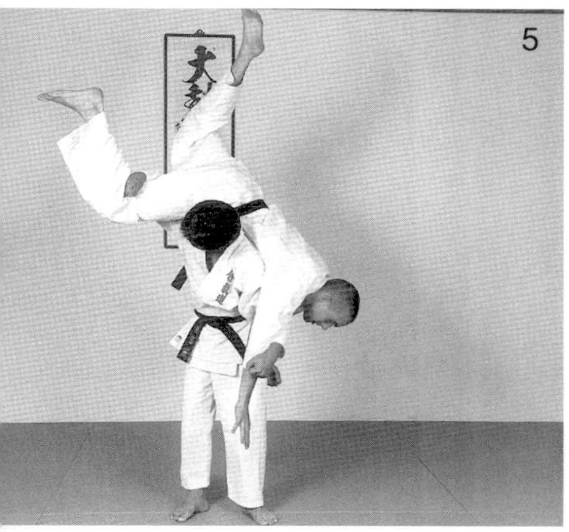
5

5. Neige deine Schultern in schneller Folge rechts nach oben und links nach unten. Du hebst das Körpergewicht des Angreifers weniger, als dass du es auf deinem Körper verlagerst. Fahre damit fort, deinen linken Arm vor deinem Körper entlang zu ziehen, während du gleichzeitig sein rechtes Bein losläßt.

6. Der Angreifer wird neben deinem Bein hart auf den Boden geworfen.

7. Ramm dein rechtes Schienbein in die Rippen des Gegners, während du mit einem festen Griff mit beiden Händen die rechte Hand des Angreifers packst. Achte darauf, dass seine Handfläche von dir abgewandt ist.

8. Setze deinen linken Fuß über den Nacken des Angreifers hinweg, während du dich hinsetzt und dann zurückfallen läßt. Achte darauf, dass du dich in senkrechter Position zu dem Angreifer befindest.

9. Klemme den Arm des Angreifers zwischen deinen Knien ein und übe durch Anheben deiner Hüften Druck aus.

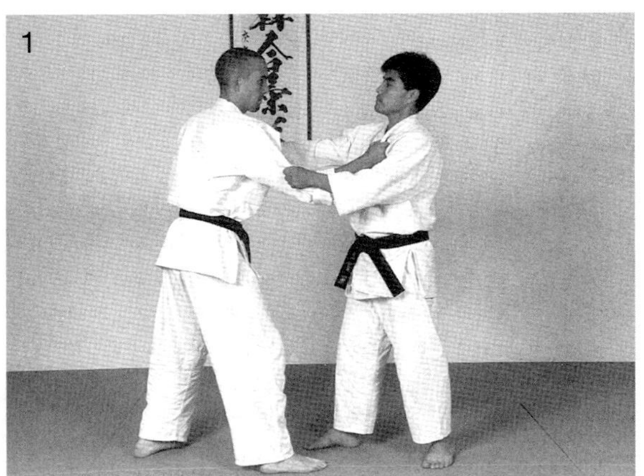

1

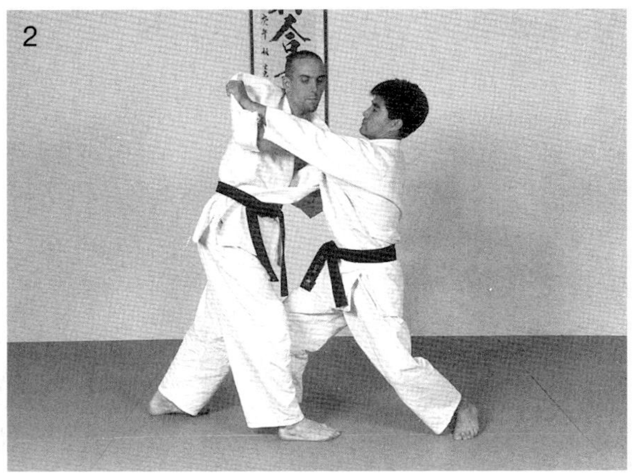

2

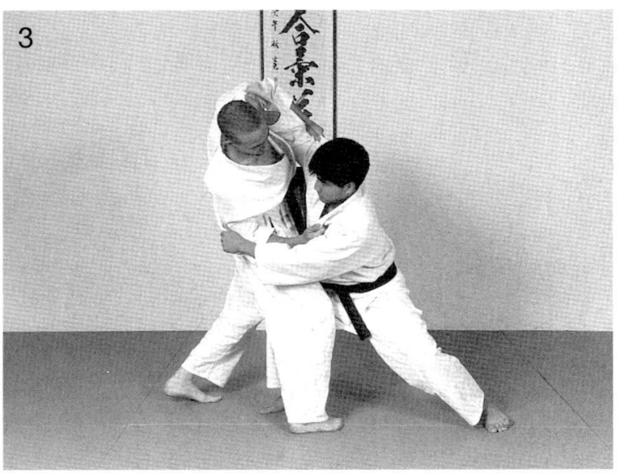

3

Technik 4

1. Du wirst durch einen Griff des Angreifers festgehalten.
2. Du musst den Angreifer aus dem Gleichgewicht bringen, um dir einen Vorteil zu verschaffen. Setze deinen rechten Fuß zwischen die Füße des Angreifers. Zieh gleichzeitig seine rechte Schulter auf dich zu, während du seine linke Schulter von dir wegstößt. Damit solltest du deinen Gegner aus dem Gleichgewicht gebracht haben.
3. Wechsel schnell die Richtung deiner Drehung, während der Gegner versucht, sein Gleichgewicht wieder zu erlangen. Ziehe die linke Schulter des Angreifers nach unten und drücke seine rechte Schulter über seine linke.

WURFTECHNIKEN – DUN-JI-GI

4. Diese Drehung lässt deine linke Hand problemlos an sein rechtes Bein gelangen. Löse den bisherigen Griff deiner linken Hand, um den rechten Fußknöchel des Gegners zu ergreifen. Pack dabei nicht fest zu, sondern leg deine Hand nur wie einen Haken um den Knöchel herum. Deine rechte Hand befindet sich oben auf der Schulter des Gegners. Die kreisende Bewegung, mit der du begonnen hast, weitet sich nun aus, da sich deine Hände nun weiter auseinander bewegen. Dein Körperschwerpunkt befindet sich tiefer als der deines Gegners. Diese Punkte bilden die Grundlage für ein erfolgreiches Dun-Ji-Gi.

5. Mit einer größeren Kreisbewegung ziehst du das Fußgelenk zu deiner Hüfte und drückst seine Schulter nach hinten. Der Gegner kann einen Sturz nicht mehr vermeiden.

6. Setz dein rechtes Knie auf die Innenseite des linken Oberschenkels, um den Gegner zu halten. Halte sein rechtes Bein weiterhin unter deinem linken Arm fest. Leg dein Körpergewicht nach vorn auf deinen rechten Daumen, der sich auf der Kehle des Gegners befindet.

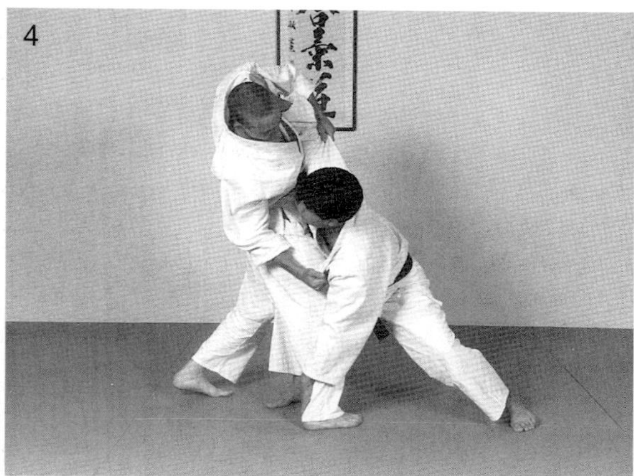

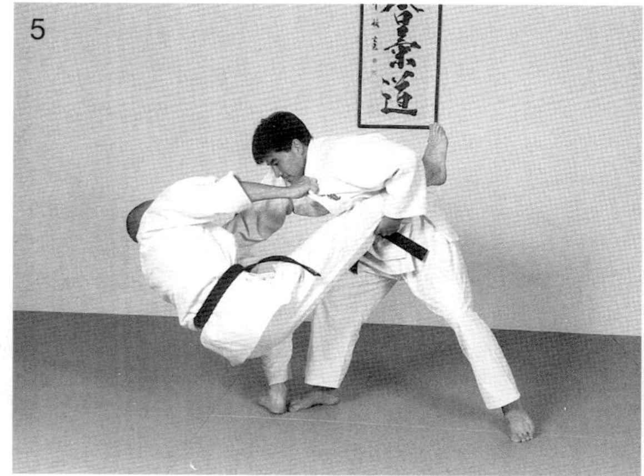

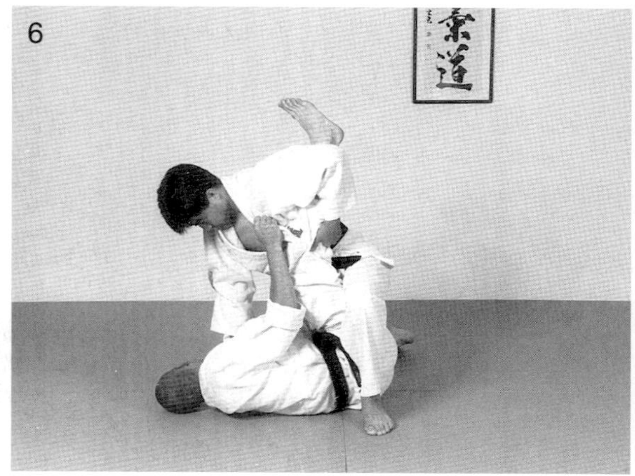

WURFTECHNIKEN – DUN-JI-GI

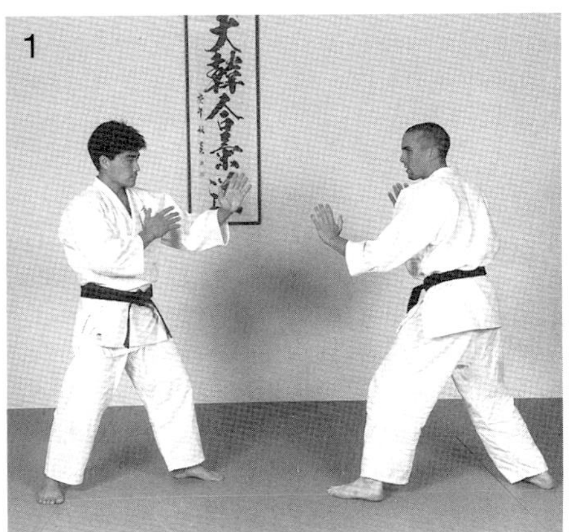

Technik 5

1. Der Angreifer steht dir in einem geschlossenen Stand gegenüber. Er setzt das rechte Bein nach vorn, um einen Fauststoß mit der rechten Hand auszuführen.
2. Geh mit dem linken Bein voran und blocke mit dem linken Unterarm. Während des Blockens ergreifst du die Jacke des Angreifers mit der linken Hand.
3. Setz deinen rechten Fuß an die Innenseite seines rechten Fußes. Hake deinen rechten Arm unter der rechten Schulter des Angreifers ein.
4. Setz deinen linken Fuß an die Innenseite des linken Fußes des Angreifers. Beuge dich nach vorn, so dass er sich langsam um deinen Körper legt.
5. Deine rechte Hand bewegt sich zu deinem linken Knie. Deine linke Hand nähert sich deiner linken Hüfte. Setz die Bewegung fort, bis sich der Angreifer ganz auf deinem Rücken befindet. Heb den Kopf und beobachte, wo der Angreifer landet.

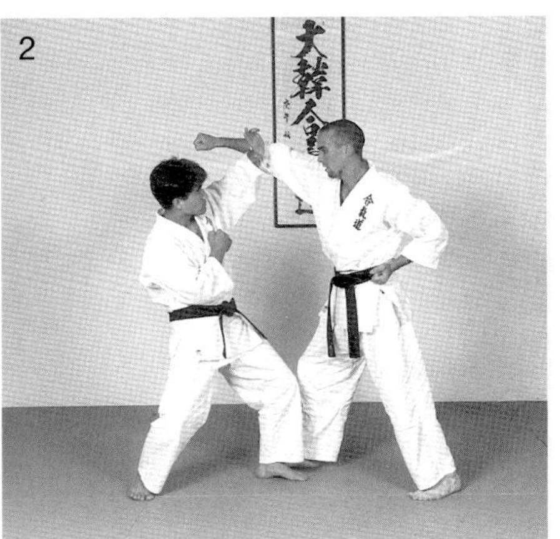

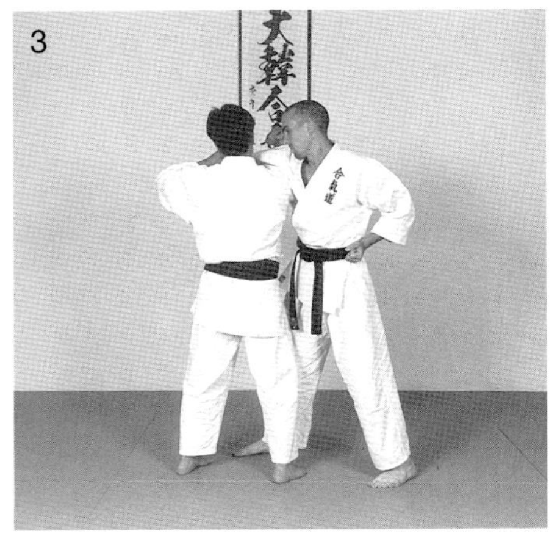

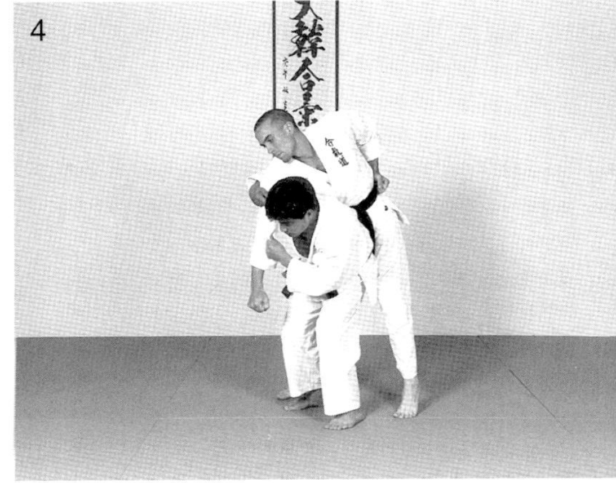

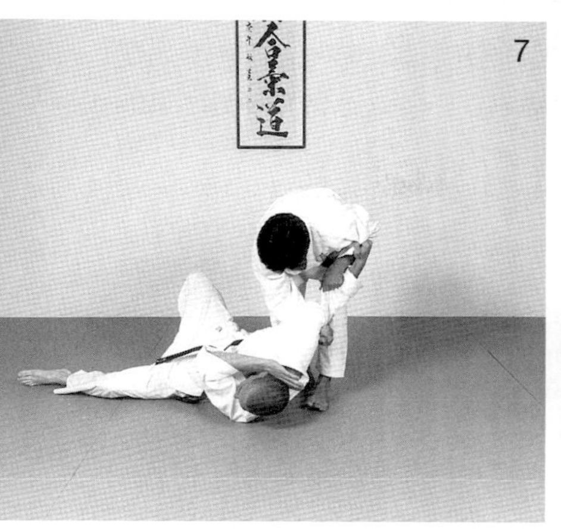

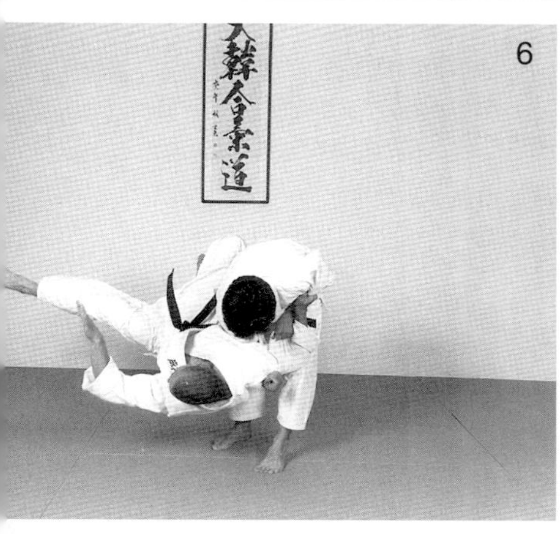

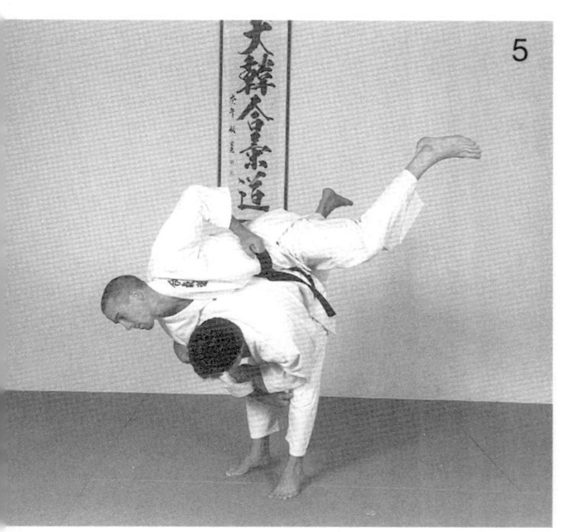

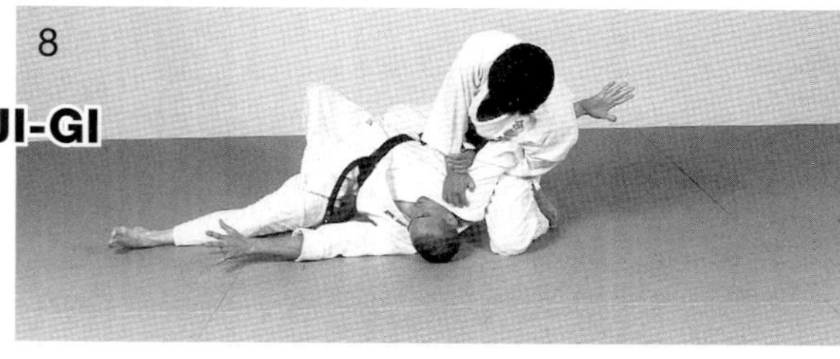

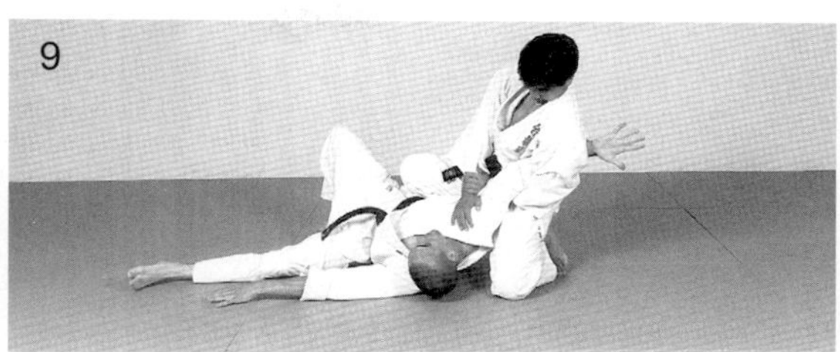

6. Streck deine Beine blitzschnell durch, um den Angreifer über deinen Rücken zu schleudern und setze deine Drehung fort.

7. Sobald du dich wieder auf den Beinen befindest, bereitest du das Ende der Aktion vor.

8. Leg deinen linken Arm so um seinen Ellenbogen, dass dieser unter deinem Arm festsitzt. Leg die rechte Hand auf das Schulterglenk des Angreifers. Führe deine linke Hand an dein rechtes Handgelenk und ergreife es. Drück den rechten Arm des Angreifers gegen deinen Oberschenkel. Fixiere den Körper des Angreifers mit deinem rechten Knie.

9. Übe Druck aus, indem du dich mit dem Oberkörper auf den rechten Unterarm des Angreifers zurücklehnst. Der Armhebel, der den gesamten Druck auf den rechten Ellenbogen des Angreifers überträgt, führt dazu, dass er seinen Oberarm nicht mehr bewegen kann. Achte darauf, dass der Ellenbogen des Angreifers leicht gebeugt und sein Daumen dem Boden zugewandt ist.

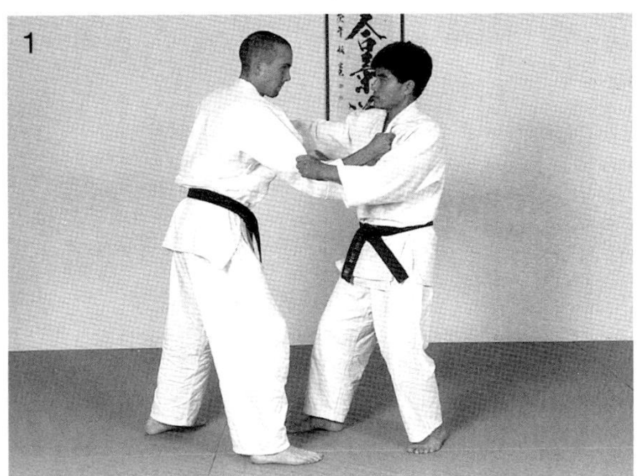
1

Technik 6

1. Du wirst durch einen Griff deines Gegners festgehalten.
2. Setz dich und lass dich auf den Rücken fallen, ohne deinen Griff zu lockern. Sein Kopf wird zum Boden heruntergezogen. Fahr damit fort, ihn über deinen Körper hinweg zu werfen, wobei du deinen rechten Fuß an der Innenseite seines linken Oberschenkels anlegst.
3. Während du dich auf dem Rücken befindest, hebst du ihn hoch und rollst ihn über dich, ohne deinen Griff zu lösen.

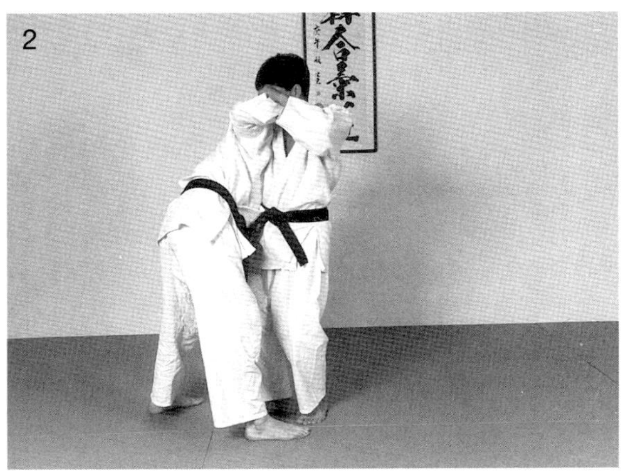
2

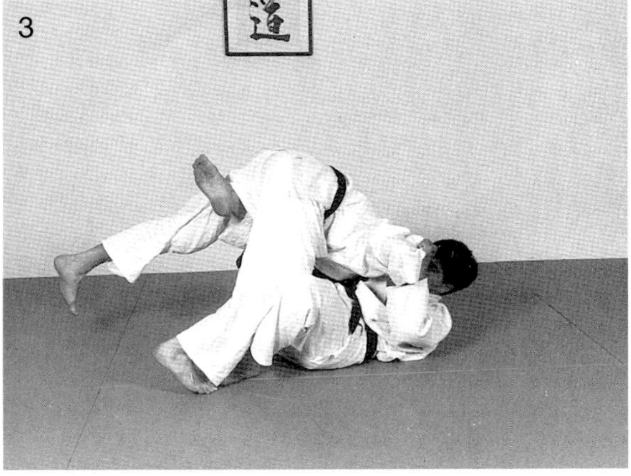
3

WURFTECHNIKEN – DUN-JI-GI

4. Bleib während des Wurfs dicht an ihm dran. Zum Abschluss des Wurfs wirfst du ihn mit dem rechten Bein über dich.
5. Zieh dich nach oben und auf den Angreifer rauf.
6. Schließ mit einem Würgegriff ab. Spreize deine Beine über dem Angreifer. Stütz dich mit der linken Hand auf dem Boden ab, um deinen Körper aufzurichten, während du deinen rechten Unterarm zur rechten Schulter hochziehst. Beim Aufrichten deines Körpers wird der Kopf des Angreifers gegen deinen Unterarm nach vorn gezogen, wodurch ein Würgegriff zustande kommt. Dieser ist besonders effektiv, wenn deine rechte Handfläche deiner Brust zugewandt ist.

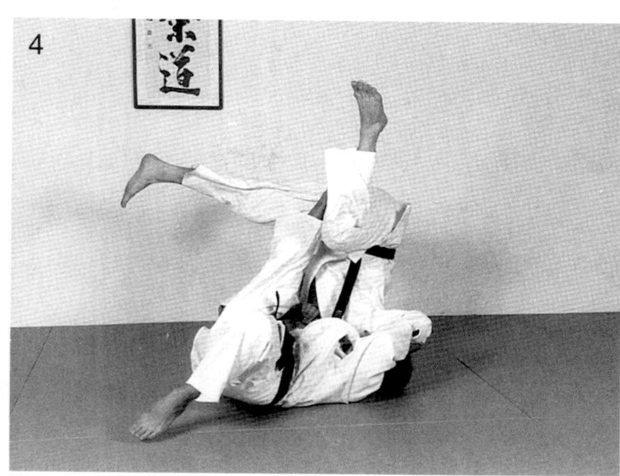

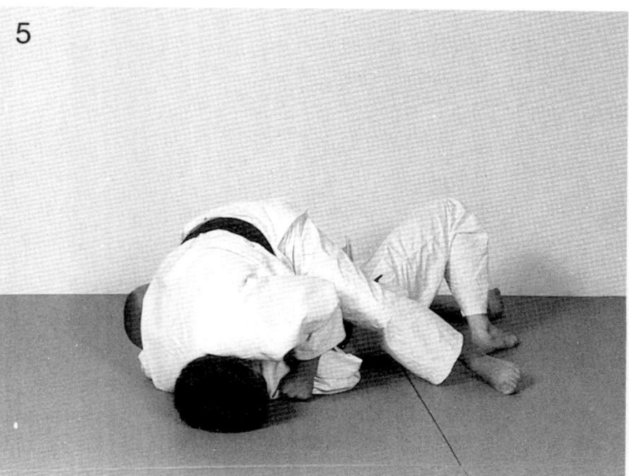

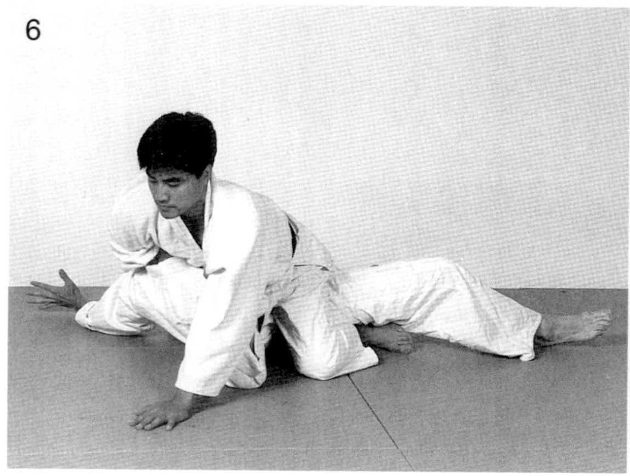

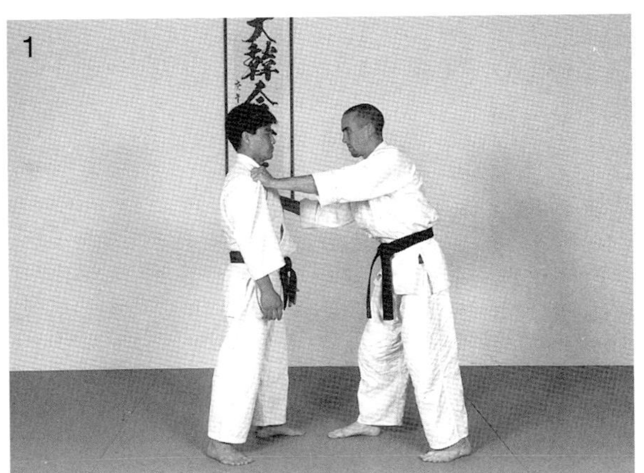

1

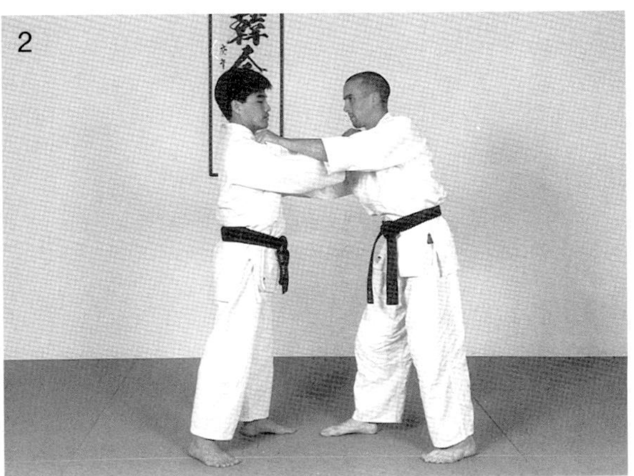

2

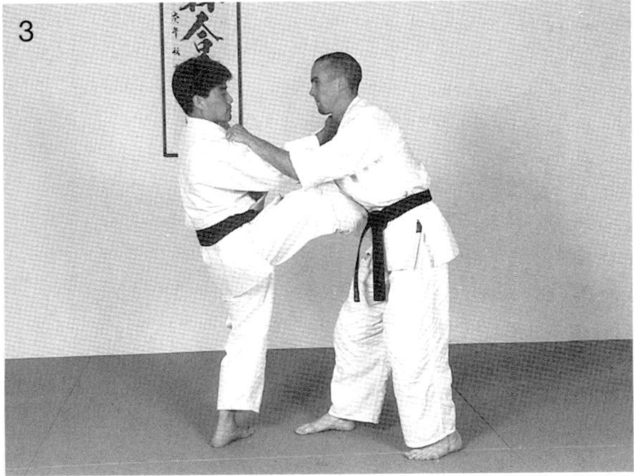

3

Technik 7

1. Der Angreifer packt deine Schultern mit beiden Händen.
2. Schieb deine rechte Hand (mit nach oben gewandter Handfläche) auf der rechten Seite unter sein Revers. Ergreif die Kleidung mit dem Daumen an der Außenseite. Mit der linken Hand ergreifst du die Jacke des Angreifers unter seinem rechten Ellenbogen.
3. Stemm dein rechtes Schienbein parallel zum Boden gegen die Hüfte des Angreifers. Die Oberseite deines rechten Fußes befindet sich an der rechten Seite des Angreifers.

4. Schwinge das linke Bein über den rechten Arm des Angreifers und lass dich dabei vor seine Füße fallen. Du fällst sanft, da du während der Abwärtsbewegung an deinem Gegner hängst und landest auf dem Rücken.
5. Deine linke Wade befindet sich nun an der linken Kinnlade des Angreifers.
6. Dieses linke Bein hilft dir dabei, den Angreifer über dich hinweg zu drücken.

Fortsetzung auf der nächsten Seite

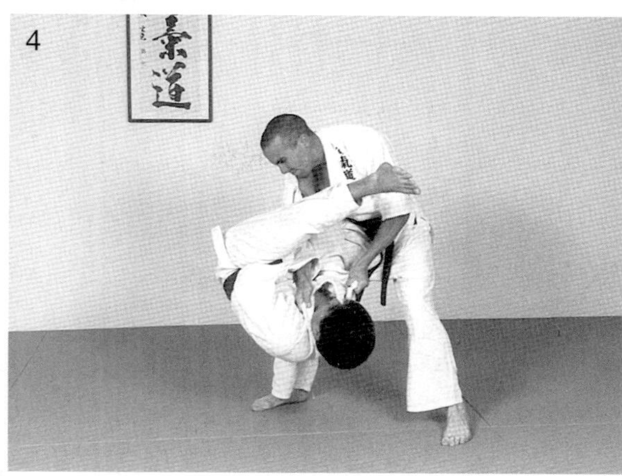

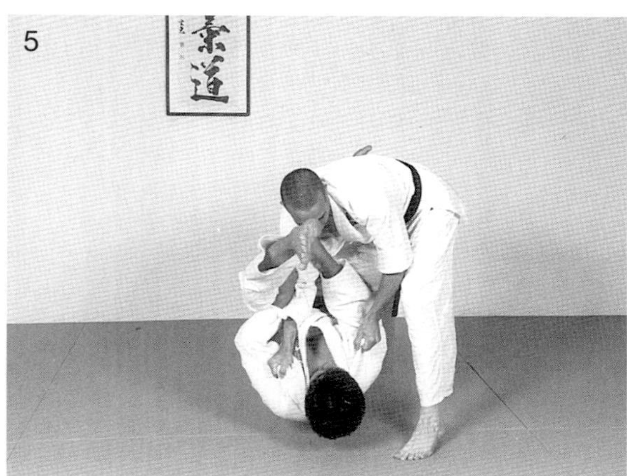

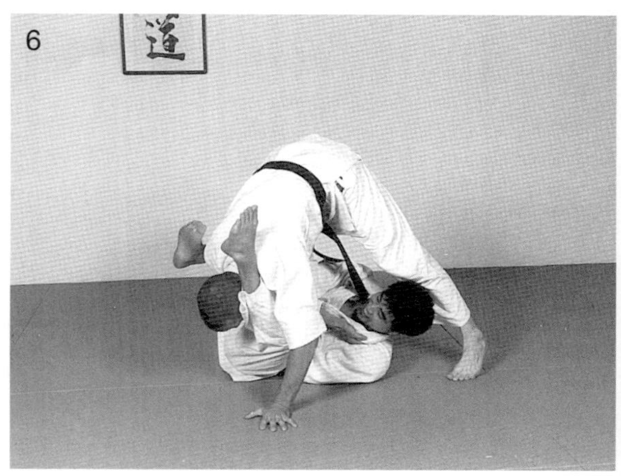

WURFTECHNIKEN – DUN-JI-GI

Fortsetzung der vorangehenden Seite

7. Zieh mit der rechten Hand, die sein Revers festhältst, während du gleichzeitig dein linkes Bein gegen sein Gesicht drückst. Dadurch gelangt das Kinn des Angreifers in deine Kniekehle. Auf diese Weise kannst du einen enormen Druck erzeugen.
8. Der Angreifer kann sich deinem Wurf widersetzen, indem er über deinen Körper hinüber fällt.
9. Der Griff zu Beginn diente bereits der Vorbereitung dieser Schlussstellung. Der Angreifer ist nun praktisch in deinen Armhebel hineingefallen. Mit deinem Griff kannst du auch den ursprünglichen Druck auf seinen Nacken und seinen Kopf beibehalten.

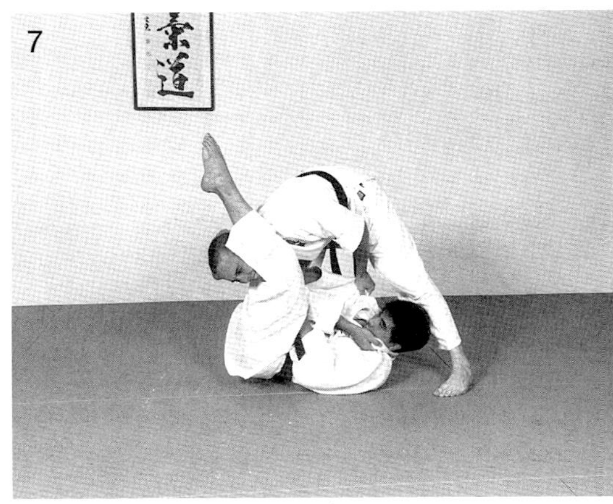

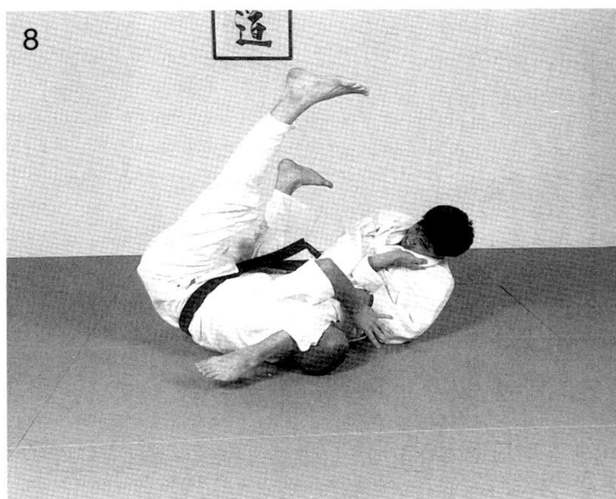

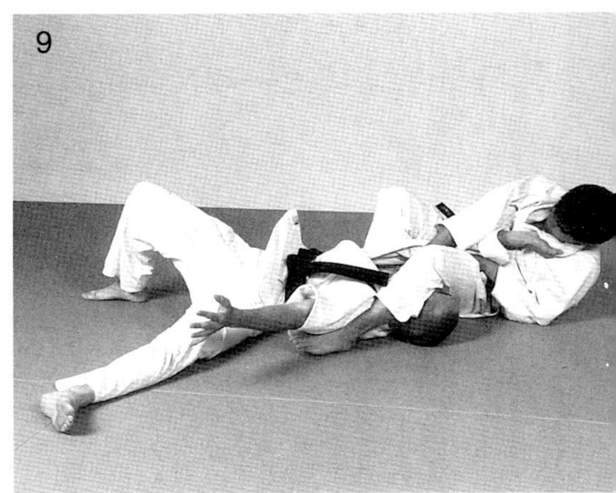

WURFVERTEIDIGUNG

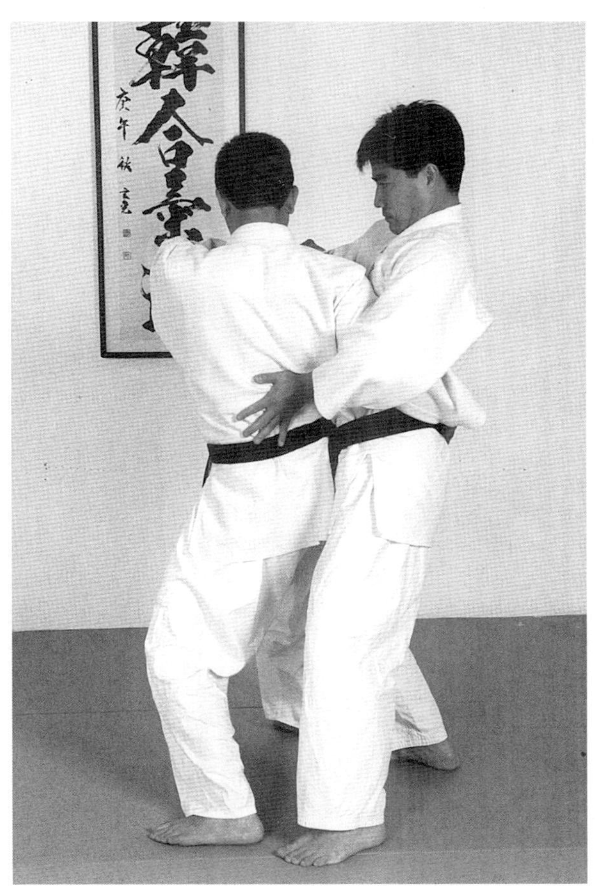

WURFVERTEIDIGUNG

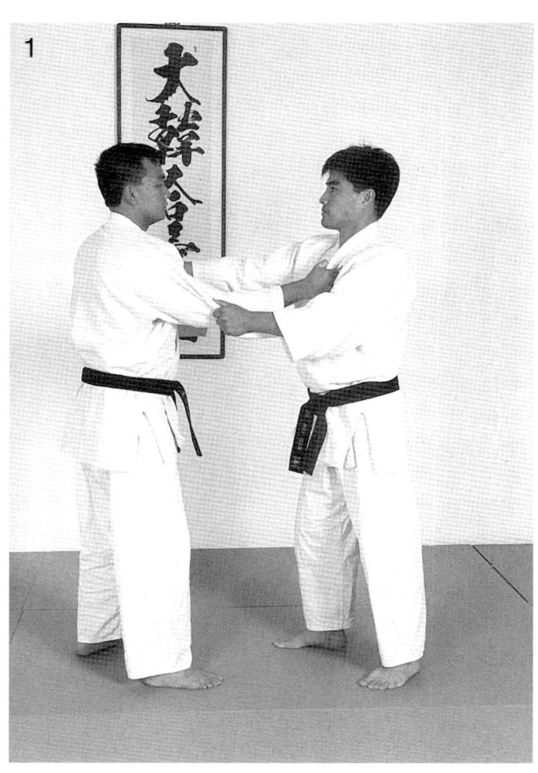

1

Technik 1

1. Der Angreifer packt dich mit seinem Griff. Die rechte Hand befindet sich am Revers, die linke am Ärmel in Höhe des Ellenbogens.
2. Blocke den Wurfversuch des Angreifers, indem du mit dem linken Bein nach vorn gehst und mit der linken Hand gegen den unteren Bereich seines Rückens drückst. Dies musst du tun, bevor er dich heben kann.

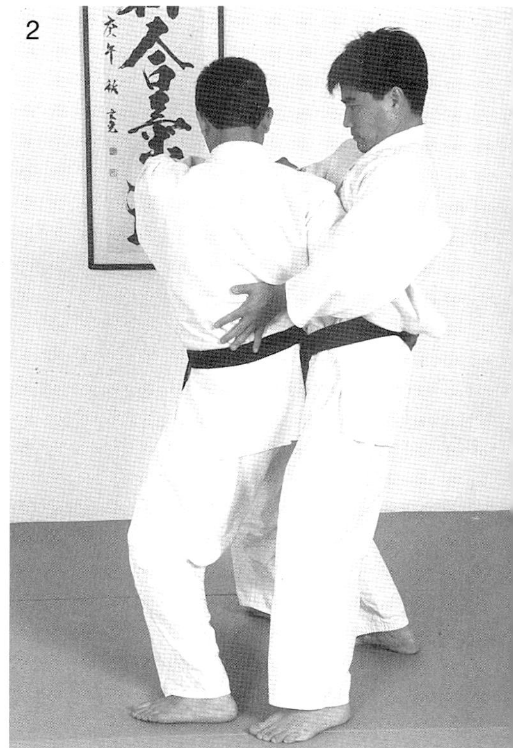

2

WURFVERTEIDIGUNG

3. Lasse deinen Arm über seinen Kopf gleiten. Schieb seinen Kopf nach hinten, wobei du deinen Ellenbogen unter sein Kinn legst und deinen Schritt mit dem linken Bein ausdehnst.

4. Lege dir den Angreifer quer über dein linkes Knie und lass dich dabei auf das rechte Knie herab. Wende eine Würgetechnik an, indem du sein Revers auf dich zuziehst, während du seinen Kopf mit dem linken Arm nach hinten drückst.

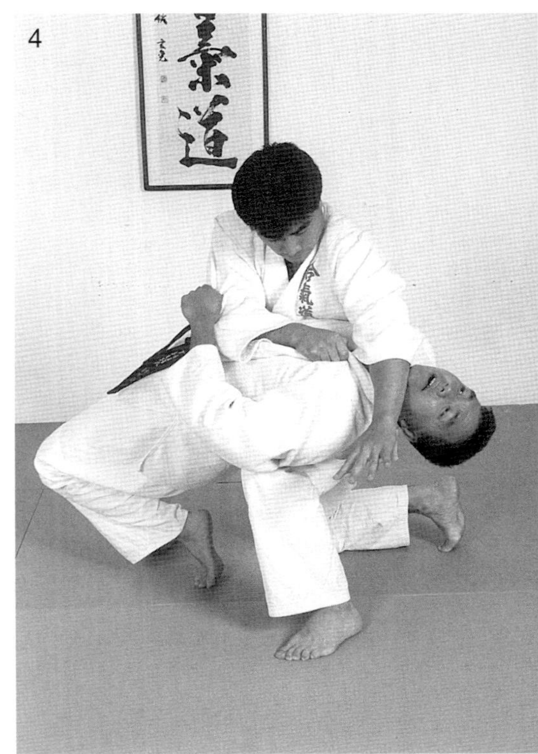
4

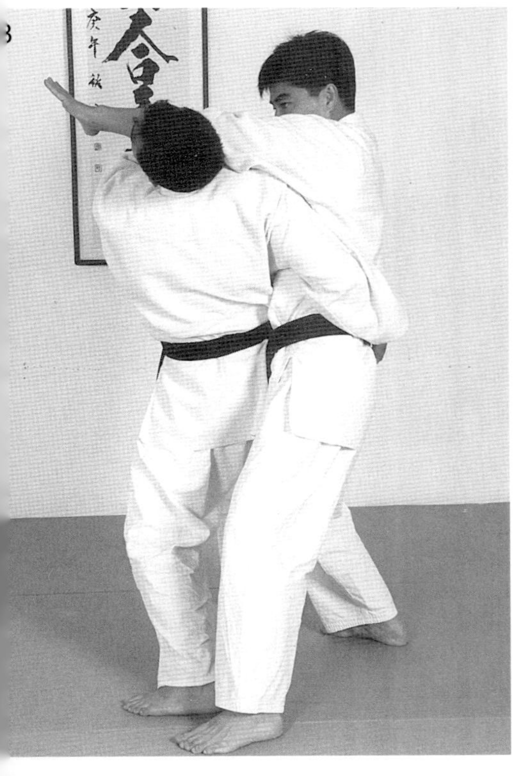
3

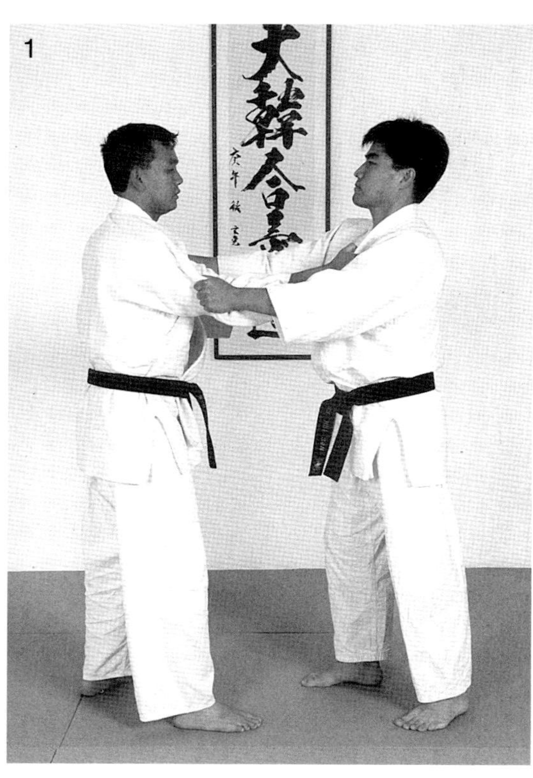

Technik 2

1. Der Angreifer packt dich mit seinem Griff. Die rechte Hand befindet sich am Revers, die linke am Ärmel in Höhe des Ellenbogens.
2. Der Angreifer versucht einen Wurf. Setz zum Gegenangriff an, indem du mit dem linken Fuß zurückgehst und mit deiner linken Hand die rechte Hand des Gegners ergreifst.

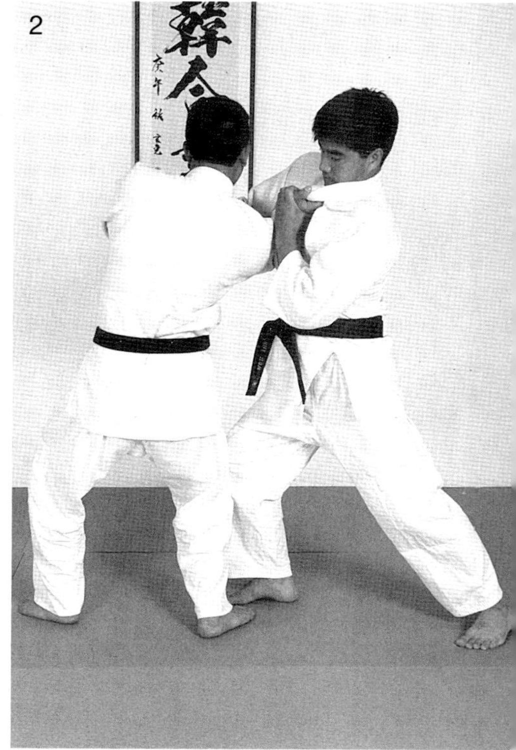

3. Dreh dich schnell und verlagere dabei dein Gewicht auf den linken Fuß. Drücke seine Kehle mit deinem rechten Daumen nach unten. Setze dein Gewicht hinter diesen von dir erzeugten Druck.

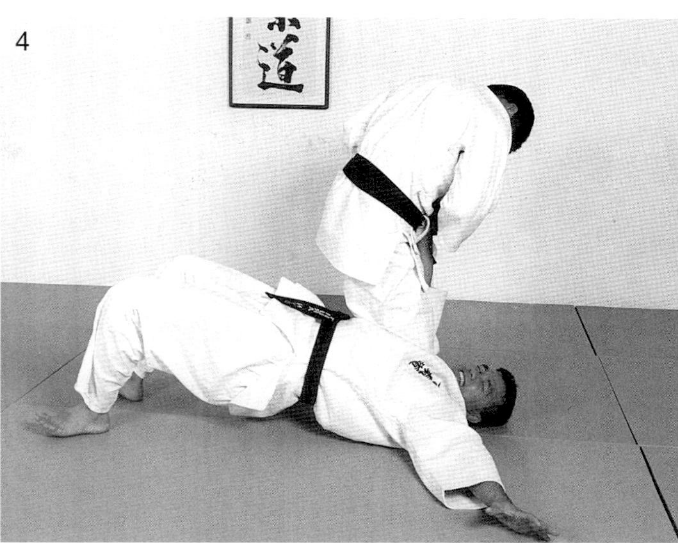

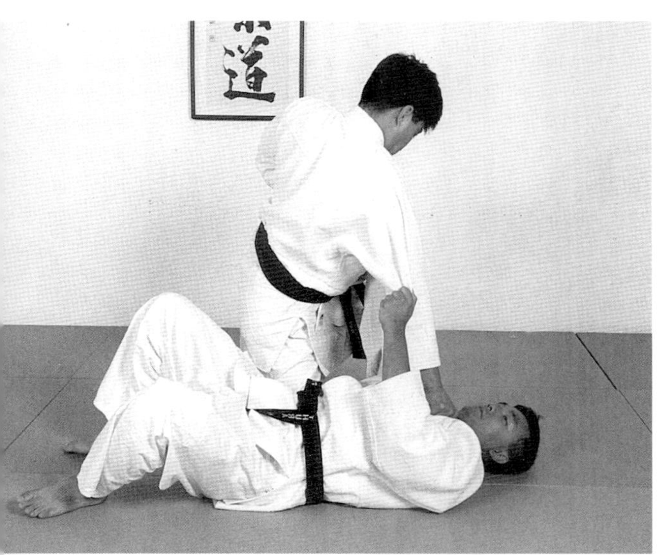

4. Rutsche mit dem rechten Knie nach vorn auf die rechte Schulter des Gegners. Verstärke den Griff an der rechten Hand des Gegners durch Hinzunahme deiner zweiten Hand und dreh sein Handgelenk nach außen. Es ist wichtig, während der Ausführung der gesamten Technik den Druck auf das Handgelenk beizubehalten, da es sich hierbei um einen guten Kontrollmechanismus handelt.

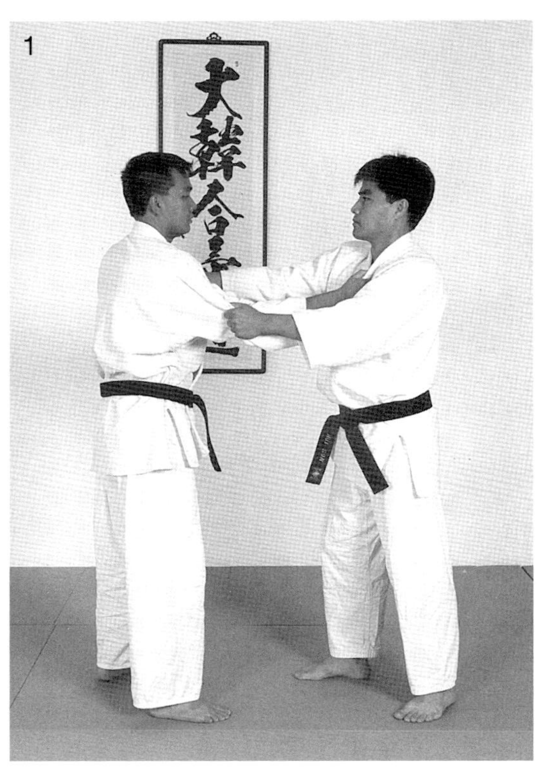

Technik 3

1. Der Angreifer packt dich mit seinem Griff. Die rechte Hand befindet sich am Revers, die linke am Ärmel in Höhe des Ellenbogens.

2. Blocke den Wurfversuch des Angreifers, indem du mit dem linken Bein nach vorn gehst und mit der linken Hand gegen den unteren Bereich seines Rückens drückst. Dies muss du tun, bevor er dich anheben kann.

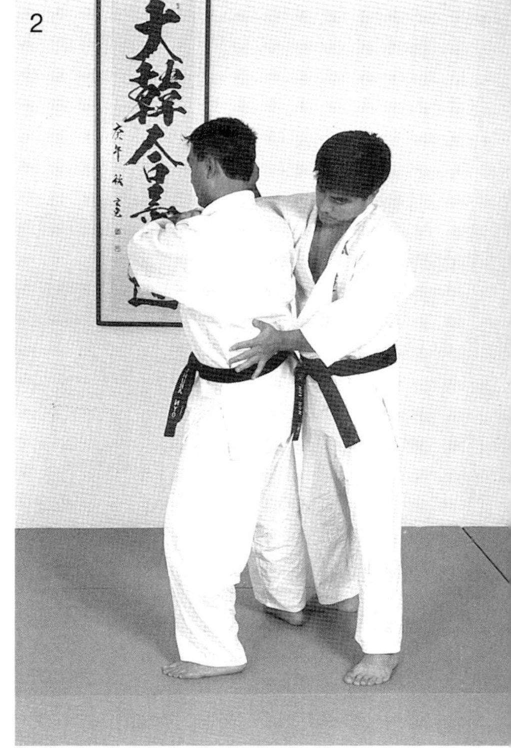

3. Beug deinen Gegner zurück, indem du gegen den unteren Bereich seines Rückens drückst und seinen Kopf auf dich zu ziehst. Um das beste Ergebnis zu erzielen, muss diese Technik ohne Unterbrechung durchgeführt werden. Achte darauf, dass das Kinn des Gegners oben auf deinem Ellenbogen aufliegt.

4

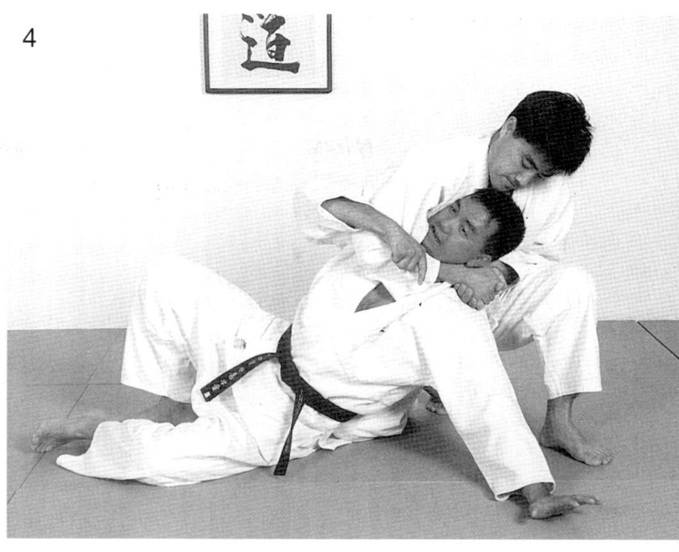

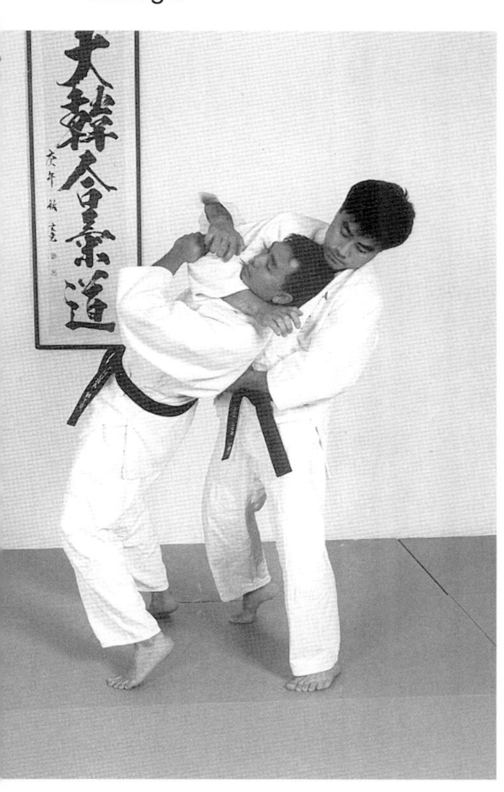

4. Lass dich auf dein rechtes Knie herab und zieh deinen Gegner mit nach unten. Verschließ deine Hände und wende eine Würgetechnik an, bei der du seinen Nacken fest an deinen Körper presst. Du versuchst nun, seinen Nacken zu dir zu ziehen, während du seinen Kopf mit deiner Schulter in die entgegengesetzte Richtung drückst. Dadurch neigt sich der Kopf gegen die Richtung der Würgetechnik, was die Wirkung noch verstärkt.

WURFVERTEIDIGUNG

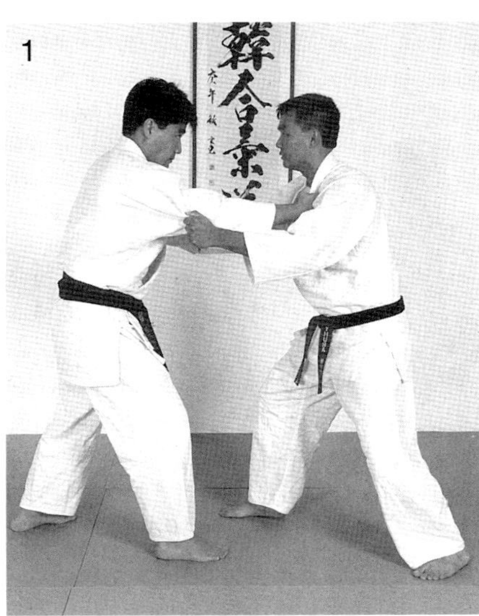
1

Technik 4

1. Der Angreifer packt dich mit seinem Griff. Die rechte Hand befindet sich am Revers, die linke am Ärmel in Höhe des Ellenbogens.
2. Der Angreifer stürzt sich auf dein vorangestelltes Bein und versucht, dich zu Boden zu bringen. Löse den Griff deiner rechten Hand und führ sie nach oben unter seinen linken Arm.
3. Verlagere dein Gewicht rechtslastig nach vorn und klemm seinen Kopf unter deinem Arm ein. Verteile dein Gewicht auf seinen Schultern. Deine rechte Hand nähert sich deiner rechten Schulter und schließt den Griff um seinen Arm.
4. Deine linke Hand greift über seinen Rücken hinweg und packt seinen Gürtel. Deine rechte Hand ergreift seine Jacke.
5. Lass dich auf dein Gesäß fallen und zieh ihn dabei hoch. Unterstütz den Wurf dadurch, dass du dein rechtes Bein an der Innenseite des linken Beins des Angreifers anhebst.

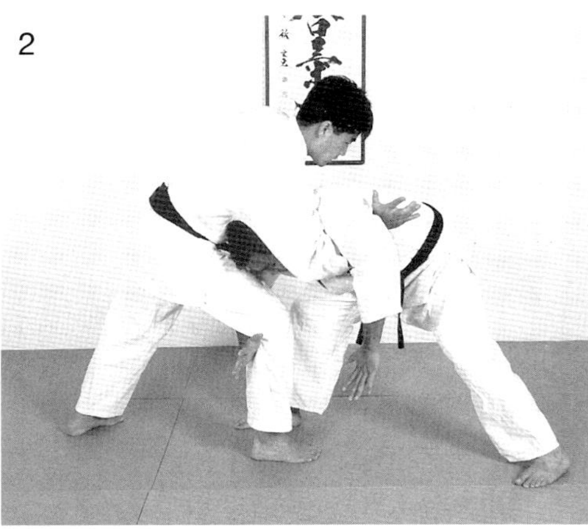
2

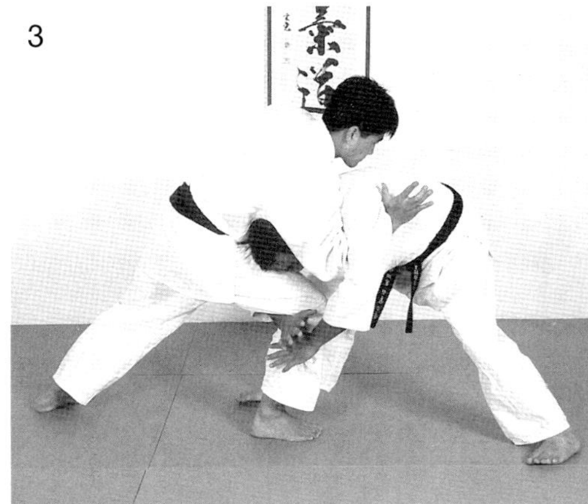
3

WURFVERTEIDIGUNG

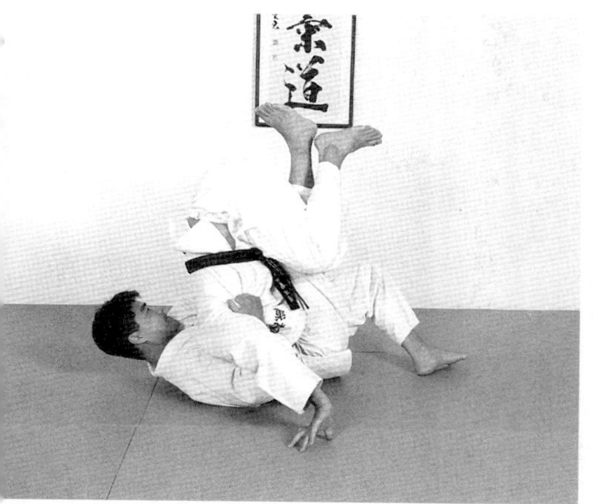

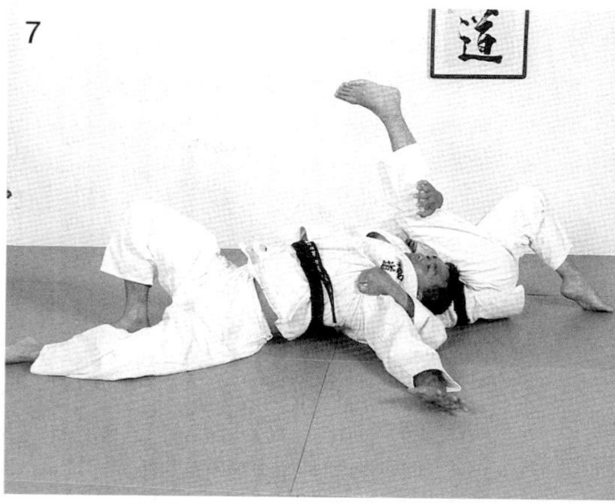

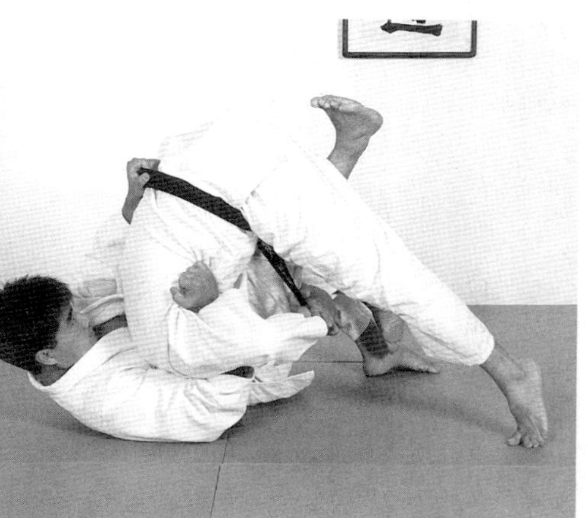

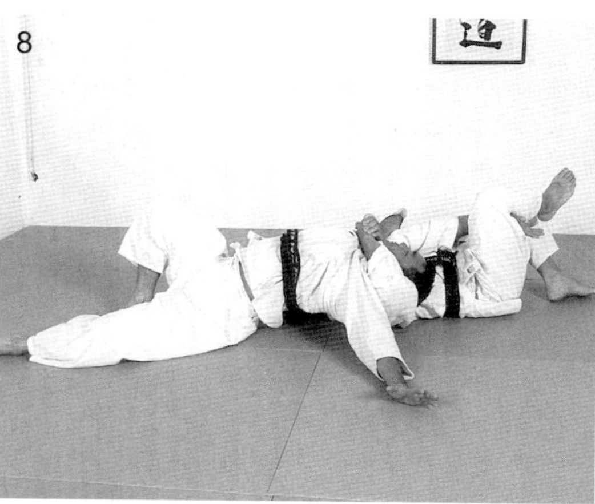

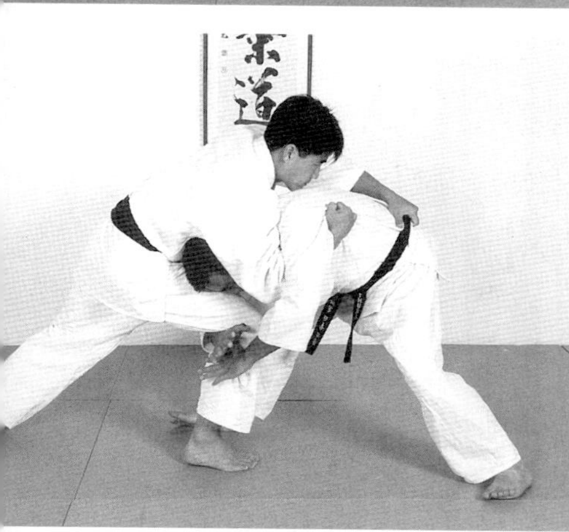

6. Der durch diese Aktion entstehende Schwung schleudert den Angreifer komplett über dich hinüber.
7. Er landet über dir auf dem Boden.
8. Klemm seinen rechten Arm zwischen deinen Beinen ein. Verschließ deine Hände ineinander und drück seinen Nacken auf dich zu, um eine Würgetechnik anzuwenden.

1

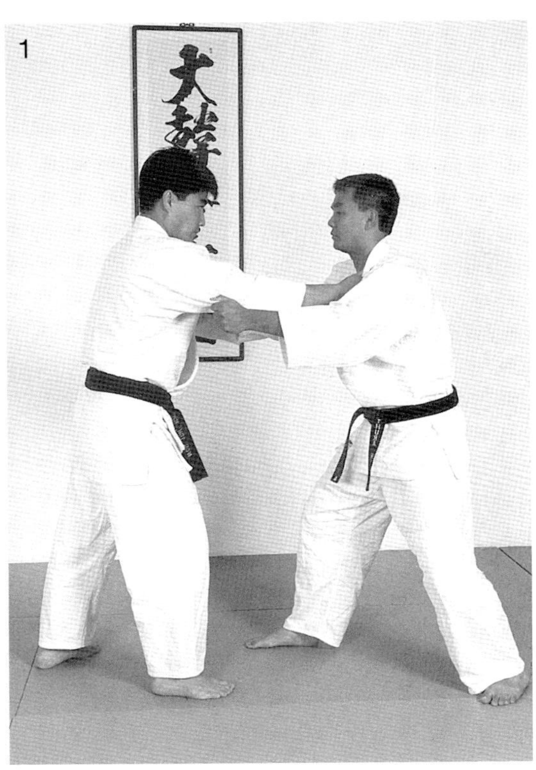

Technik 5

1. Der Angreifer packt dich mit seinem Griff. Die rechte Hand befindet sich am Revers, die linke am Ärmel in Höhe des Ellenbogens.

2. Der Angreifer stürzt sich auf dein vorangestelltes Bein und versucht, dich zu Boden zu bringen. Löse den Griff deiner rechten Hand und führe sie unter seine Achsel. Verlagere dein Gewicht auf das rechte Bein.

2

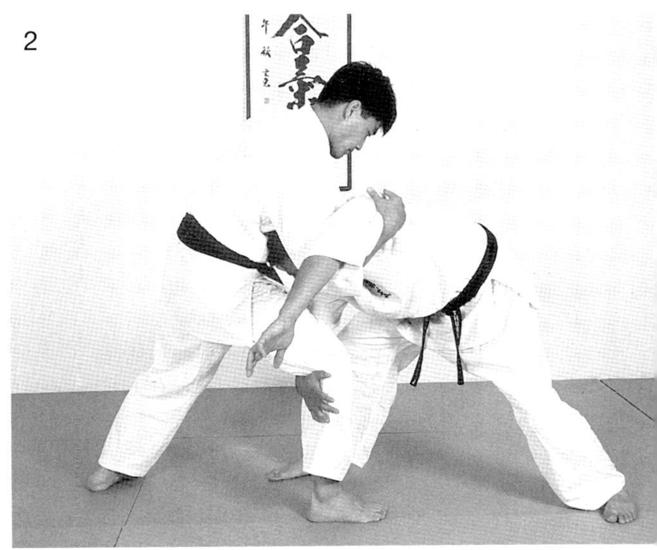

3. Dadurch, dass dein Gewicht auf dem rechten Bein lastet, kannst du das linke Bein mit einer im Uhrzeigersinn verlaufenden Drehung herüberholen. Lass dich auf das linke Knie herab, während du die linke Schulter des Gegners mit ineinander verschlossenen Händen umfasst. Dadurch, dass du nun kniest, kann sich der Angreifer nicht erheben, um sein Gleichgewicht wiederherzustellen. Aus diesem Grund behältst du den nach unten gerichteten Druck über seiner Schulter bei.

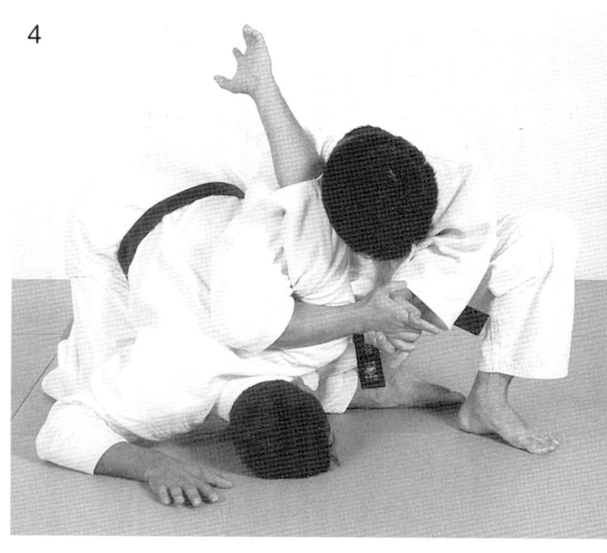

4

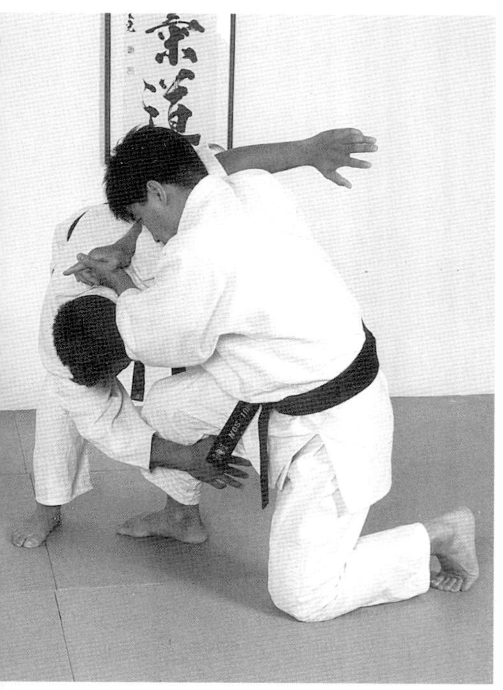

4. Führ den Gegner solange nach unten, bis du dich vollständig über ihm befindest und er auf den Boden gedrückt wird. Er hat nun keine Ausweichmöglichkeit mehr, und der fortgesetzte Druck wirkt gegen das Schultergelenk.

WURFVERTEIDIGUNG

1

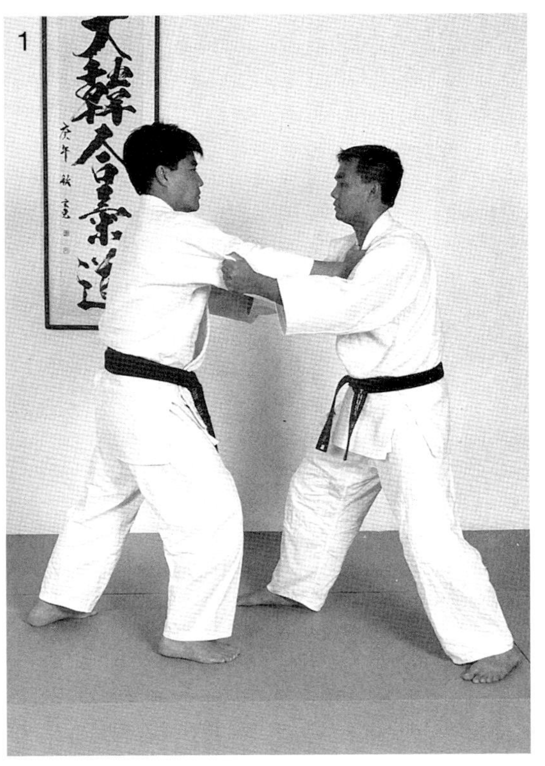

2

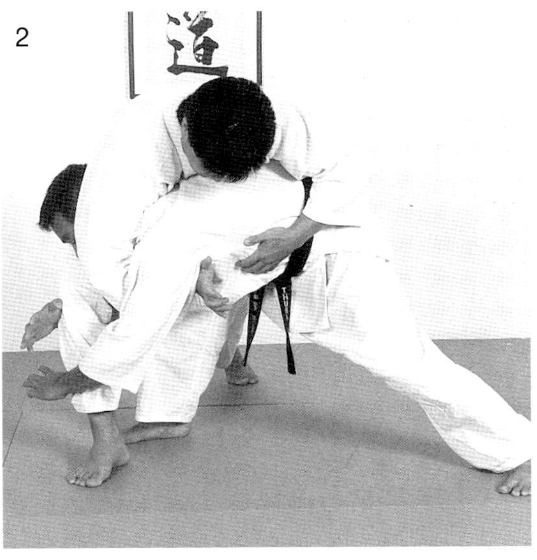

Technik 6

1. Du und der Angreifer packen sich gegenseitig.

2. Der Angreifer stürzt sich auf dein rechtes Bein. Ziehe das rechte Bein zusammen mit ihm zurück und lege dich quer über ihn, wobei du dein Gewicht auf seinen Rücken lädst. Löse deinen Griff, um deinen rechten Arm unter seiner linken Achselhöhle hindurchzuschieben.

3. Gleite während des Fallens mit dem linken Bein unter ihm hindurch und zieh seinen Körper auf dich zu.

4. Klemm den Kopf des Angreifers unter deinem rechten Knie ein und schließe deine Füße zusammen. Lege dich zurück und nimm den linken Arm des Angreifers gleichzeitig mit.

5. Press die Beine zusammen und strecke deinen Körper. Ziehe seine linke Hand mit deiner rechten zurück. Lass deine linke Hand durch das soeben von dir gebildete Dreieck gleiten, bis du sein rechtes Handgelenk ergreifen kannst. Übe Druck auf sein Handgelenk aus und würge ihn mit den Beinen.

WURFVERTEIDIGUNG

5

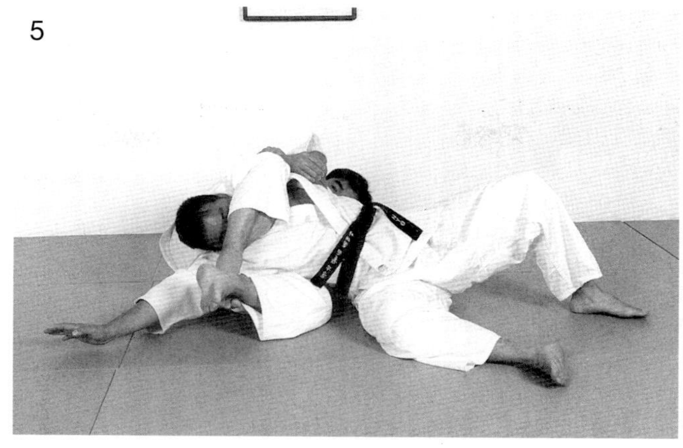

4

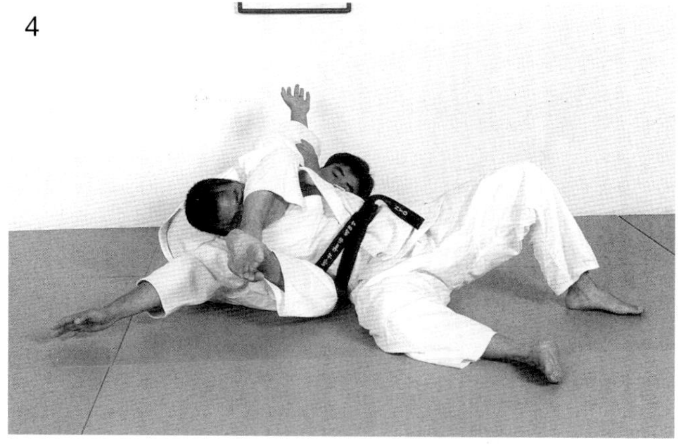

3

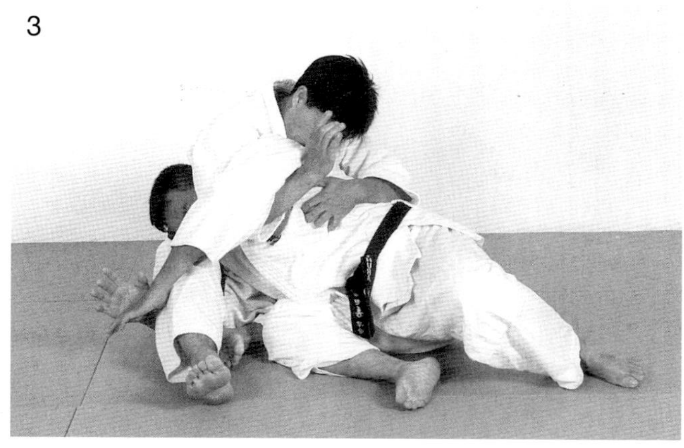

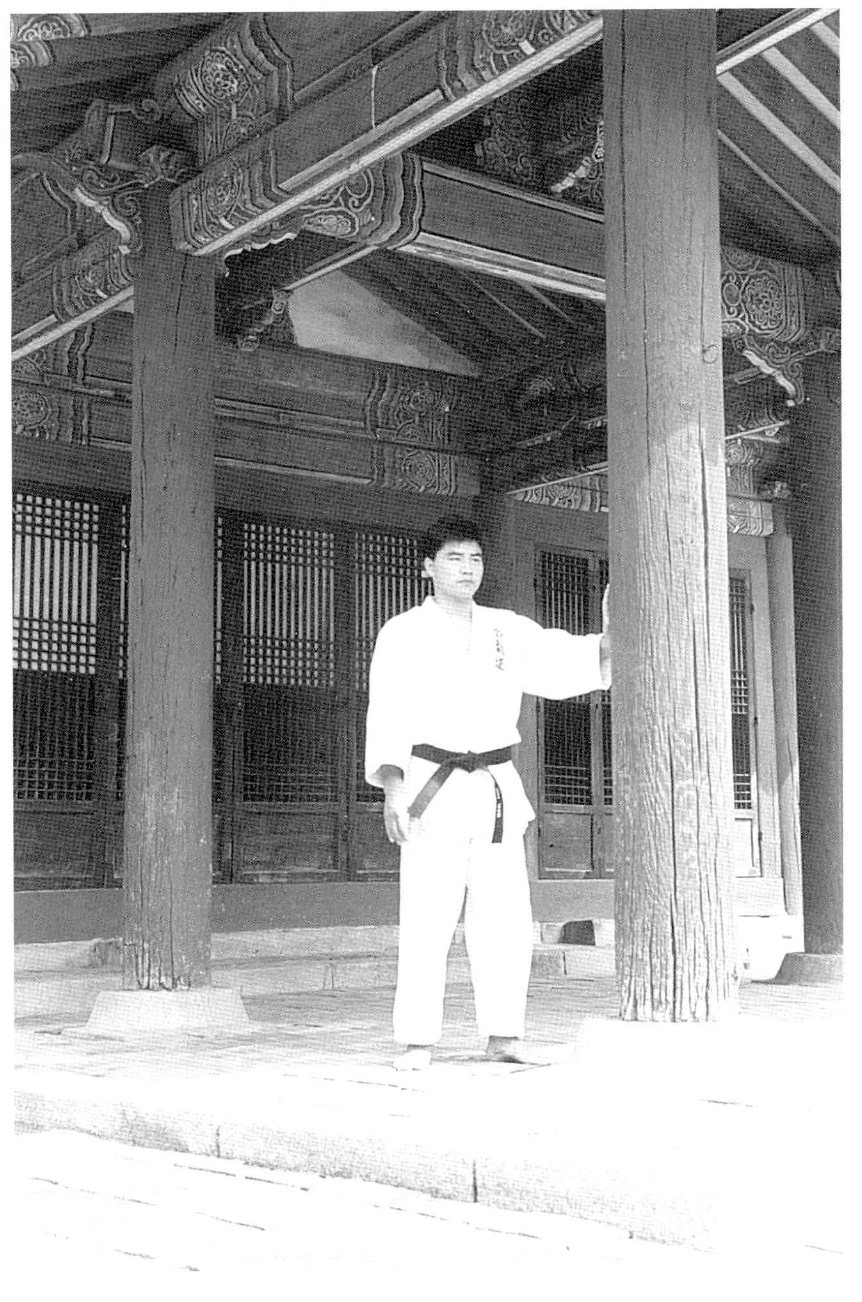

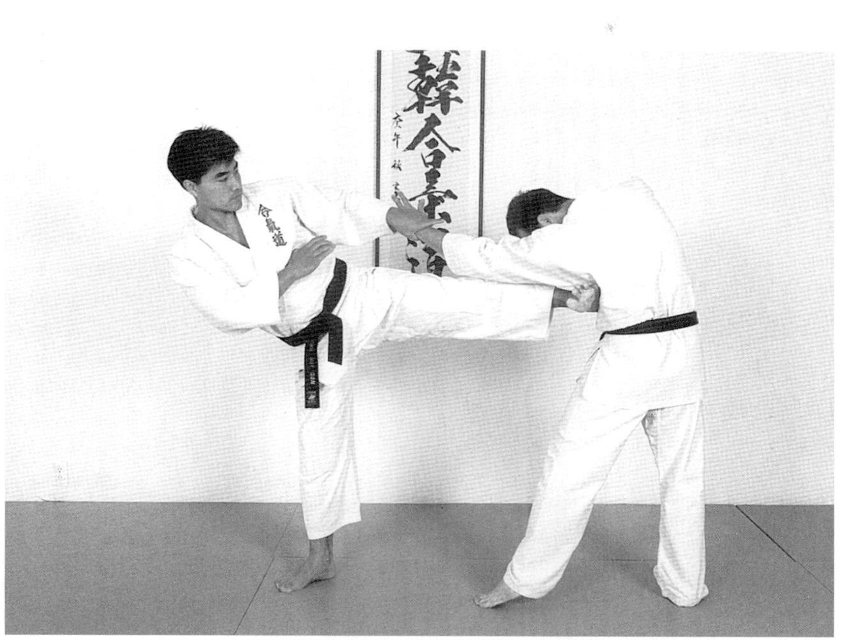

Technik 1

1

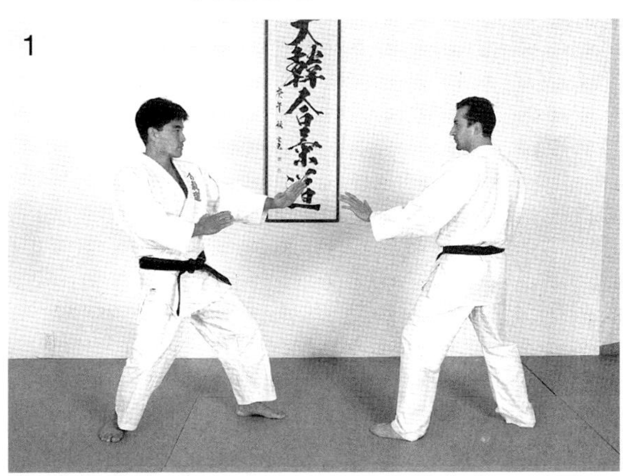

1. Du stehst dem Angreifer in einer geschlossenen Stellung gegenüber. Bei beiden von euch befindet sich der rechte Fuß hinten. **Pal-Kum-Chi**
2. Setze den rechten Fuß nach vorn und achte darauf, dass du ihn hinter deinen linken Fuß ziehst. Deine Beine sind gekreuzt. Du bist nun nah genug, um das linke Handgelenk des Angreifers mit deiner linken Hand zu packen.

2

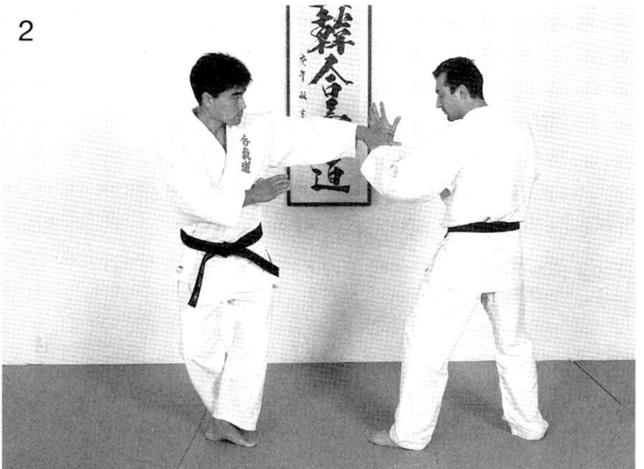

3. Führe mit dem linken Bein einen Seittritt gegen die linke Seite des Angreifers aus.

3

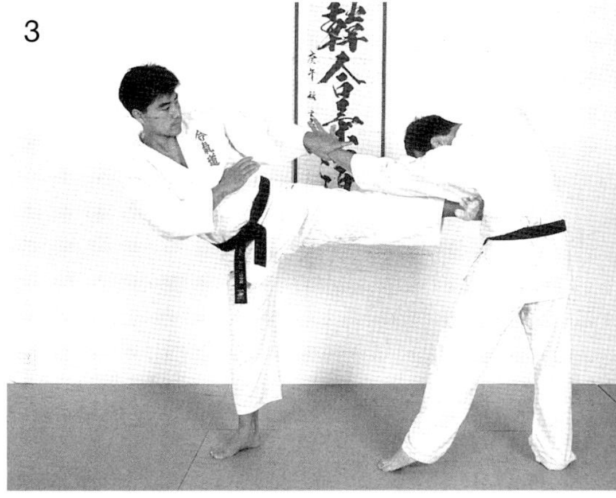

4. Setze deinen linken Fuß neben dem linken Fuß des Angreifers auf den Boden und gehe mit dem rechten nach vorn. In der Zwischenzeit legst du deine rechte Hand auf den linken Ellenbogen des Angreifers. Übe Druck aus, während du dich gegen den Uhrzeigersinn drehst.

6

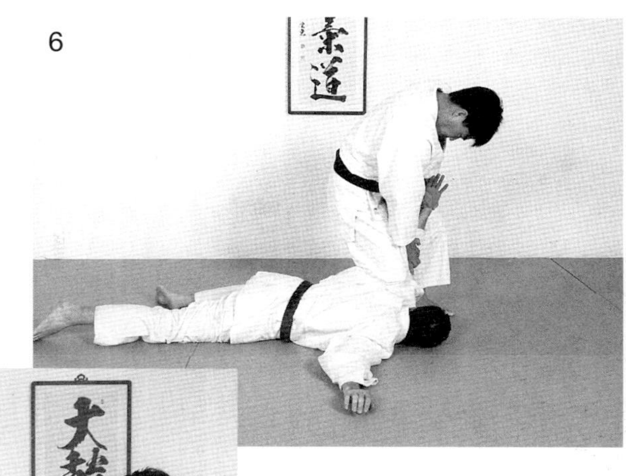

5

4

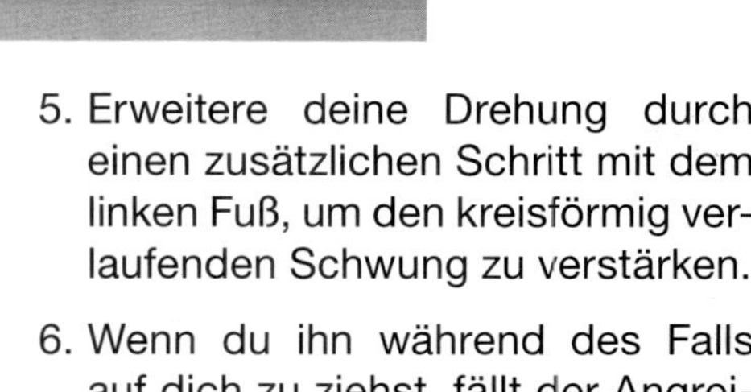

5. Erweitere deine Drehung durch einen zusätzlichen Schritt mit dem linken Fuß, um den kreisförmig verlaufenden Schwung zu verstärken.

6. Wenn du ihn während des Falls auf dich zu ziehst, fällt der Angreifer vor deine Füße. Halt ihn dort fest, indem du dein rechtes Knie mit Kraft auf seine rechte Schulter setzt und den Druck auf seinen linken Ellenbogen beibehältst.

1

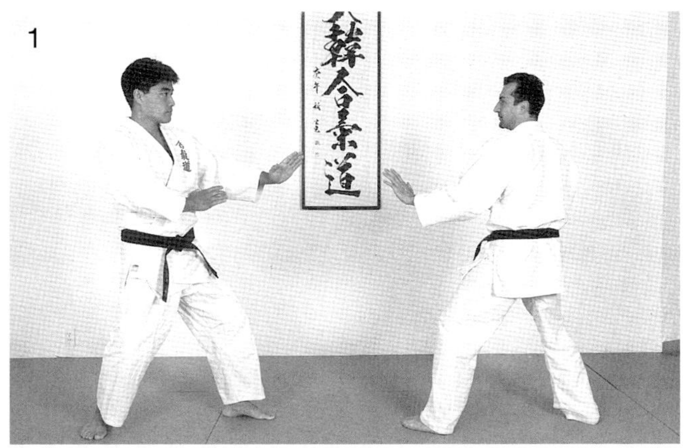

Technik 2

1. Du stehst dem Angreifer in einer geschlossenen Stellung gegenüber. Bei beiden von euch befindet sich der rechte Fuß hinten. **Yun-Hang**

2. Ergreife die vordere Hand des Angreifers mit deiner linken Hand. Heb sie an, um seine Rippen freizulegen, denen du einen Fauststoß mit der rechten Hand versetzt. Achte darauf, mit dem rechten Fuß nach vorn zu gehen, um die richtige Distanz für den Schlag herzustellen.

2

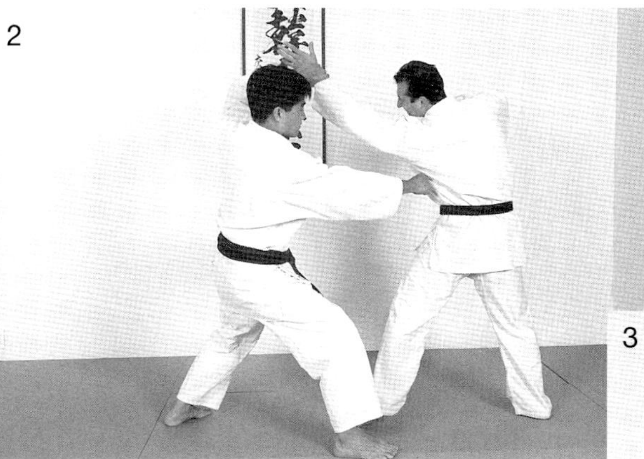

3

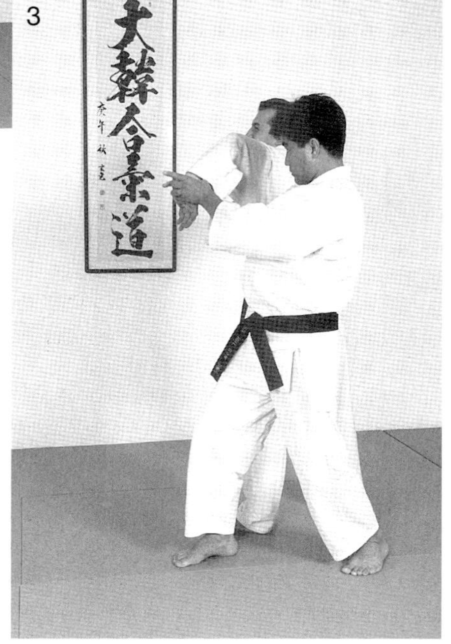

3. Dreh dich auf dem rechten Fuß gegen den Uhrzeigersinn, um hinter den linken Arm des Angreifers zu gelangen. Ergreife seinen linken Ellenbogen mit der rechten Hand.

4. Wende einen nach unten gerichteten Druck auf seinen Ellenbogen an, um seinen Körper herunterzubringen.
5. Damit zwingst du den Angreifer zu Boden und kannst ihn dort halten, indem du dein rechtes Knie auf seine linke Schulter setzt.

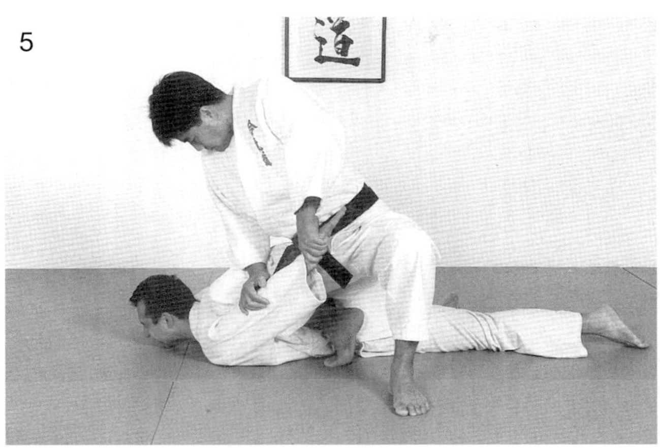

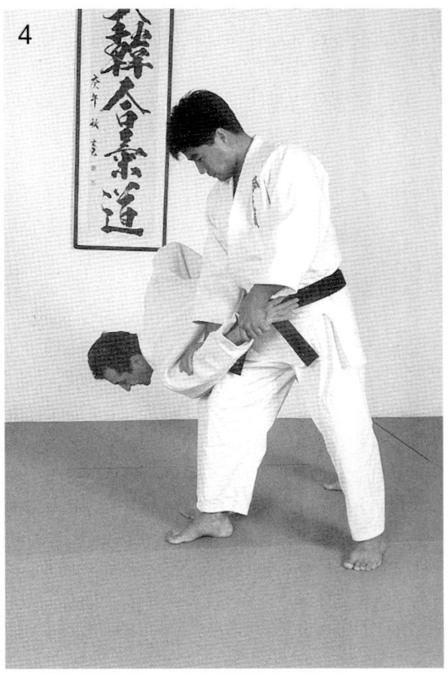

1

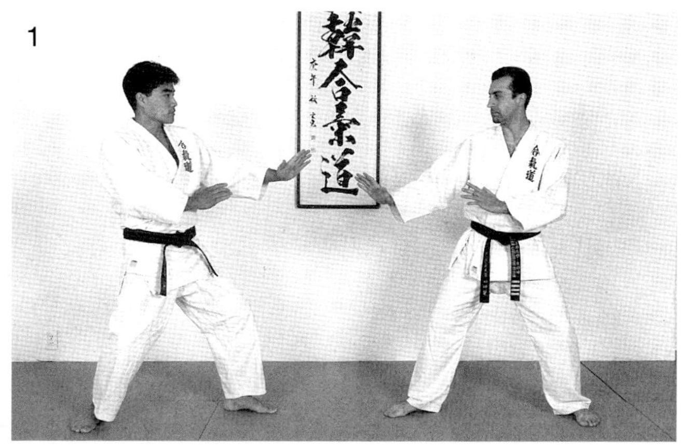

2

Technik 3

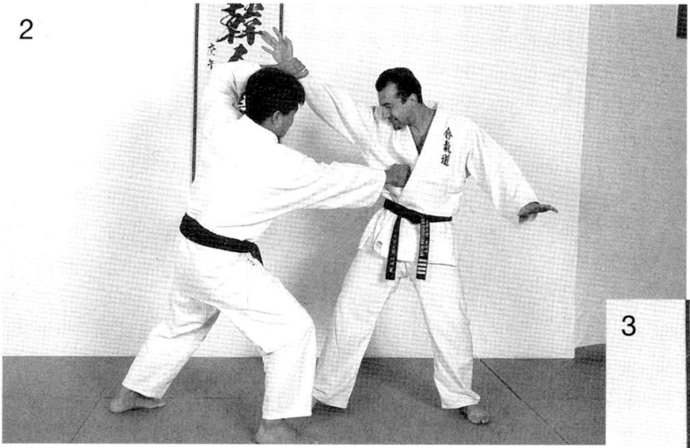

1. Du stehst dem Angreifer in einer offenen Stellung gegenüber. **Hei-Jun**

2. Geh mit dem rechten Fuß seitlich nach vorn in die Reiterstellung. Gleichzeitig ergreifst du mit deiner linken Hand das rechte Handgelenk des Angreifers. Triff die rechte Seite des Angreifers mit der rechten Faust.

3

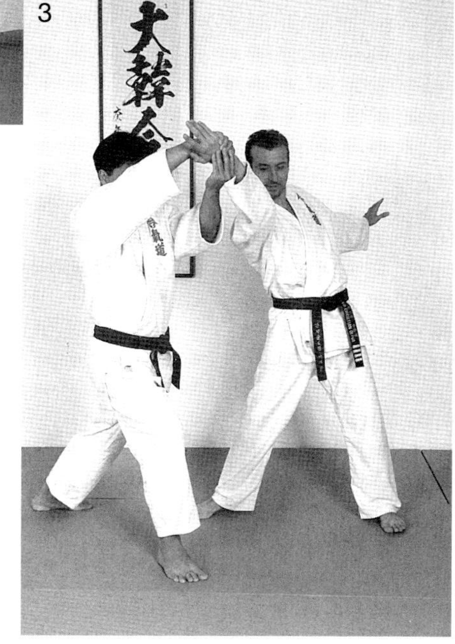

3. Schiebe die rechte Hand des Angreifers zunächst nach unten und dann vor dir hoch. Während dieser kreisenden Bewegung setzt du einen Scherengriff an.

4. Gehe mit dem linken Fuß nach vorn und dreh dich dann im Uhrzeigersinn auf beiden Füßen, wobei du die Hand des Angreifers direkt über deinen Kopf führst. Setz deine Bewegung hinter der rechten Schulter des Angreifers fort.
5. Der Angreifer wird vor deinen Füßen zu Boden gezwungen.
6. Streck den Arm des Angreifers gerade aus und halte seine Hand dabei hoch. Drück seinen Ellenbogen mit dem rechten Knie nach unten.

6

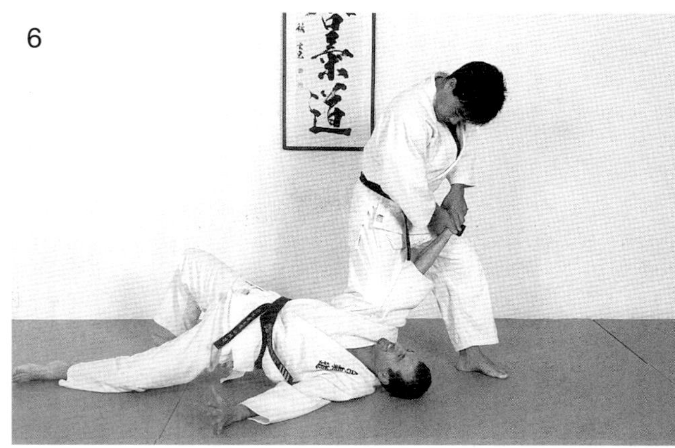

5

4

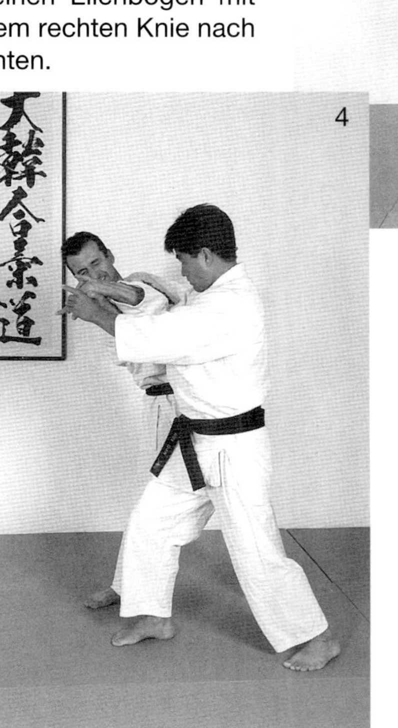

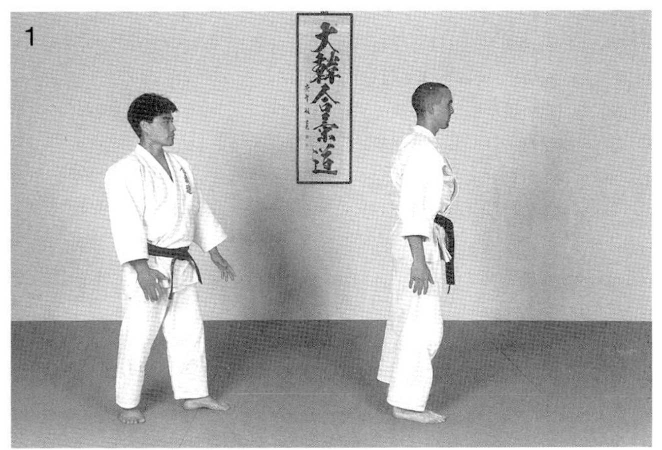

Technik 4

1. Um eine Person festzuhalten, näherst du dich ihr von hinten. **Hei-Jun**

2. Begib dich mit einem Schritt nach rechts an ihre rechte Seite. Packe ihr rechtes Handgelenk beidhändig mit einem Scherengriff.

3. Führe einen weiteren Schritt mit deinem linken Fuß aus. Hebe die Hand des Angreifers vor dir in die Höhe.

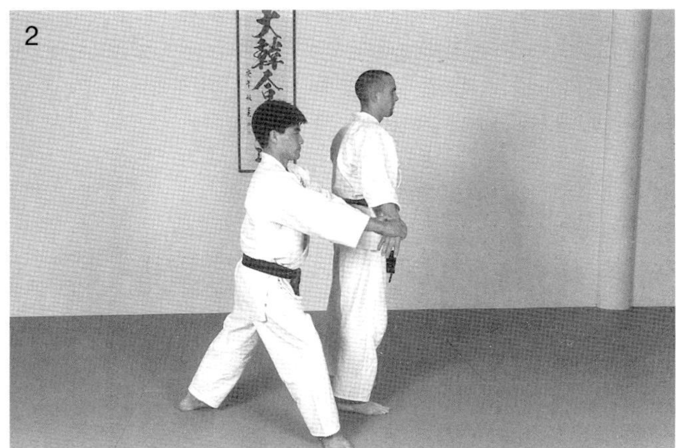

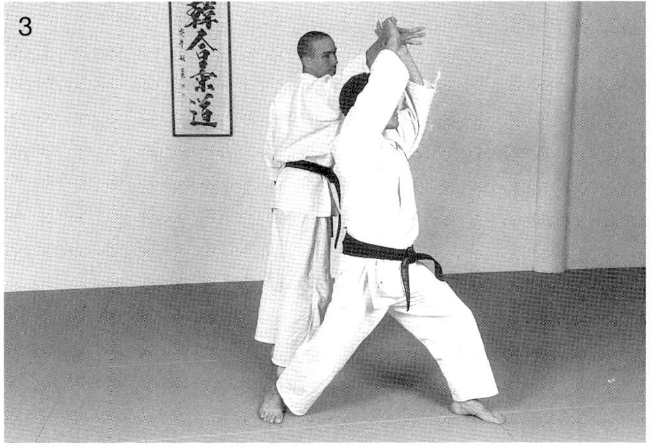

4. Dreh dich auf beiden Füßen im Uhrzeigersinn und führe seine Hand dabei über deinen Kopf.
5. Dein Scherengriff dreht seinen Arm gegen den Uhrzeigersinn und übt Druck auf sein Handgelenk und seine Schulter aus.
6. Die Fortsetzung dieser Bewegung bringt den Angreifer zu Boden.

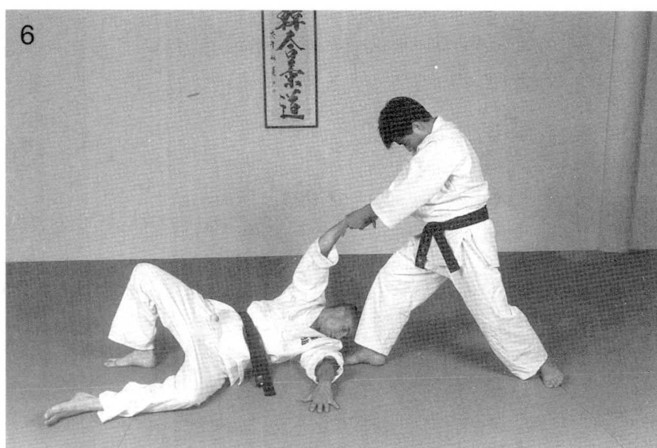
6

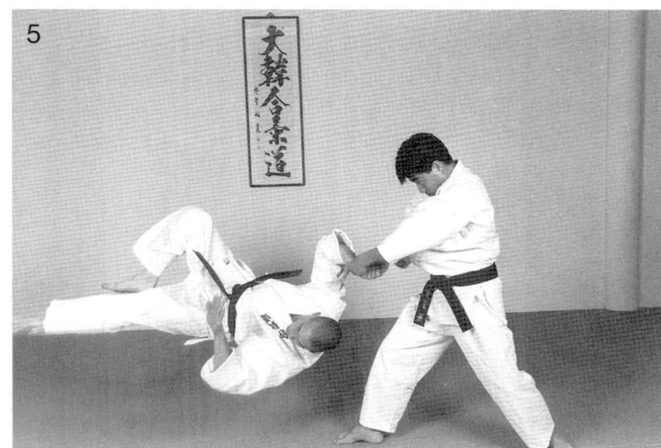
5

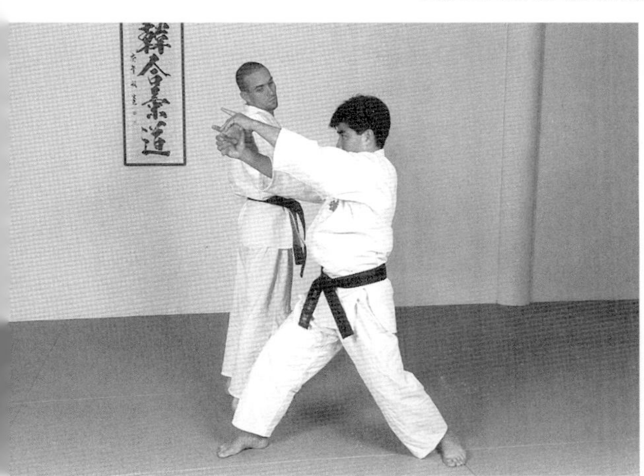

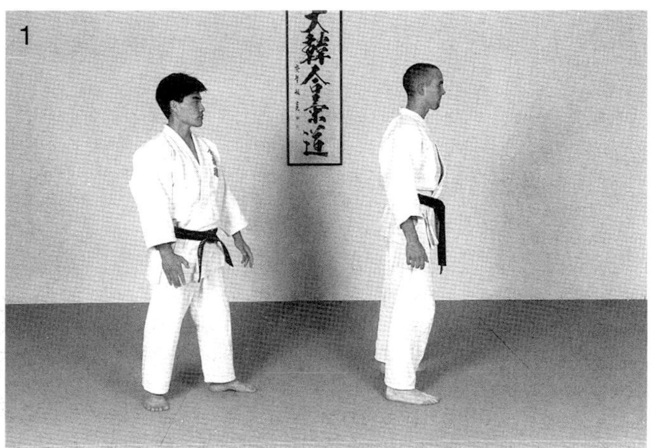

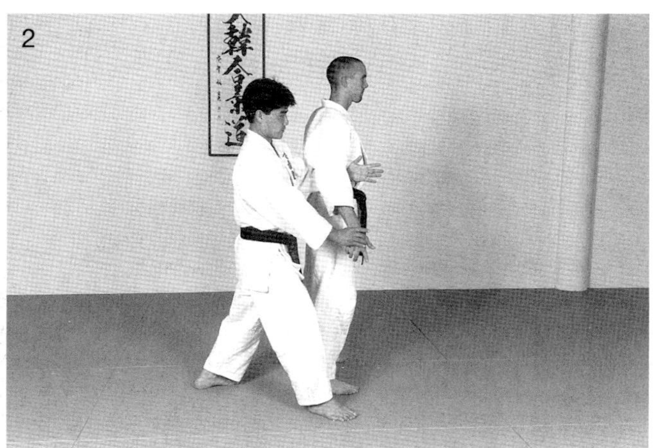

Technik 5

1. Festhalten einer Person von hinten auf der rechten Seite. **Son-Muk-Kuk-Gi**
2. Mache einen Schritt mit dem rechten Fuß, wenn du in Reichweite für einen Griff bist. Packe sein rechtes Handgelenk mit deiner rechten Hand. Leg die linke Hand unter seinen Arm, wobei dein Daumen nach oben zeigt.
3. Setze das linke Bein voran. Hak deinen linken Ellenbogen um seinen rechten. Führe seinen rechten Arm mit deiner rechten Hand nach oben. Erzeuge eine stärkere Beugung seines Handgelenks, indem du es weiter nach oben führst. Zieh seine rechte Hand auf seinen Ellenbogen (in Richtung deiner Brust), um Druck auf sein Handgelenk auszuüben.

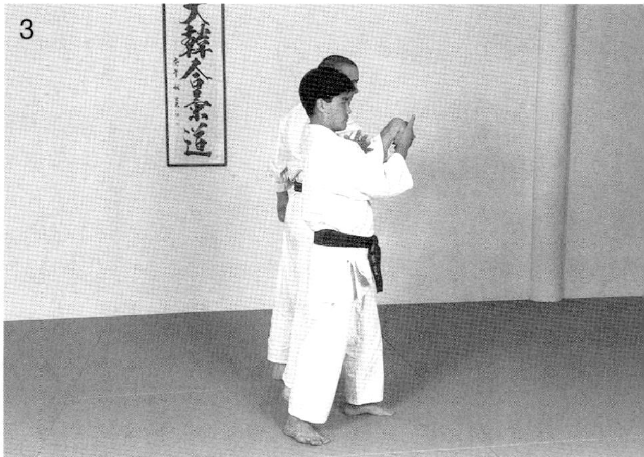

4. Geh mit dem rechten Fuß voran und dreh dich auf beiden Füßen gegen den Uhrzeigersinn. Währenddessen schiebst du seinen rechten Ellenbogen mit deiner linken Hand an deinem Körper entlang gegen deinen rechten Unterarm. Drücke sein rechtes Handgelenk über seine rechte Schulter.

5. Diese Bewegung wird ihn zu Boden bringen. Sein Ellenbogen muss nach oben gerichtet sein. Das verschafft dir die größtmögliche Hebelwirkung, wenn du seine Hand hochziehst.

6. Drücke seinen Ellenbogen auf den Boden, während du an seiner rechten Hand ziehst.

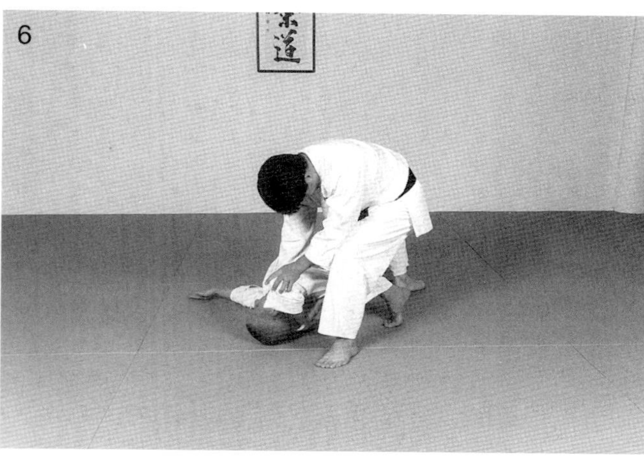

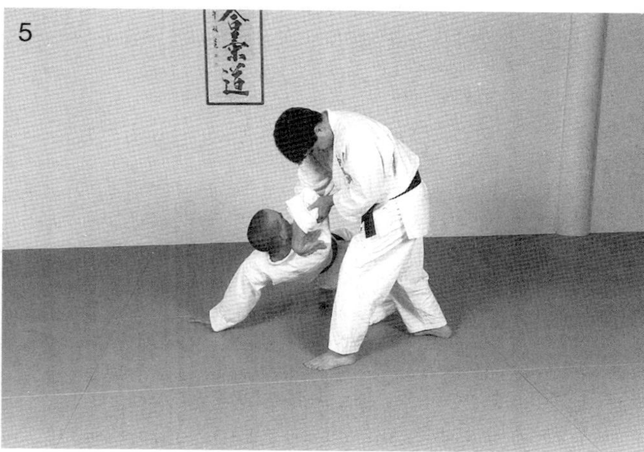

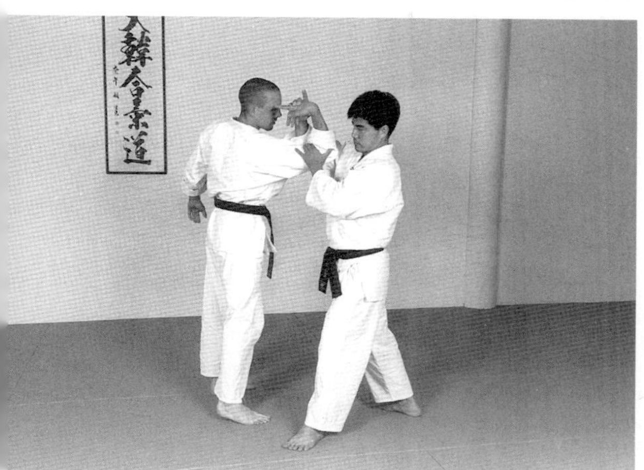

Technik 6

1. Nähere dich der Person von hinten. **Mok-Jo-Ru-Gi**
2. Setz deinen rechten Fuß zwischen seine Füße. Leg die linke Hand auf seine rechte Schulter.
3. Greif mit dem rechten Arm um seinen Hals herum. Verschließ die Hände ineinander. Dabei weist die linke Handfläche nach oben und die rechte nach unten.

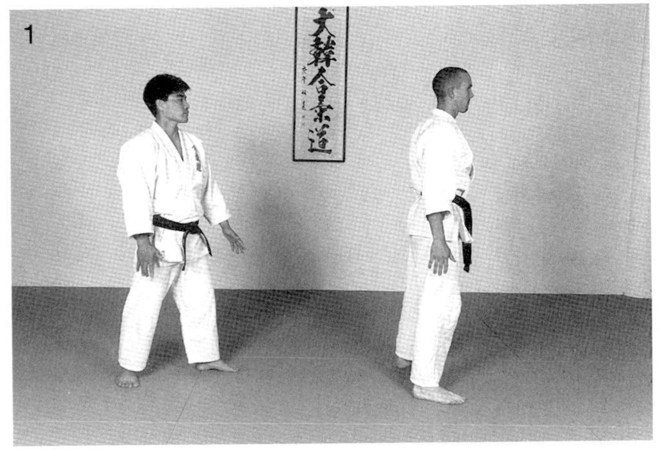

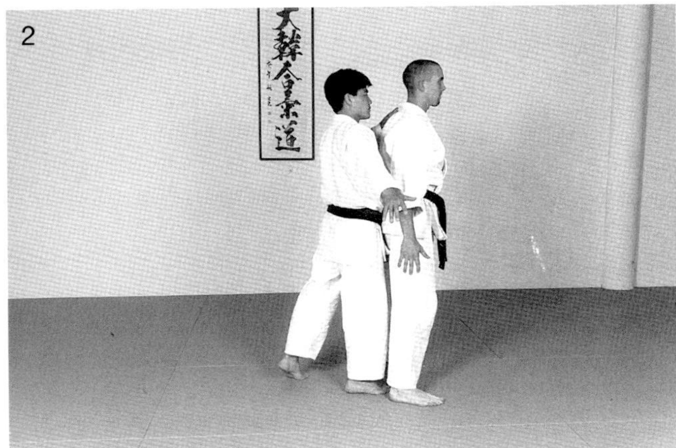

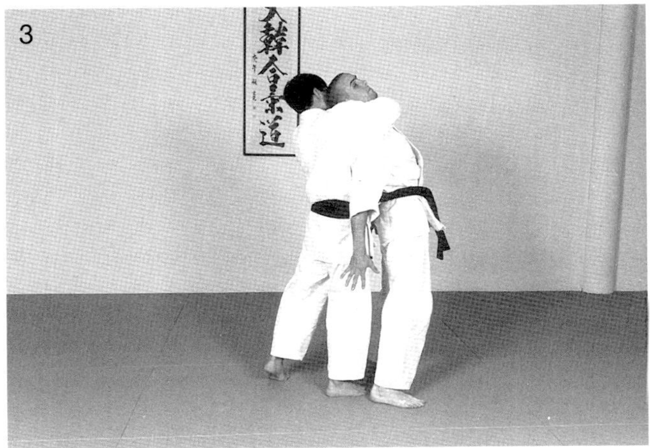

4. Geh mit dem linken Fuß zurück und zieh ihn nach hinten auf den Boden.
5. Lass dich auf dein linkes Knie herab und drücke ihm dabei das rechte Knie gegen die Wirbelsäule, während du den Würgegriff beibehältst.

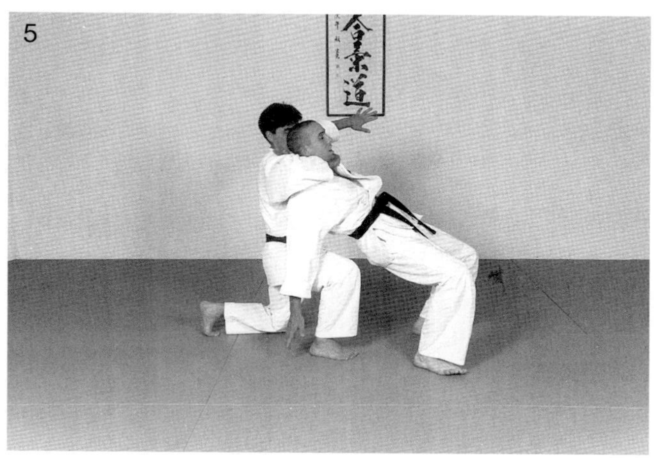
5

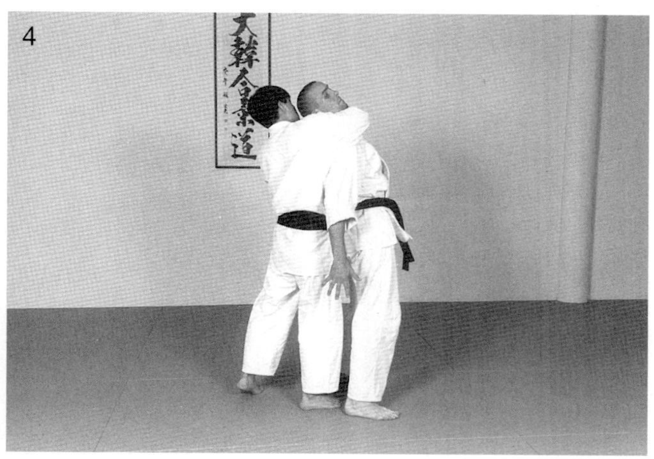
4

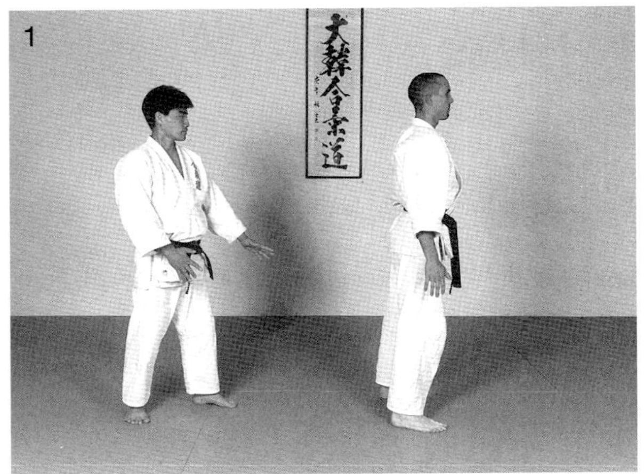

Technik 7

1. Nähere dich der Person von hinten. **Mok-Jo-Ru-Gi**
2. Setz deinen rechten Fuß zwischen seine Füße. Leg die linke Hand unter seinen linken Arm. Dein Daumen ist dabei nach oben gerichtet. Halte seine rechte Schulter mit deiner rechten Hand.
3. Dein linker Arm zieht seinen linken Arm hoch und nach hinten. Dein rechter Arm umfasst seinen Hals und ergreift sein Revers auf der linken Seite so hoch wie möglich. Achte darauf, dass sich dein Daumen an der Innenseite seiner Kleidung befindet.
4. Um die Würgetechnik anzuwenden, drückst du mit der linken Hand gegen seinen Hinterkopf, während du die Kleidung eng um seinen Hals ziehst.

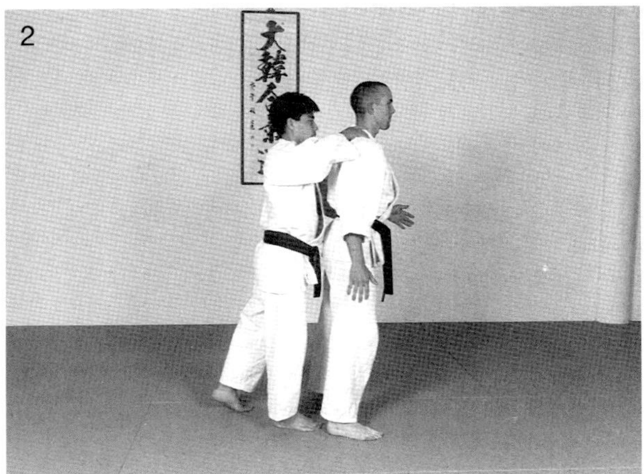

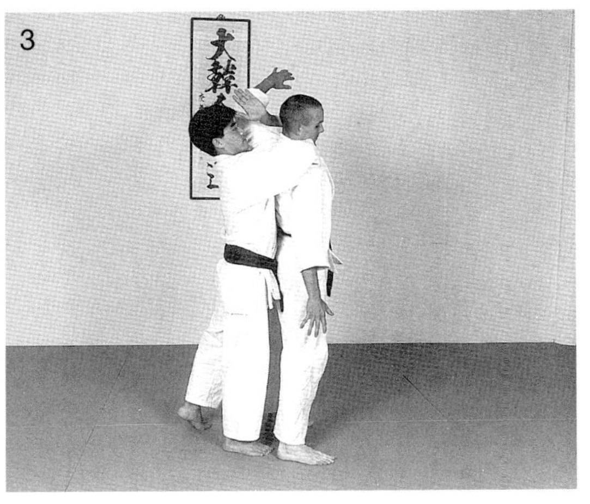

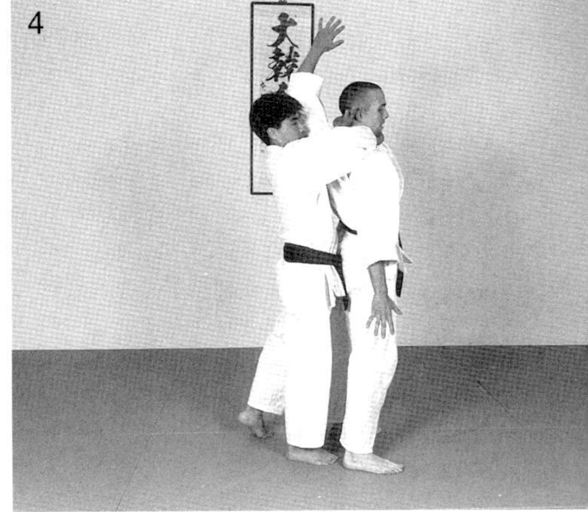

5. Geh mit dem linken Fuß zurück und zieh ihn rückwärts nach unten.
6. Lass dich auf dein linkes Knie herab.
7. Spreize das rechte Knie zur Seite hin und zieh ihn über die Innenseite deines Oberschenkels. Durch sein Körpergewicht löst er die Würgetechnik aus und verstärkt den Druck.

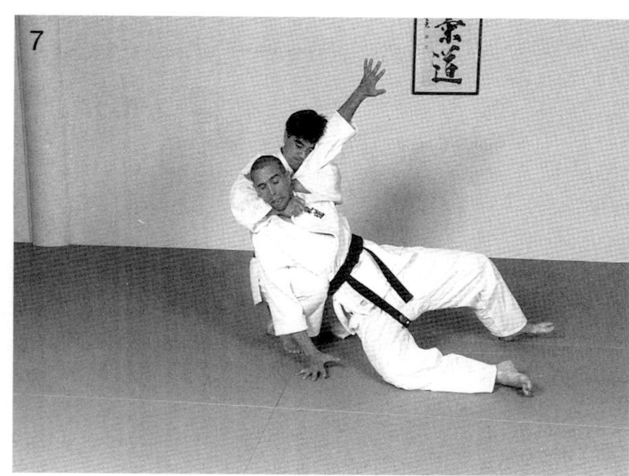
7

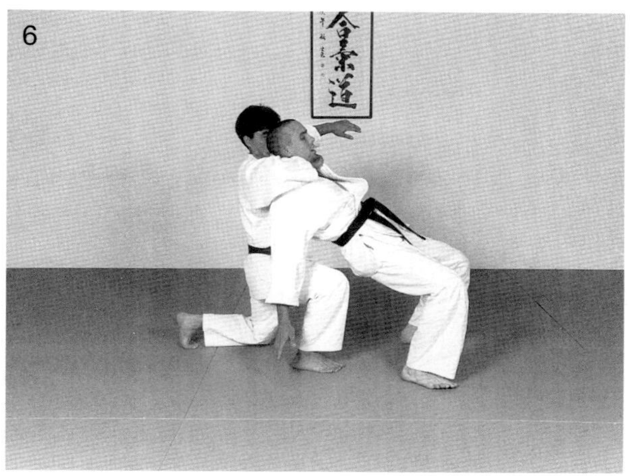
6

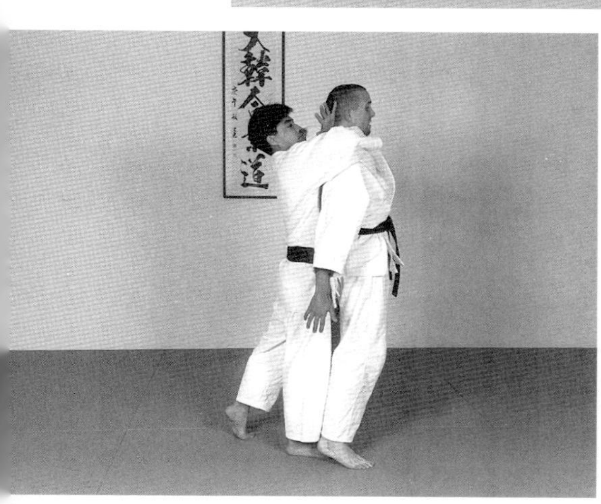

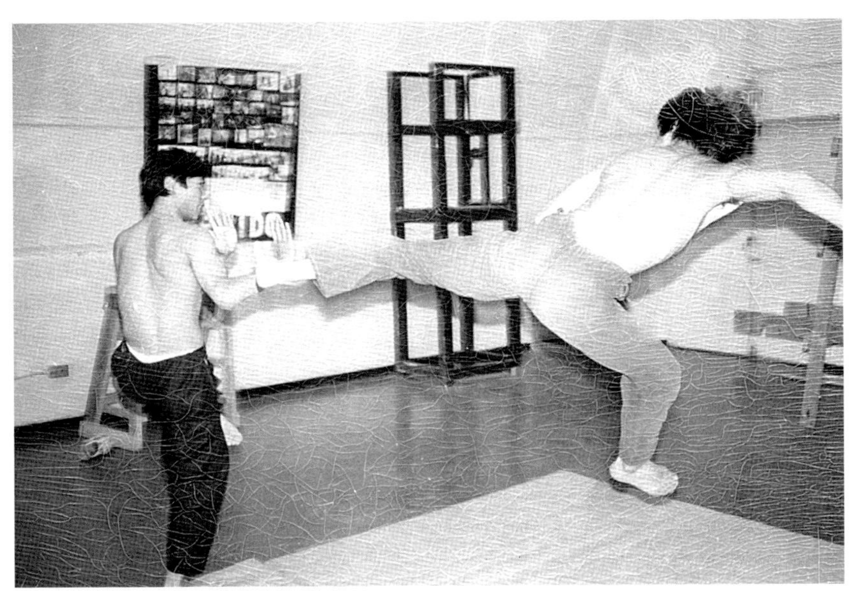

Abb. Meister Choe
bei einem über den Rücken gedrehten, gesprungenen Seittritt

SELBSTVERTEIDIGUNG GEGEN WAFFEN

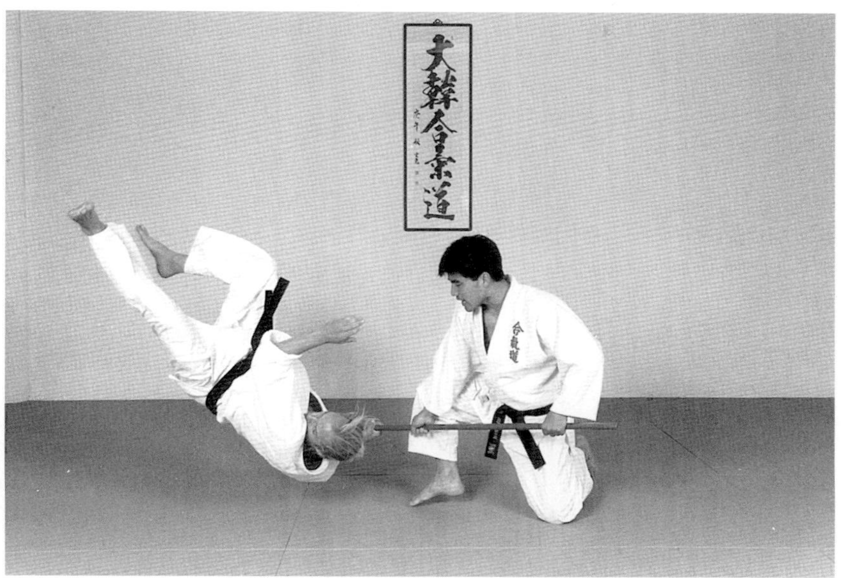

Verteidigung gegen ein Messer

1

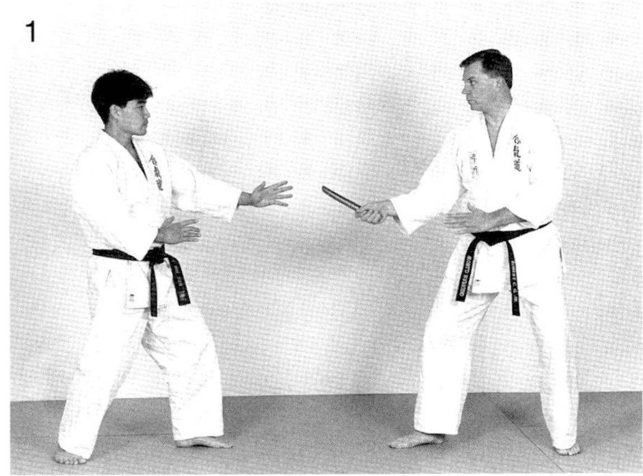

1. Der Angreifer hält ein Messer in der rechten Hand. Ihr steht euch beide in einer offenen Stellung gegenüber. Dein rechtes Bein befindet sich hinten. Bei dem Angreifer befindet sich das linke Bein hinten. **Hei-Jun**

2. Der Angreifer geht mit dem rechten Bein und dem Messer auf dich los. Geh mit dem linken Fuß zurück und lenk seinen Angriff mit einem Scherengriff nach unten ab.

3. Geh mit dem linken Fuß nach vorn sowie seitlich nach rechts und führ das Messer vor dir nach oben.

4. Dreh dich im Uhrzeigersinn auf beiden Füßen und führe das Messer direkt über deinen Kopf. Setz die Bewegung über die rechte Schulter des Angreifers zum Boden hin fort.

2

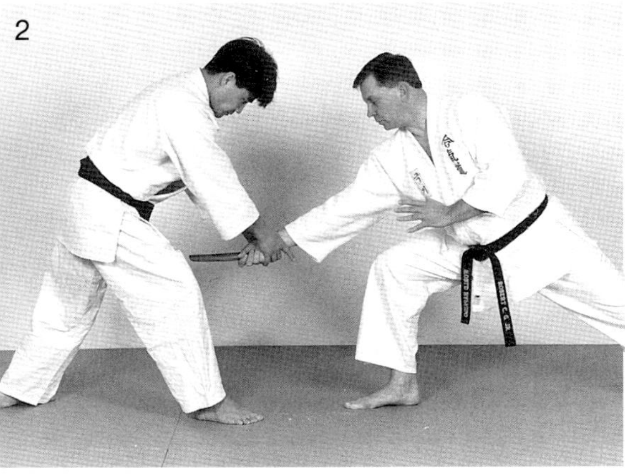

3

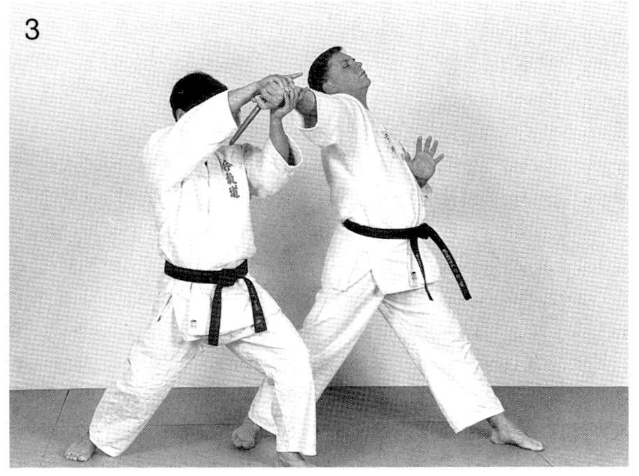

4

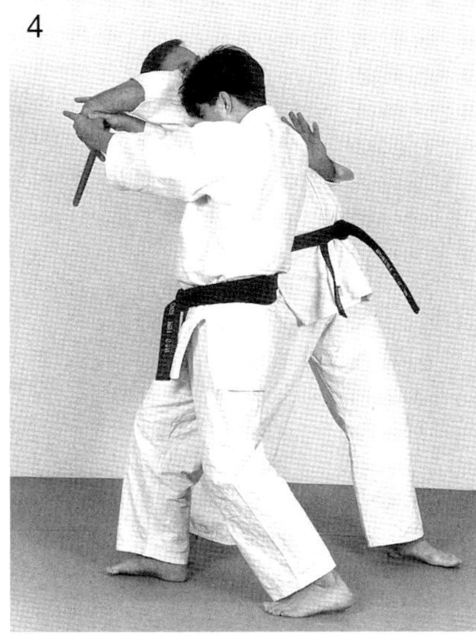

Verteidigung gegen ein Schwert

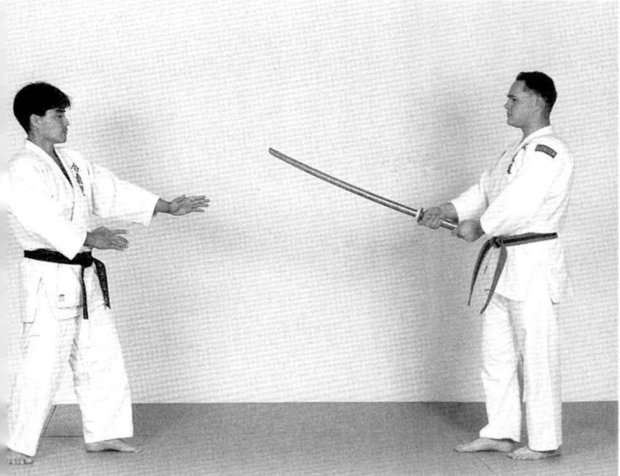

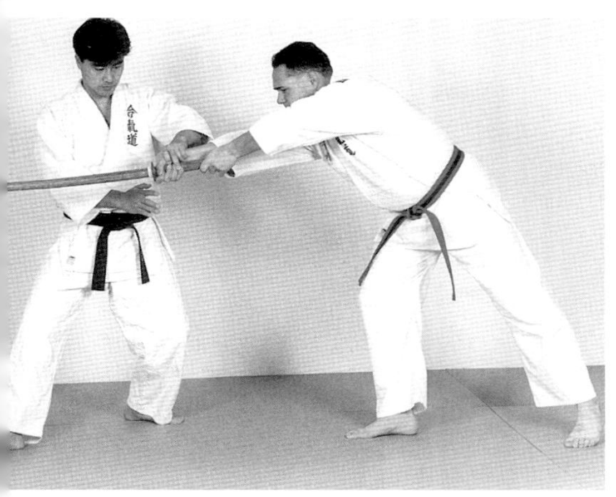

1. Der Angreifer hat ein Schwert. Sein rechtes Bein ist vorangesetzt. Dein rechtes Bein ist zurückgesetzt. **Boo-Chae**
2. Der Angreifer führt einen nach unten gerichteten Schlag aus, während er mit dem rechten Bein nach vorn geht. Verlagere dein Gewicht auf das linke Bein und bewege dich aus dem Bereich des Schlags heraus. Achte darauf, dass du dem Hieb ausweichst, während du die rechte Hand des Gegners mit deiner linken Hand parierst.
3. Setze einen Scherengriff an der rechten Hand des Angreifers an. Wende deinen Körper nach links und biege das Handgelenk des Angreifers um.
4. Setze diese Bewegung fort, indem du mit deinem rechten Fuß einen Schritt in die gleiche Richtung machst. Zieh die Bewegung durch, bis sich der Angreifer am Boden befindet.

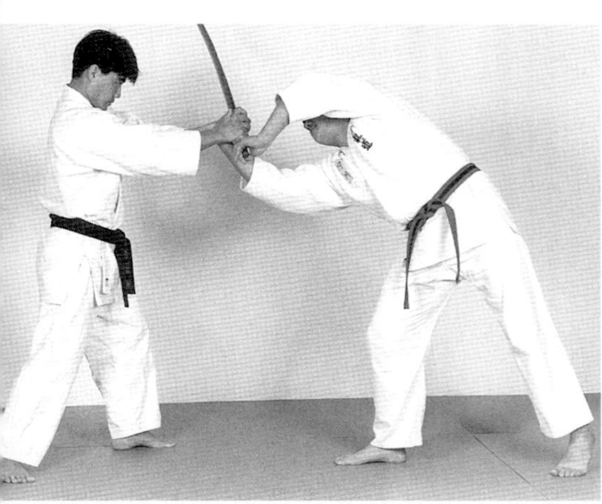

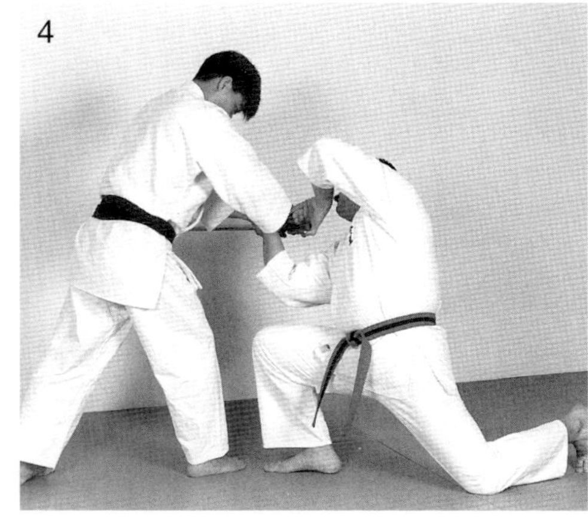

4

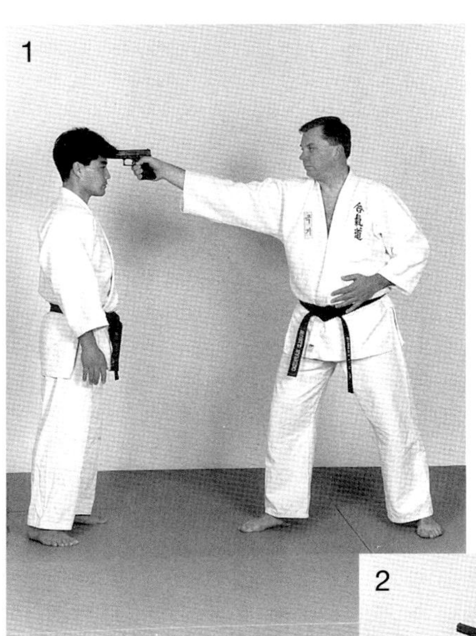

Verteidigung gegen eine Pistole

1. Der Angreifer hält eine Pistole gegen deine Stirn. Die Waffe befindet sich in seiner rechten Hand. **Hei-Jun**

2. Geh mit dem rechten Fuß nach vorn sowie seitlich nach rechts. Gleichzeitig ergreifst du das rechte Handgelenk des Angreifers mit der linken Hand. Versetz dem Gegner mit der rechten Hand auf der rechten Seite einen Faustschlag in die Rippen.

2

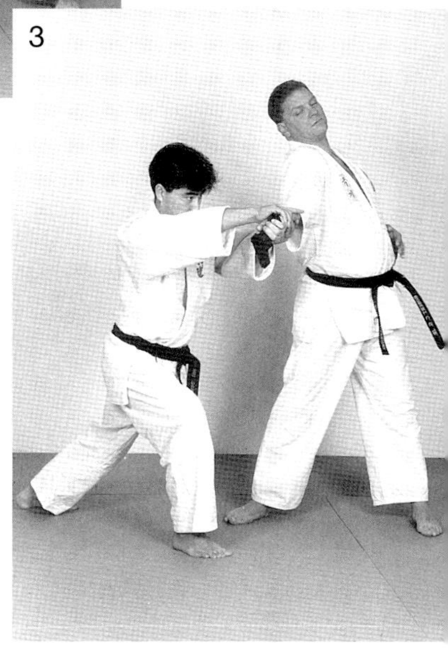

3. Mit einer kreisenden Bewegung schwingst du seine Hand in tiefer Position vor deinen Körper und führst sie anschließend bis auf Höhe deiner Augen nach oben. Setze einen Scherengriff an der rechten Hand des Angreifers an.
4. Geh mit dem linken Fuß voran und setze die kreisende Bewegung hoch oben fort.
5. Dreh dich im Uhrzeigersinn auf beiden Füßen und führe die Pistole zunächst über deinen Kopf und dann über die Schulter des Angreifers hinweg bis hinunter auf den Boden.

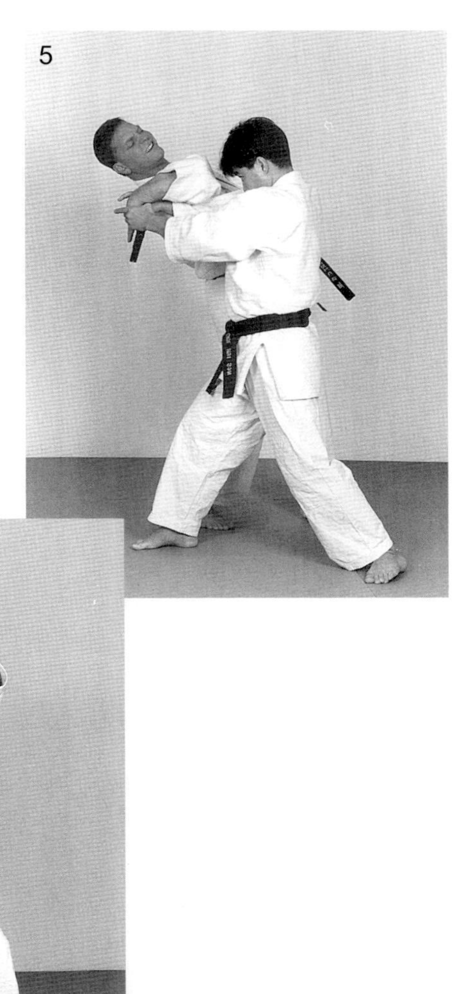
5

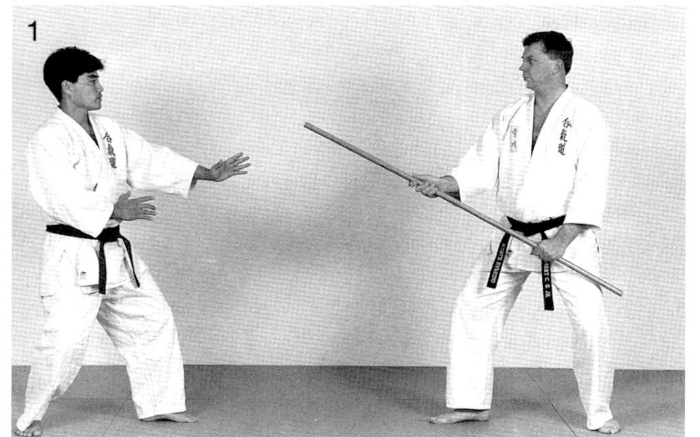

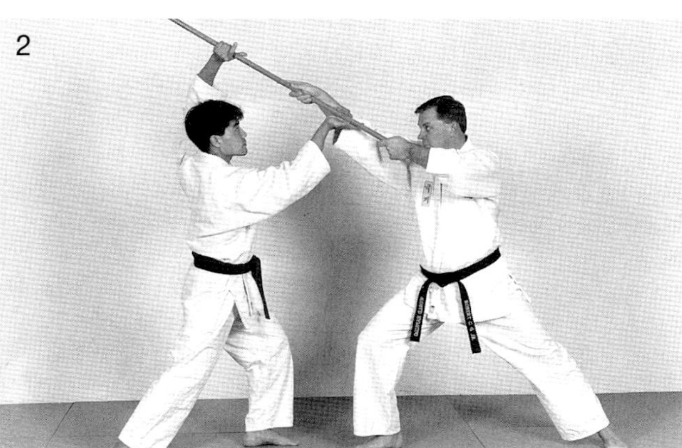

Verteidigung gegen einen Langstock

Technik 1

1. Der Angreifer hat einen langen Stock in seinen Händen. Ihr steht beide in einer offenen Stellung. Dein rechtes Bein befindet sich hinten. Beim Angreifer befindet sich das linke Bein hinten. **Dun-Ji-Gi**
2. Der Angreifer geht mit dem rechten Bein voran und führt von oben herab einen Schlag gegen dich aus. Geh mit dem linken Fuß nach vorn. Packe den Stock

3

mit der rechten Hand an einer Stelle zwischen seinen beiden Händen. Mit deiner linken Hand ergreifst du ihn unmittelbar über deinem Kopf. Die Daumen deiner beiden Hände weisen in Richtung des Angreifers.

3. Geh mit dem rechten Fuß hinter den Angreifer. Dreh den Stock im Uhrzeigersinn, so dass sich deine linke Hand hoch vor dir befindet. Deine rechte Hand ist neben deiner rechten Schläfe.

4. Stell dir vor, genauso wie dein Gegner von oben herab zu schlagen, jedoch in die Richtung, der du nun zugewandt bist. Dadurch werden die Hände des Angreifers hinter seinen Kopf gerissen und er verliert das Gleichgewicht.

5

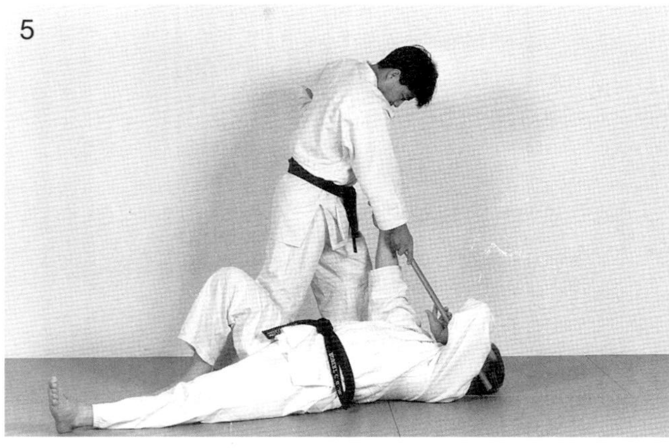

4

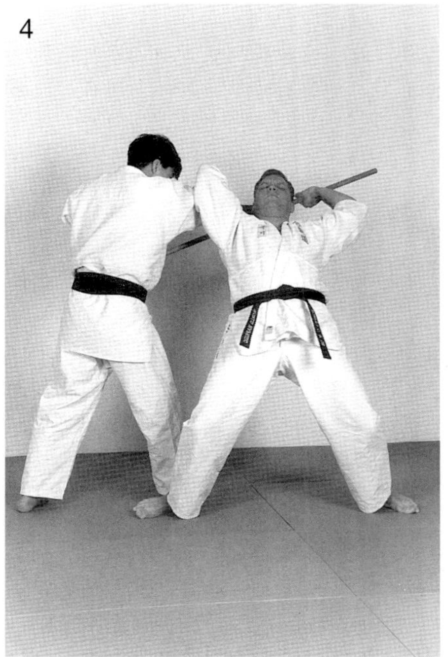

5. Sobald sich der Angreifer am Boden befindet, gehst du mit dem linken Fuß nach vorn und schlägst zu.

1

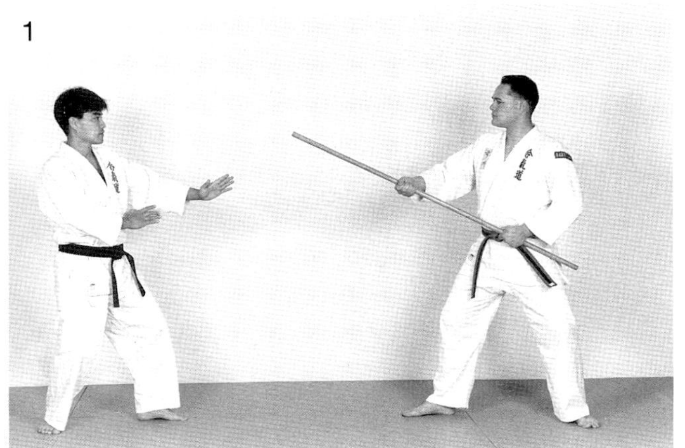

2

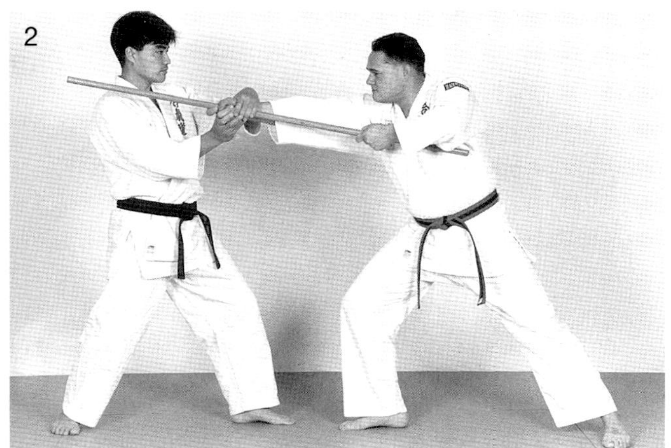

Verteidigung gegen einen Langstock

Technik 2

1. Der Angreifer hat einen langen Stock in seinen Händen. Ihr steht beide in einer offenen Stellung. Dein rechtes Bein befindet sich hinten. Beim Angreifer befindet sich das linke Bein hinten. **Pal-Kum-Chi und Boo-Chae**
2. Der Angreifer stürmt auf dich zu. Verlagere dein Gewicht auf das linke Bein und bring dich aus der Angriffslinie heraus. Weiche der Attacke aus, indem du die rechte Hand des Gegners mit deiner linken Hand parierst. Setze einen Scherengriff an der rechten Hand des Angreifers an.

3

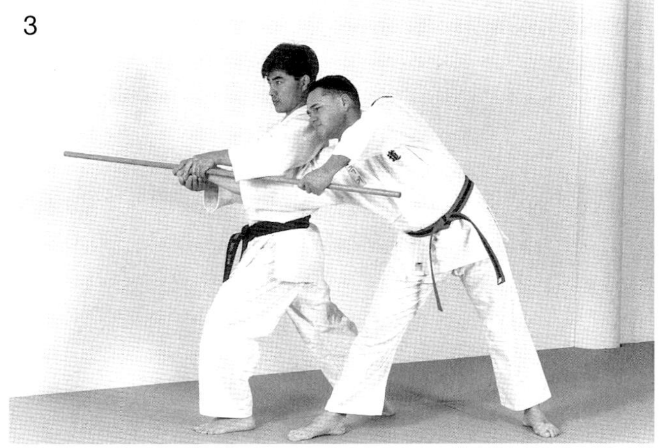

3. Versetze den rechten Fuß im Uhrzeigersinn, so dass du der gleichen Richtung zugewandt stehst wie der Angreifer.
4. Dreh deinen Körper um 180° und zieh dabei an seinem Arm.
5. Während du den linken Fuß zurücksetzt, führst du eine Körperdrehung aus und drückst seine Hand auf den Boden herab.

5

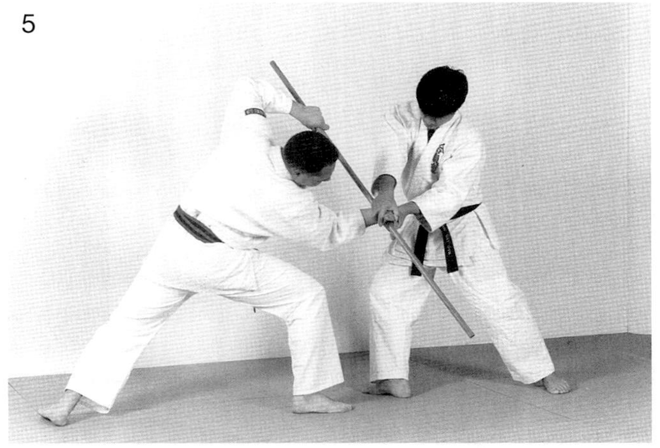

4

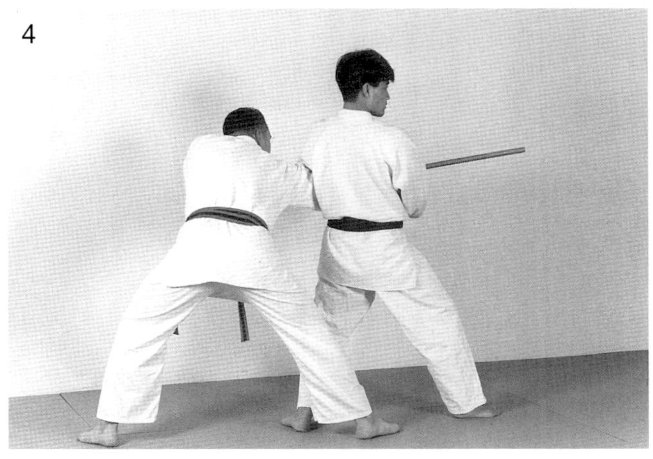

1

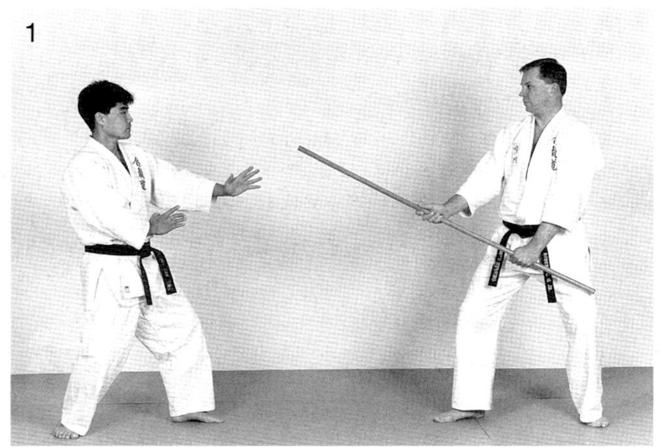

2

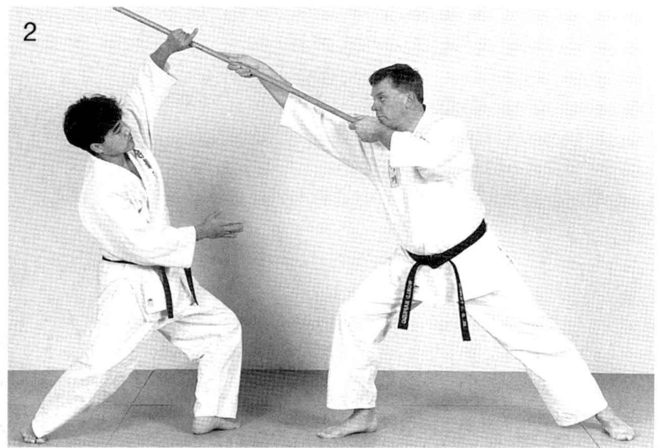

3

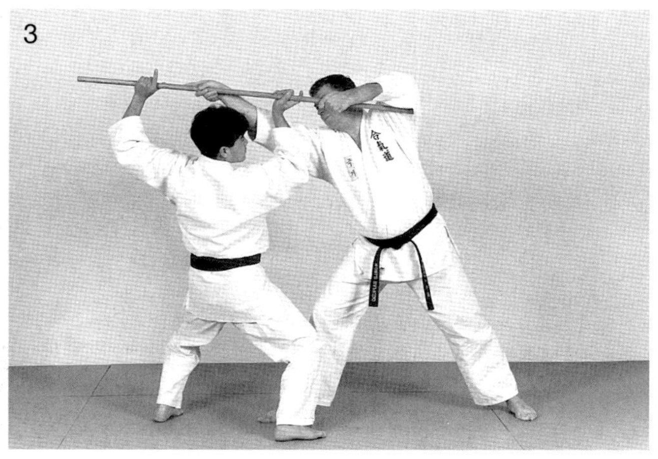

Verteidigung gegen einen Langstock

Technik 3

1. Der Angreifer hat einen langen Stock in seinen Händen. Ihr steht beide in einer offenen Stellung. Dein rechtes Bein befindet sich hinten. Beim Angreifer befindet sich das linke Bein hinten. **Dun-Ji-Gi**

2. Der Angreifer geht mit dem rechten Bein voran und führt von oben herab einen Schlag gegen dich aus. Geh mit dem linken Fuß nach vorn. Ergreife den Stock mit der linken Hand direkt über deinem Kopf. Mit deiner linken Hand ergreifst du ihn unmittelbar über deinem Kopf. Der Daumen der zupackenden Hand weist in Richtung des Angreifers.

3. Packe den Stock mit der linken Hand an einer Stelle zwischen seinen beiden Händen. Zieh den Angreifer nach vorn und bringe den Stock dabei über deinen Kopf.
4. Versetze den linken Fuß entgegen dem Uhrzeigersinn, so dass du der gleichen Richtung zugewandt stehst wie der Angreifer. Dreh den Stock mit einer kreisenden Bewegung weiter.
5. Zieh die Bewegung bis zum Boden hin durch. Sie endet damit, dass der Stock den Kopf des Angreifers trifft.

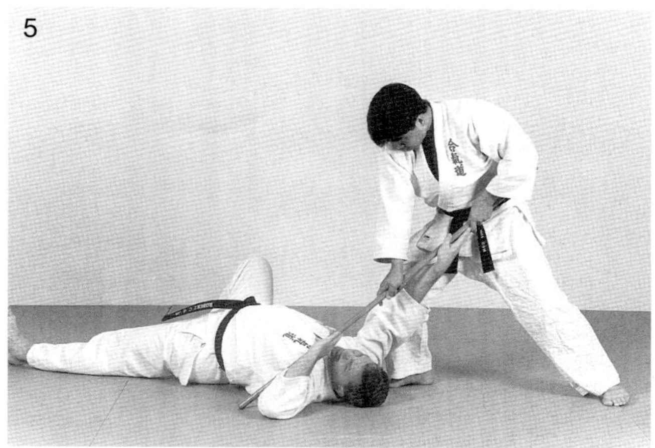

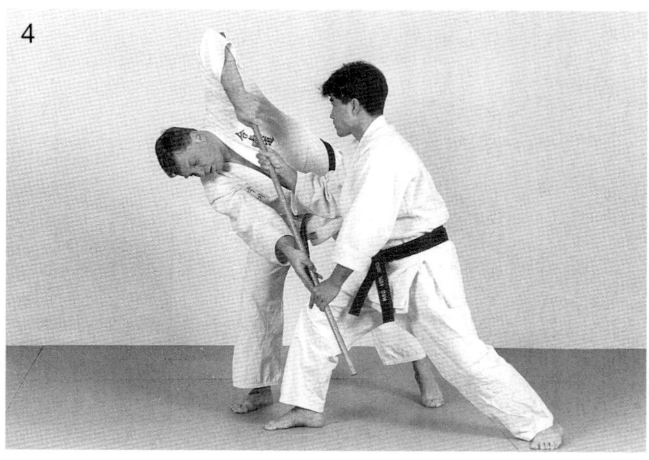

Verteidigung gegen einen Langstock

1
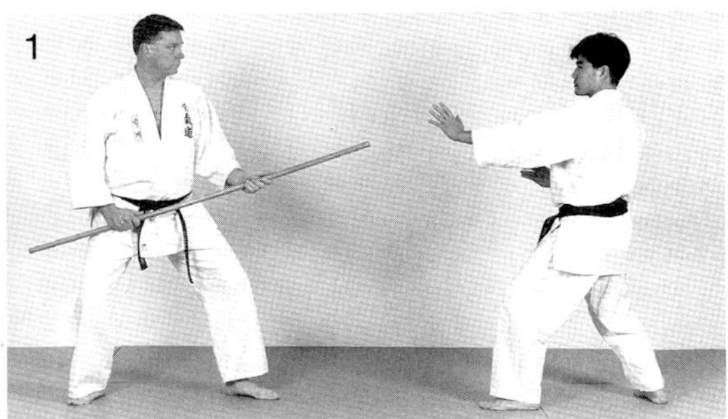

Technik 4

1. Der Angreifer hat einen langen Stock in seinen Händen. Bei euch beiden befindet sich das jeweils rechte Bein hinten. **Pal-Kum-Chi**

2. Der Angreifer stürmt auf dich zu und setzt dabei den linken Fuß nach vorn. Geh mit dem linken Fuß zurück und packe dabei das Ende des Stocks mit der linken Hand.

3. Zieh den Angreifer auf dich zu, während du den Stock mit der rechten Hand hinter seinem linken Ellenbogen ergreifst.

4. Dreh dich auf dem rechten Fuß gegen den Uhrzeigersinn und zieh das Stockende mit. Drücke deinen rechten Arm gegen den Ellenbogen des Angreifers.

5. Setze den Druck gegen den Ellenbogen des Angreifers fort, indem du dein ganzes Körpergewicht hinter den Druck deines rechten Arms legst. Der Angreifer findet sich am Ende auf dem Boden wieder.

2
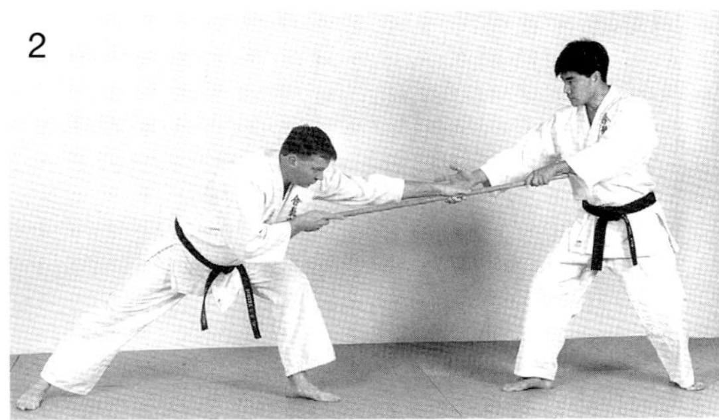

3
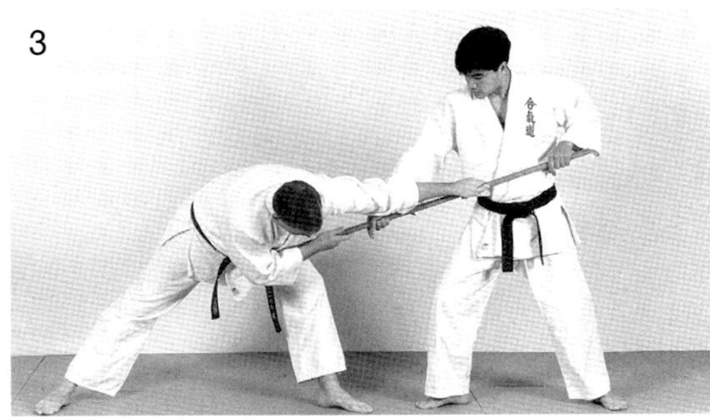

4
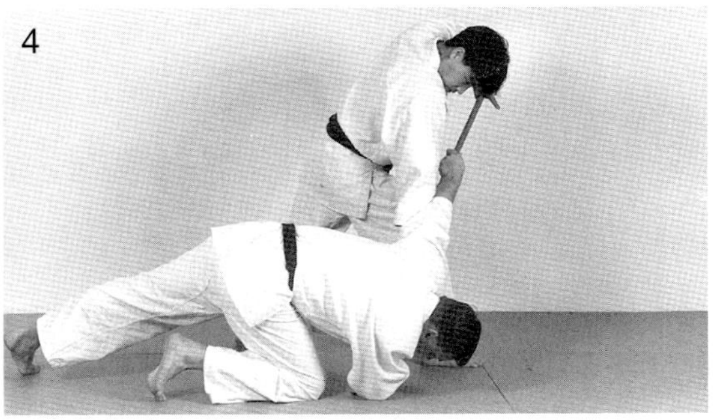

5
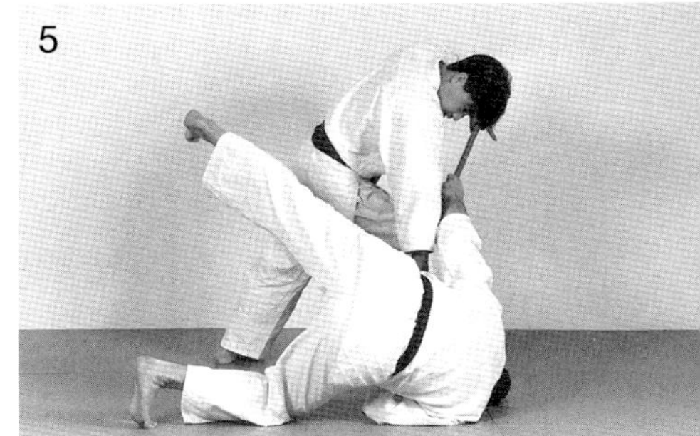

KURZSTOCKTECHNIKEN

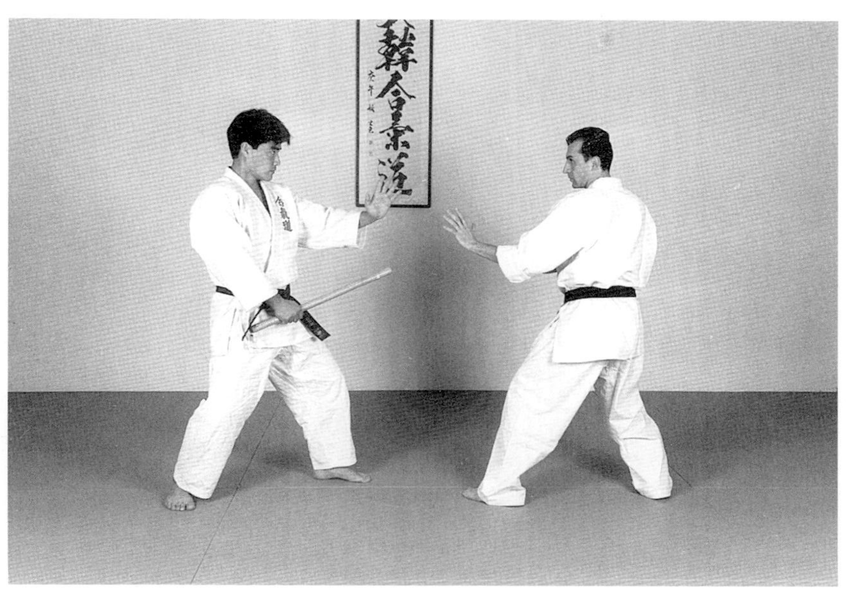

Kurzstocktechnik 1

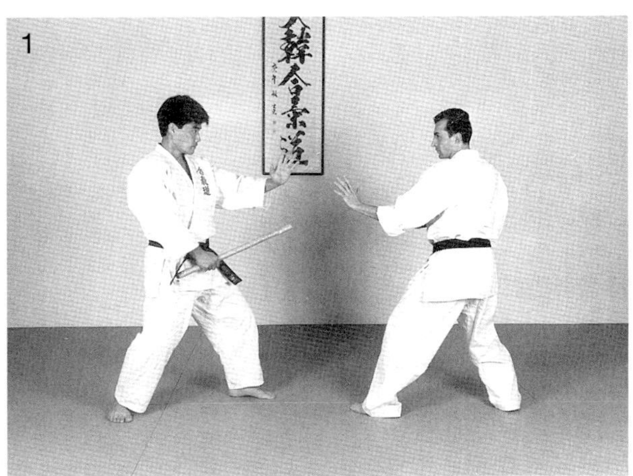
1

1. Du stehst deinem Angreifer mit einem kurzen Stock in deiner rechten Hand gegenüber.

2. Der Angreifer attackiert dich mit einem mit der rechten Hand ausgeführten Fauststoß, den du mit der geöffneten linken Hand blockst. Stoße dem Gegner den Stock in den Solar Plexus.

3. Führe den Stock zunächst unter der rechten Hand des Gegners hindurch und zieh ihn dann wieder darüber zurück. Deine aneinander liegenden Handgelenke bilden einen Kreuzgriff.

4. Ergreife den Stock (die Finger befinden sich oben) mit der linken Hand. Lege deine Handgelenke über das Handgelenk des Angreifers und zieh deine Hände vor deinen Gürtel hinunter. Der Angreifer fällt vor dir zu Boden.

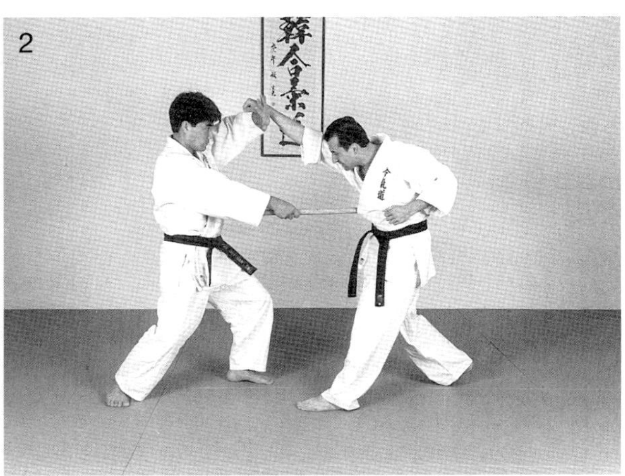
2

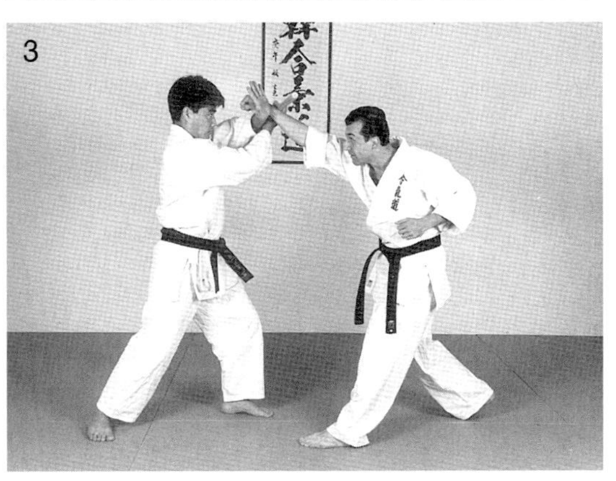
3

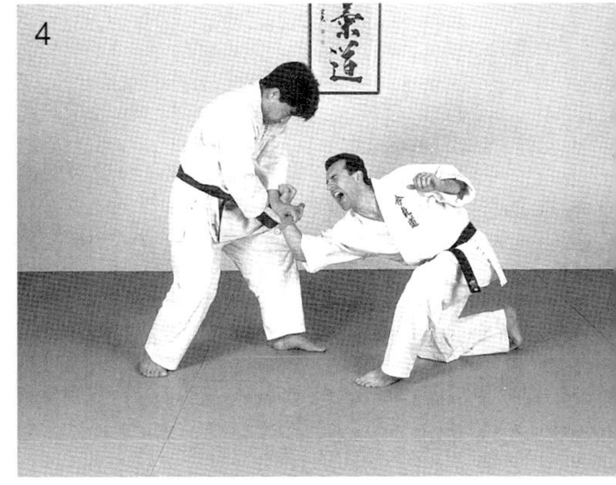
4

Kurzstocktechnik 2

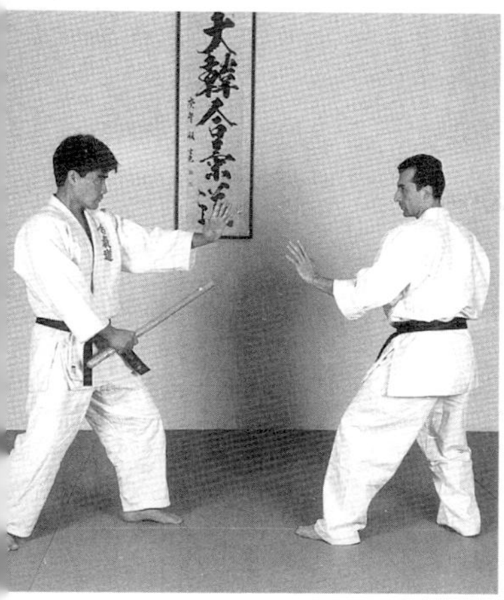

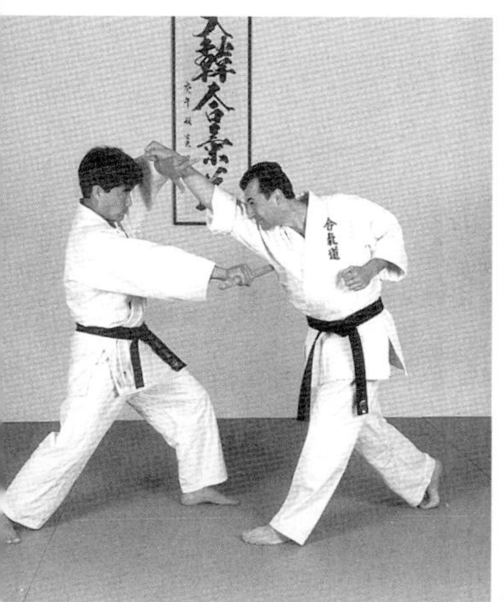

1. Du stehst deinem Angreifer mit einem kurzen Stock in deiner rechten Hand gegenüber.
2. Der Angreifer attackiert dich mit einem mit der rechten Hand ausgeführten Fauststoß, den du mit einem Kranichblock abfängst. Dein Stock wird von deinem Körper aus parallel zum Boden geführt. Triff die Rippen des Gegners, indem du den Stock von der Außenseite her kommend parallel zum Boden schwingst.
3. Führe das Ende des Stocks in einer kreisenden Bewegung über die Außenseite der rechten Schulter des Angreifers quer über seine Kehle zurück.
4. Setze die kreisende Bewegung bis zum Boden hin fort und geh dabei mit dem rechten Bein in den Gegner hinein. Liegt der Angreifer erst am Boden, drückt sich der Stock gegen seine Kehle und sein Ellenbogen wird durch den Griff deiner rechten Hand überstreckt. Dies unterstützt du, indem du seinen Arm mit deiner linken Hand gegen deinen rechten Arm ziehst. Dadurch verstärkt sich der Druck an beiden Stellen.

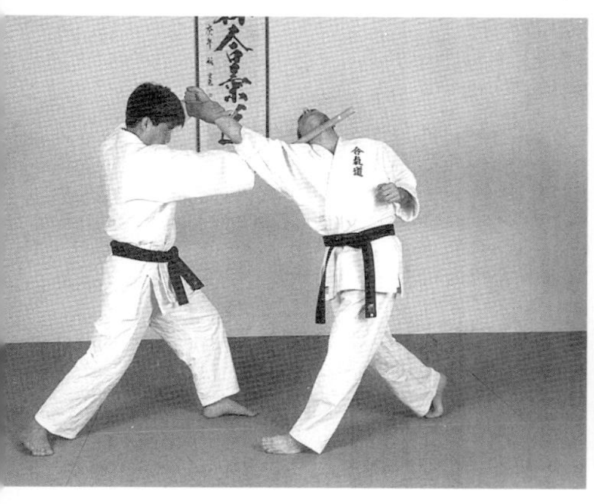

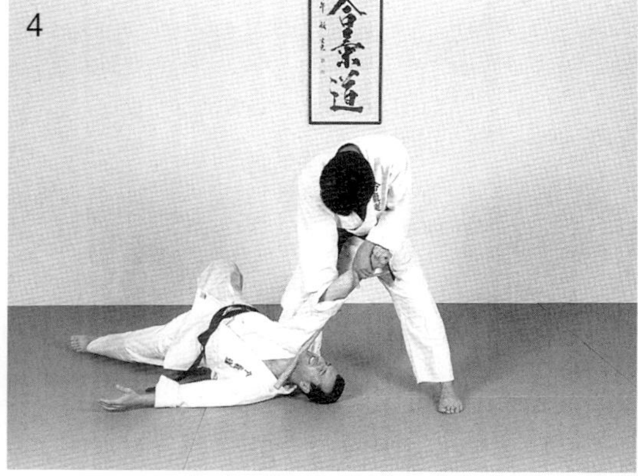

4

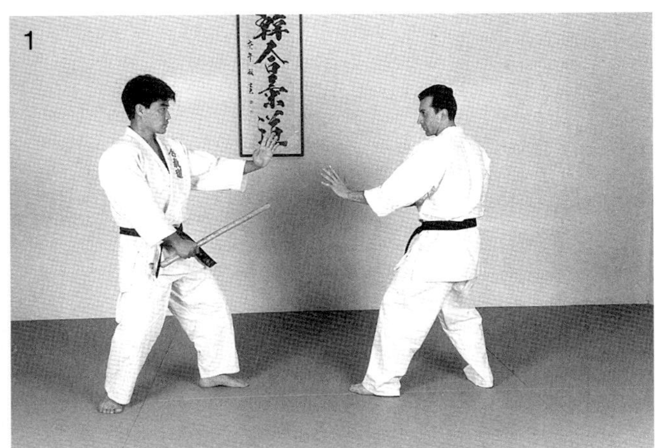

1

Kurzstocktechnik 3

1. Du stehst deinem Angreifer mit einem kurzen Stock in deiner rechten Hand gegenüber.
2. Der Angreifer attackiert dich mit einem mit der rechten Hand ausgeführten Fauststoß, den du mit einem Kranichblock abfängst. Dein Stock wird von deinem Körper aus parallel zum Boden geführt.
3. Triff die Rippen des Gegners, indem du den Stock von der Außenseite her kommend parallel zum Boden schwingst.

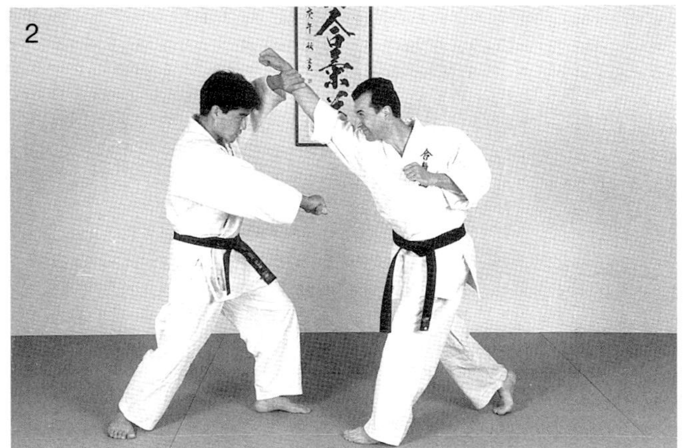

2

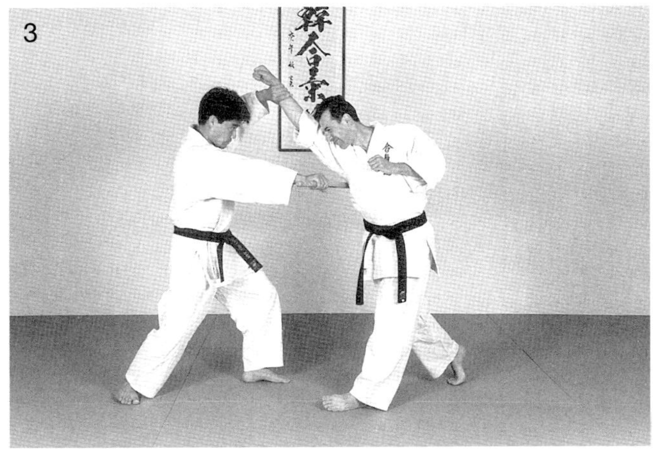

3

4. Greif den Unterleib an, indem du den Stock zwischen die Beine des Angreifers nach unten bringst und ihn dann nach oben schwingst.
5. Lass dich auf das rechte Knie herab, während du den Stock parallel zum Boden herumdrehst. Diese Drehung drückt den Stock vorn gegen das linke Bein des Angreifers und zieht ihn an seinem anderen Ende gegen die Rückseite seines rechten Oberschenkels. Der Angreifer fällt von dir weg zu Boden.

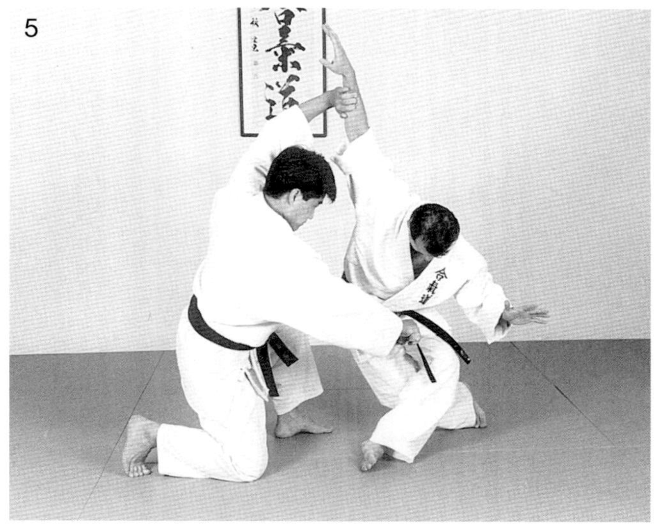
5

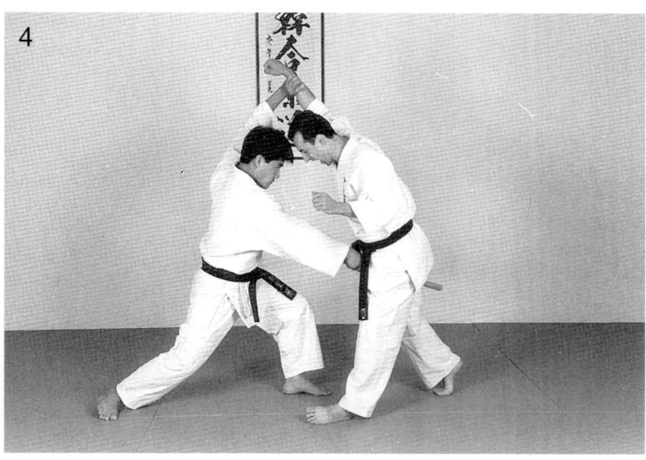
4

Kurzstocktechnik 4

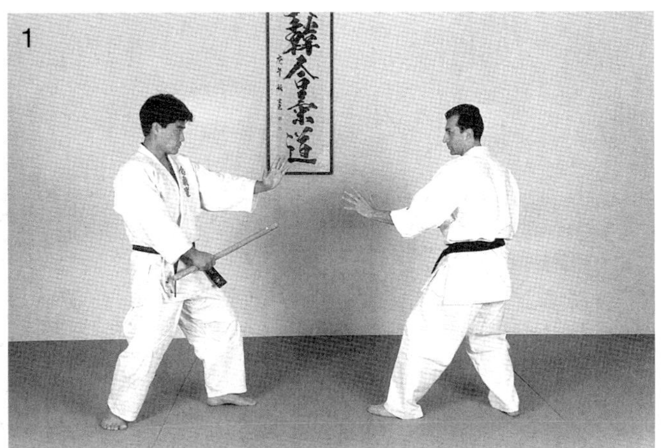

1

1. Du stehst deinem Angreifer mit einem kurzen Stock in deiner rechten Hand gegenüber.

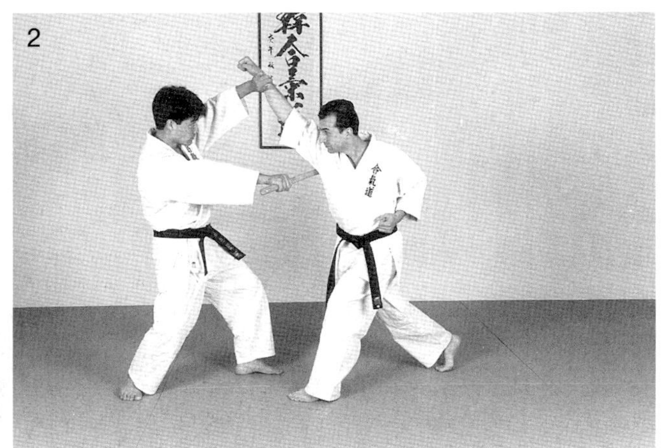

2

2. Der Angreifer attackiert dich mit einem mit der rechten Hand ausgeführten Fauststoß, den du mit einem Kranichblock abfängst. Dein Stock wird von deinem Körper aus parallel zum Boden geführt. Triff die Rippen des Gegners, indem du den Stock von der Außenseite her kommend parallel zum Boden schwingst.

3. Geh mit dem rechten Bein seitlich nach vorn und bringe die rechte Hand des Angreifers mit einer kreisenden Bewegung nach unten sowie vor deinen Körper. Setz deinen Stock unter dem rechten Arm des Gegners an.

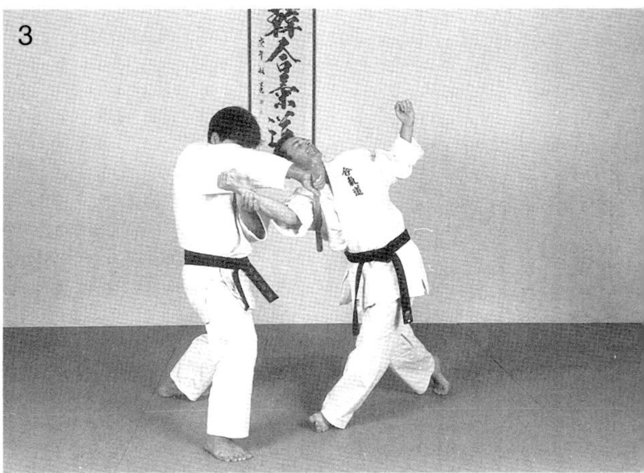

3

4. Gehe mit dem linken Fuß nach vorn und dreh dich auf beiden Füßen im Uhrzeigersinn. Setze die kreisende Bewegung fort, indem du die rechte Hand des Angreifers direkt über deinen Kopf bringst und dich auf dein linkes Knie herablässt. Den Stock benutzt du, um während der Bewegung einen Hebel am Arm des Angreifers anzusetzen.

5. Indem du die Aktion auf die gleiche Art weiterführst, bringst du den Angreifer vor dir zu Boden.

6. Sobald er sich am Boden befindet, schiebst du den Stock unter seinem Arm quer über seinen Hals. Mit deinem linken Arm ziehst du den Arm des Gegners gegen den Stock und verstärkst damit den Druck gegen seine Kehle.

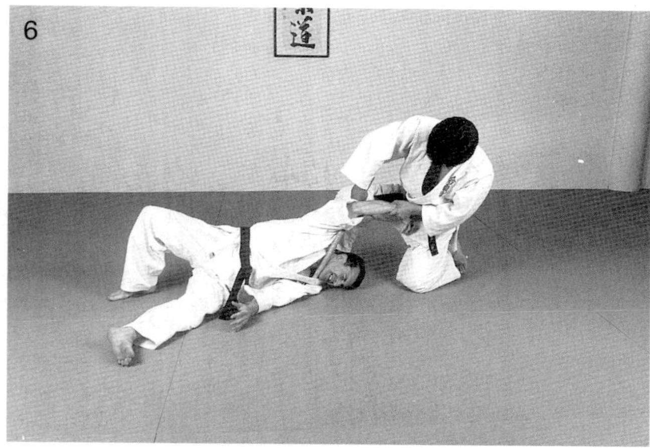
6

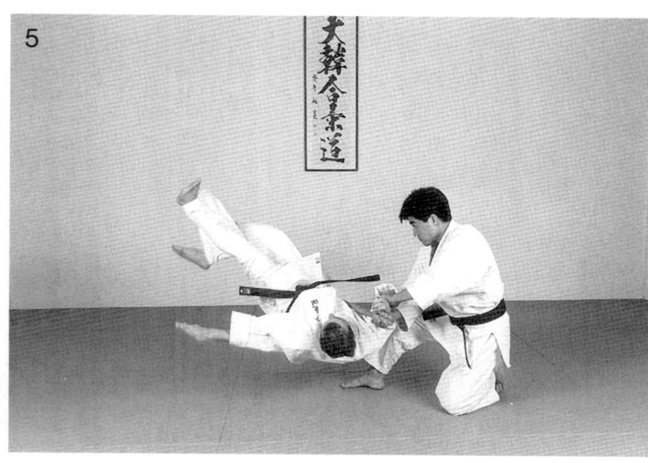
5

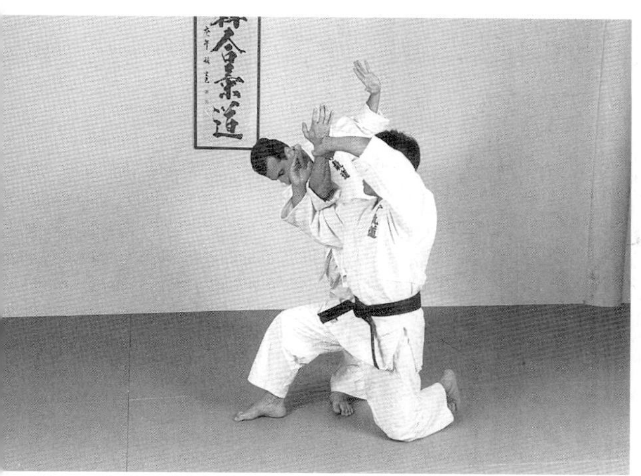

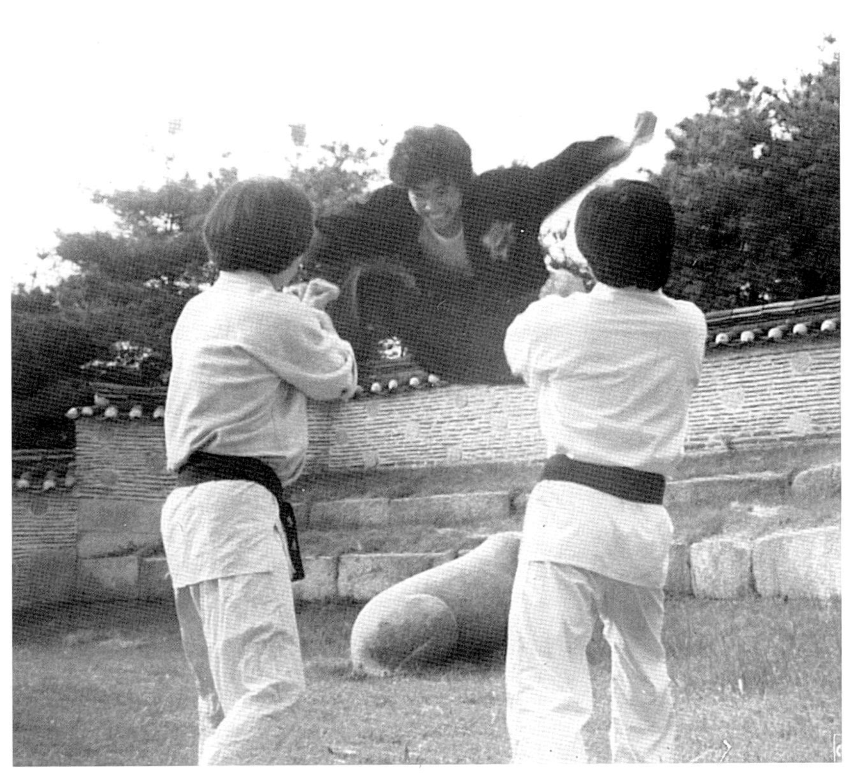

Abb. Gesprungener Doppeltritt

SELBSTVERTEIDIGUNG GEGEN ZWEI ANGREIFER

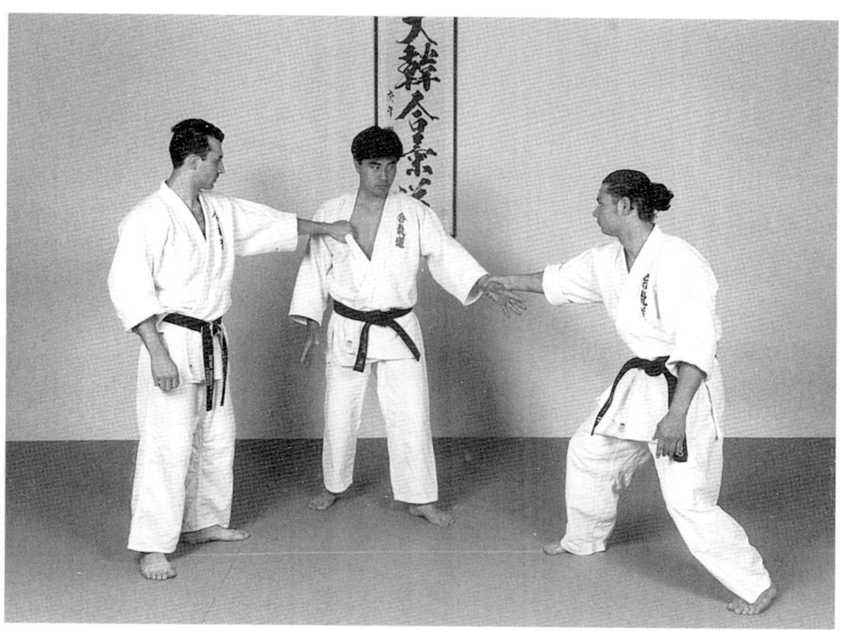

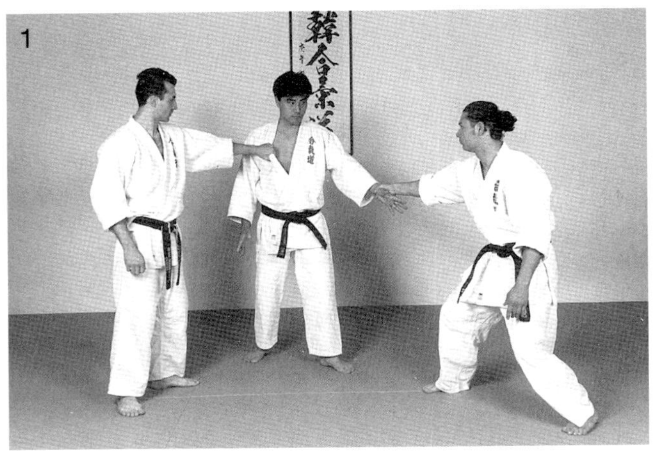

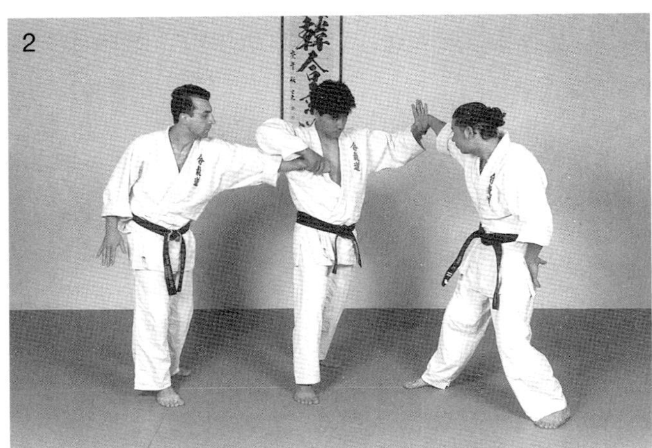

Technik 1

1. Angreifer 1 packt mit seiner linken Hand (die Finger befinden sich oben) deine rechte Reversseite. Angreifer 2 ergreift mit seiner rechten Hand (mit oben liegendem Daumen) dein linkes Handgelenk.

2. Geh mit dem rechten Fuß nach vorn. Ergreife das linke Handgelenk von Angreifer 1 mit deiner rechten Hand (mit oben liegendem Daumen). Führe eine von innen nach außen verlaufende kreisende Bewegung mit deiner linken Hand aus (die Finger befinden sich oben), um das rechte Handgelenk von Angreifer 2 zu packen.

3. Bring deinen Ellenbogen über den linken Arm von Angreifer 1. Lehn dich auf seinen Ellenbogen herab. Hebe sein linkes Handgelenk steil nach oben, um es seitlich in Richtung seines kleinen Fingers zu biegen.

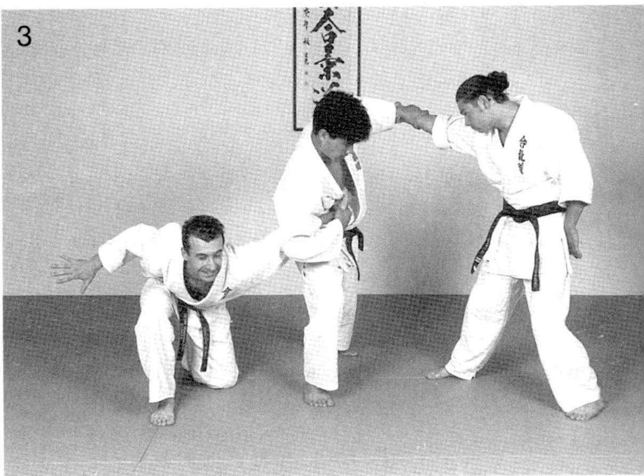

4. Geh mit dem linken Fuß dazwischen, während du das rechte Handgelenk von Angreifer 2 mit einer kreisenden Bewegung nach vorn schwingst.
5. Dreh dich im Uhrzeigersinn und bringe dabei die Hand von Angreifer 2 über deinen Kopf. Den Griff, mit dem du Angreifer 1 hältst, behältst du während der gesamten Aktion bei. Mit deiner linken Hand biegst du das Handgelenk von Angreifer 2 über seine Schulter nach hinten.
6. Beide Angreifer befinden sich nun am Boden, während du den mit beiden Griffen ausgeübten Druck aufrechterhalten kannst.

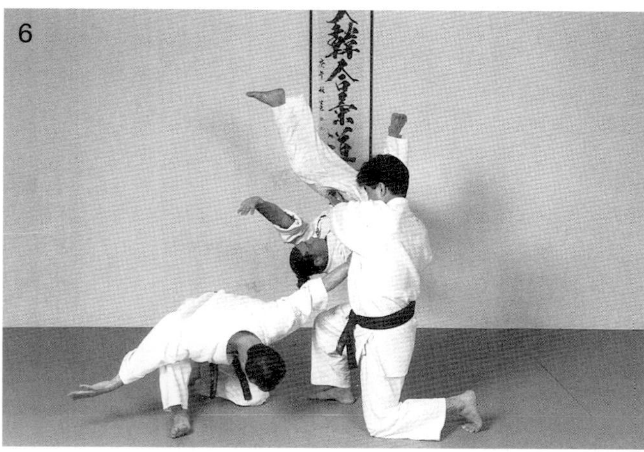
6

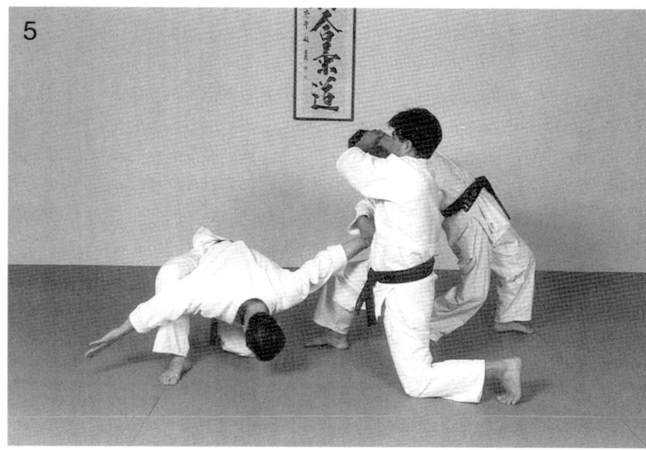
5

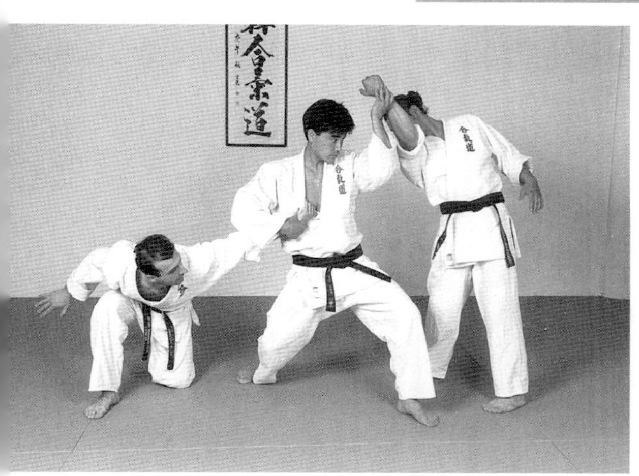

Technik 2

1. Angreifer 1 ergreift mit seiner rechten Hand dein rechtes Handgelenk. Angreifer 2 ergreift dein linkes Handgelenk mit seiner linken Hand.

2. Dreh deine rechte Hand mit einer kreisenden Bewegung von innen nach außen, um (mit oben liegenden Fingern) das rechte Handgelenk von Angreifer 1 zu packen. Mit der gleichen Bewegung ergreifst du das linke Handgelenk von Angreifer 2. Beide Aktionen werden gleichzeitig ausgeführt. Achte darauf, dass du den linken Ellenbogen von Angreifer 2 beugst, indem du einen von oben nach unten gerichteten Druck auf sein Handgelenk ausübst. Führ einen Seittritt mit dem rechten Bein gegen die Körpermitte von Angreifer 1 aus.

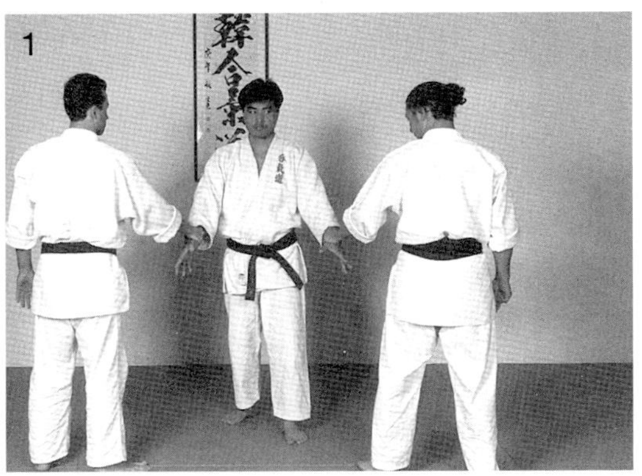

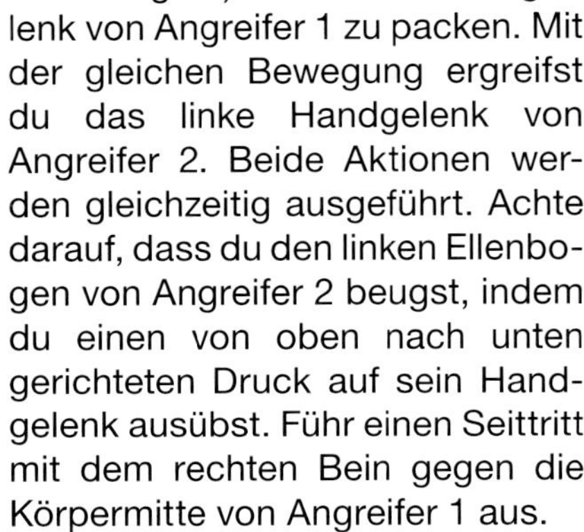

3. Dreh dich auf dem linken Bein gegen den Uhrzeigersinn, um deinen rechten Fuß hinter dem linken Arm von Angreifer 2 abzusetzen. Streck seinen Arm und übe mit deiner rechten Hand einen gerade verlaufenden Druck gegen seinen Ellenbogen aus.

4. Sobald er sich am Boden befindet, hältst du den Gegner dort mit dem rechten Knie fest und setzt den Druck auf seinen Ellenbogen fort.

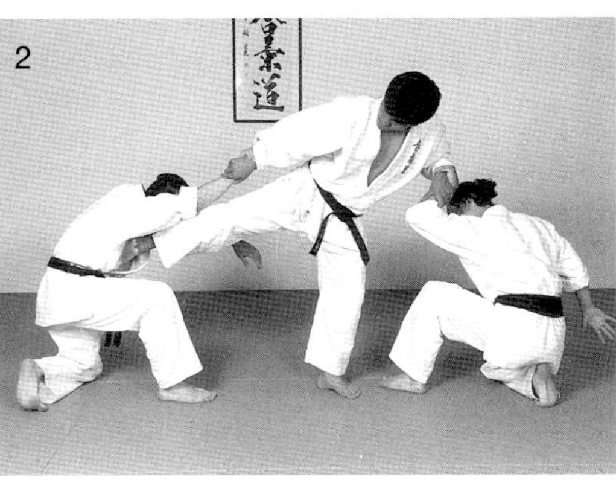

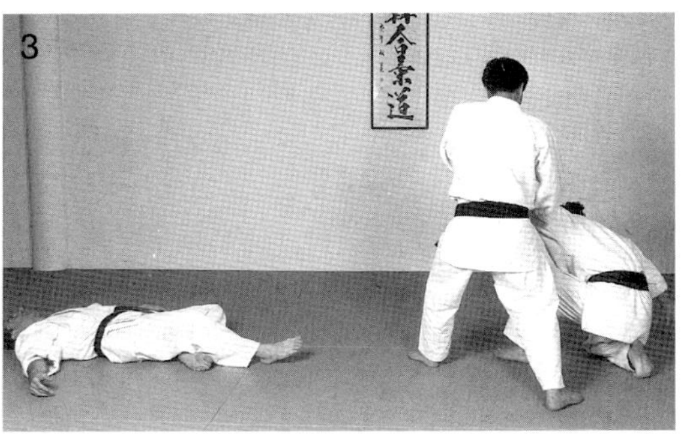

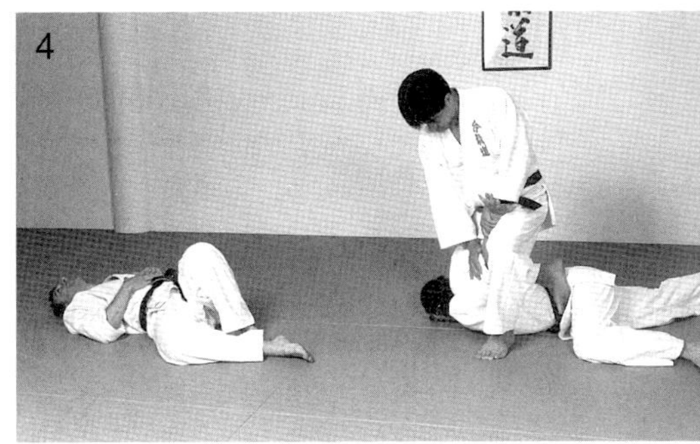

Technik 3

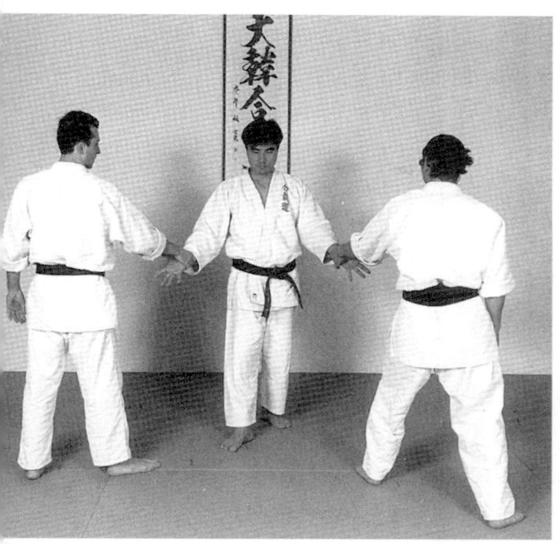

1. Angreifer 1 ergreift mit seiner rechten Hand dein rechtes Handgelenk. Angreifer 2 ergreift mit seiner linken Hand dein linkes Handgelenk.
2. Mach einen großen Schritt mit dem linken Fuß. Stoß deine Arme nach vorn, beug sie und führ sie hoch. Deine Finger sind steil nach oben gerichtet. Deine Hände befinden sich zwischen den Griffen deiner Gegner.
3. Drück mit deinen Händen leicht nach außen gegen die Handgelenke der Angreifer. Damit biegst du die Handgelenke in den für diese Technik erforderlichen Winkel. Pack (mit oben liegenden Fingern) die Handgelenke der Angreifer.
4. Übe einen geradlinig nach unten verlaufenden Druck aus, um die Handgelenke der Angreifer auf schmerzhafte Weise zur Seite zu biegen.

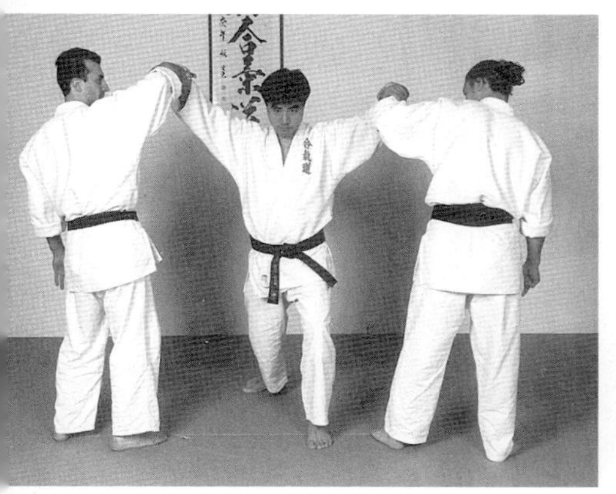

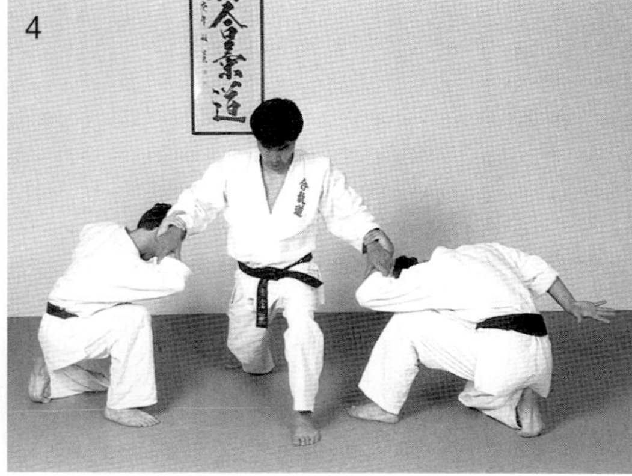

4

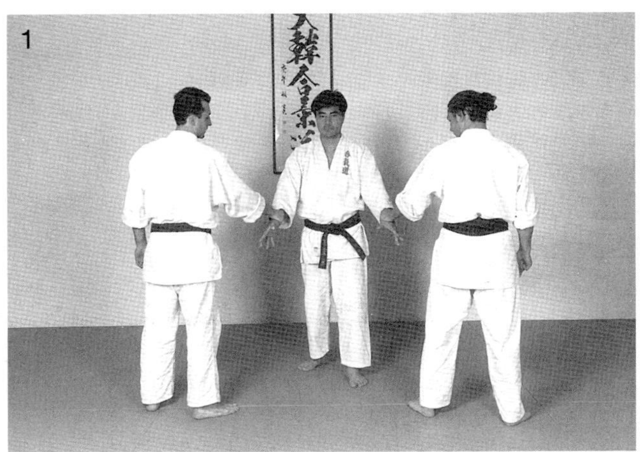

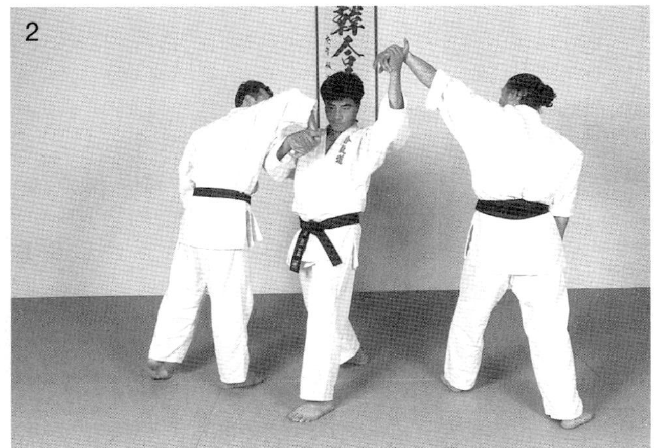

Technik 4

1. Angreifer 1 ergreift mit seiner rechten Hand dein rechtes Handgelenk. Angreifer 2 ergreift mit seiner linken Hand dein linkes Handgelenk.

2. Geh mit dem linken Bein nach vorn. Dreh deine Daumen nach außen, bis deine Handflächen den Handflächen der Angreifer zugewandt sind. Packe die Hand von Angreifer 1. Dreh deine rechte Hand gegen den Uhrzeigersinn während du die Hand von Angreifer 1 unter dessen rechten Ellenbogen hebst. Hebe die Hand von Angreifer 2 hoch nach oben. Verstärke die Beugung seines Handgelenks beim Hebevorgang.

3. Dreh dich im Uhrzeigersinn auf dem linken Fuß, während du mit dem rechten vorangehst. Der Arm von Angreifer 2 kreuzt nun den Arm von Angreifer 1. Fahre damit fort, den Arm von Angreifer 2 gegen den Uhrzeigersinn und den Arm von Angreifer 1 im Uhrzeigersinn zu drehen.

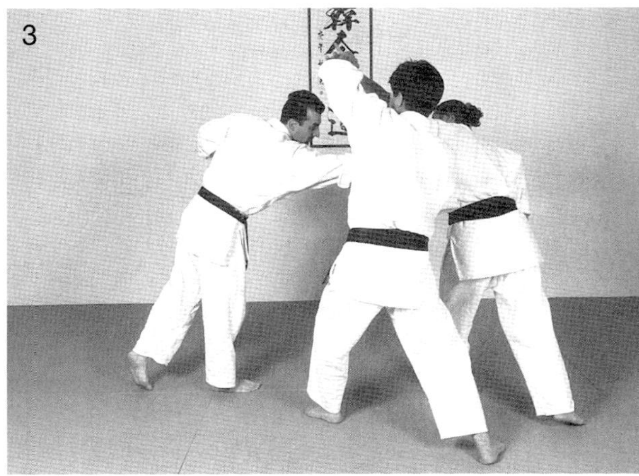

4. Bringe die Ellenbogen beider Angreifer zusammen. Beuge den Arm von Angreifer 1 nach oben und den von Angreifer 2 nach unten.
5. Dreh beide Arme gegen den Uhrzeigersinn.
6. Dadurch wird die Schulter von Angreifer 1 nach hinten gebogen, wodurch er zu Fall kommt. Außerdem wird der Arm von Angreifer 2 durch diese Bewegung hinter seinen Rücken gedreht, was dazu führt, dass er auf Angreifer 1 fällt.

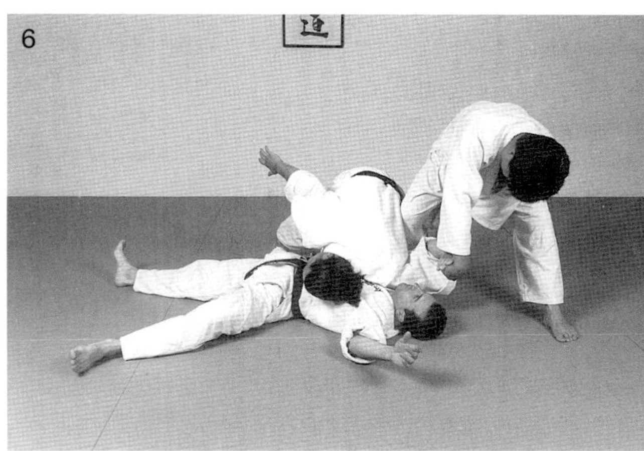

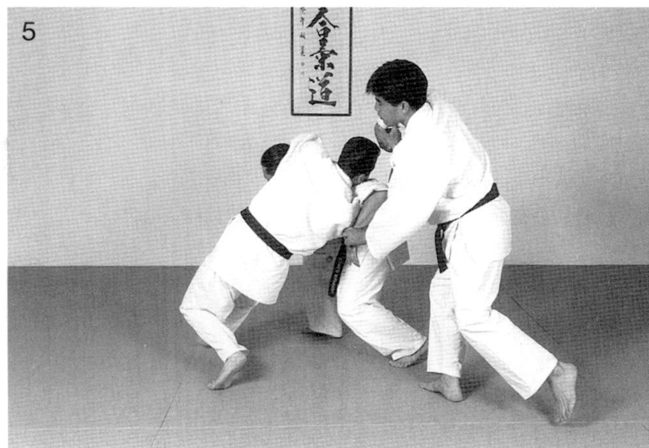

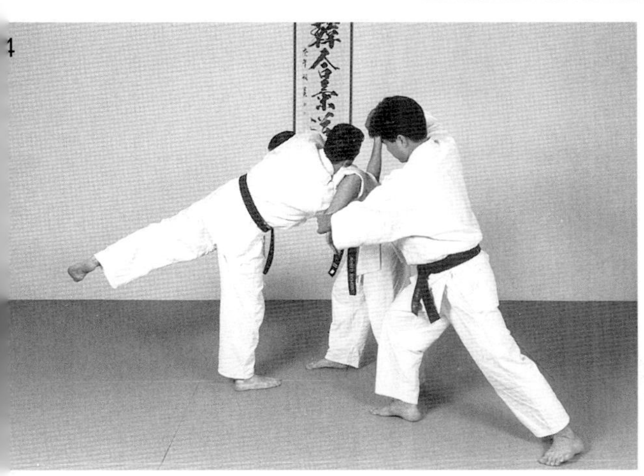

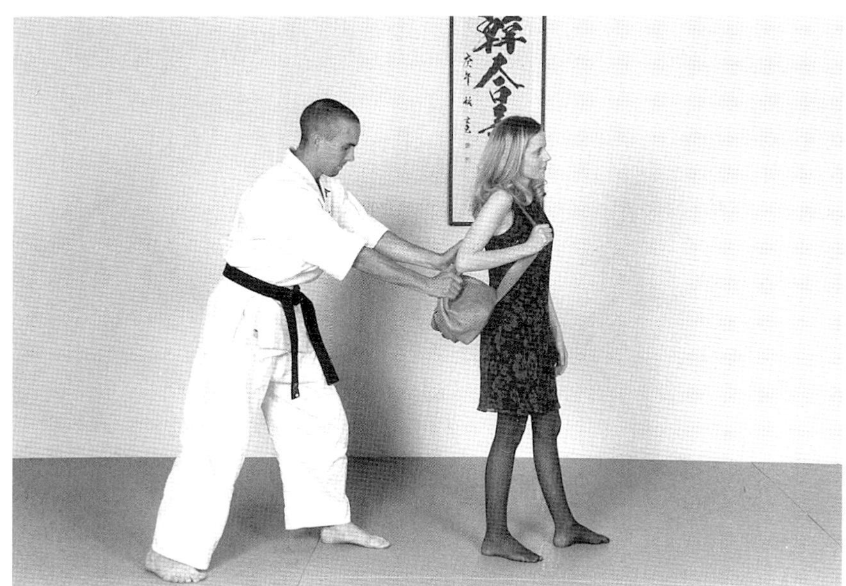

Technik 1

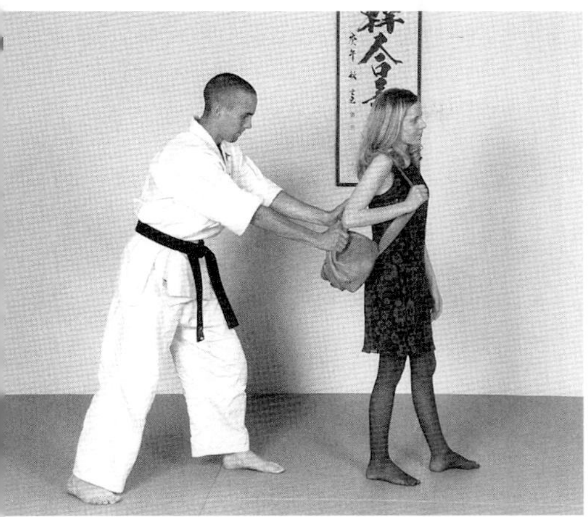

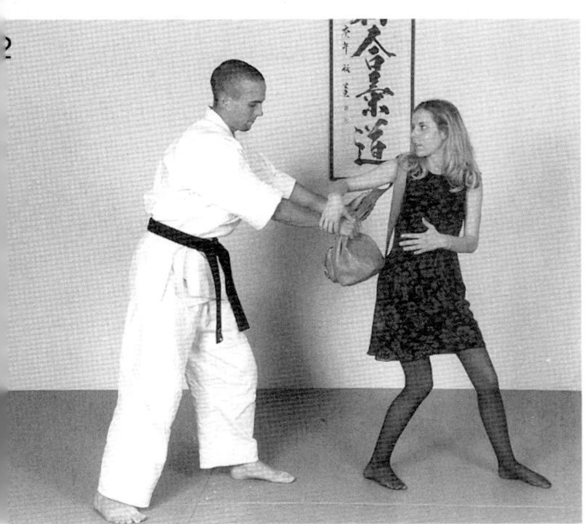

1. Der Angreifer ergreift von hinten deine über deiner Schulter hängende Handtasche.
2. Dreh dich sofort nach rechts um und ergreife (mit oben liegendem Daumen) mit deiner rechten Hand die rechte Hand des Angreifers.
3. Dreh dich auf beiden Füßen im Uhrzeigersinn, um dem Angreifer direkt gegenüber zu stehen. Mit dieser Drehung in Kombination mit einem Daumengriff drehst du den rechten Arm des Angreifers im Uhrzeigersinn. Biege das Handgelenk über deinen Griff hinweg.
4. Führ einen Vorwärtstritt zur Körpermitte des Gegners aus.

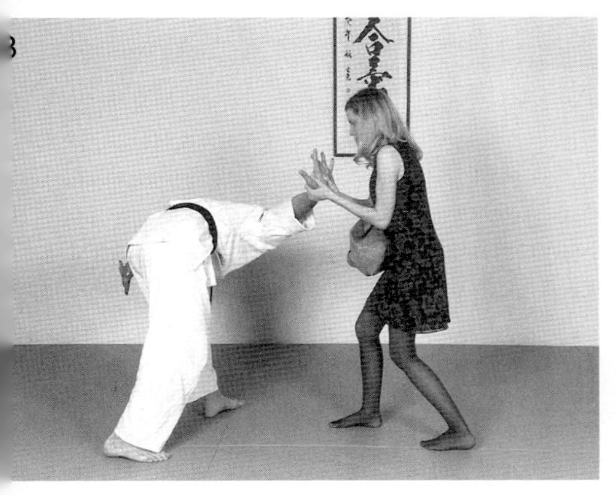

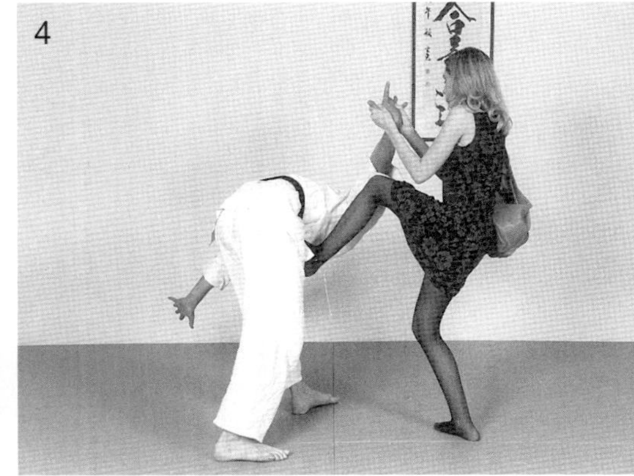

4

Technik 2

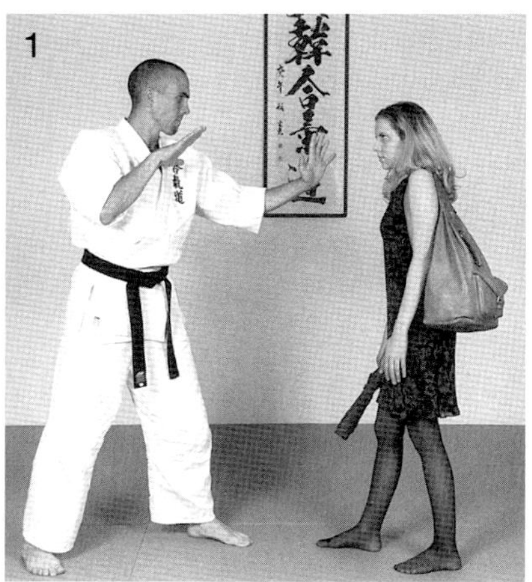

1

1. Der Angreifer versucht, dich mit beiden Händen zu packen. Du hältst einen Regenschirm in deiner rechten Hand.
2. Ergreife die ausgestreckte linke Hand des Angreifers mit einem Kranichblock. Führe deine linke Hand zu deiner linken Schulter hoch. Schlag dem Angreifer gegen die rechte Seite seines Kopfs, indem du seinem rechten Arm mit dem Schwung deines Schirms folgst.
3. Führe deinen Schirm zunächst unter dem rechten Arm des Angreifers hindurch und anschließend wieder darüber hinweg, so dass er sich parallel zum Boden quer über dem Handgelenk des Angreifers befindet.
4. Löse den Griff deiner linken Hand, um das andere Ende des Schirms zu ergreifen und klemm das Handgelenk des Angreifers in dem von dir geschaffenen Dreieck ein. Übe mit dem Schirm einen nach unten gerichteten Druck aus, während du mit deinen Händen solange nach vorn und nach unten drückst, bis sich der Angreifer am Boden befindet.

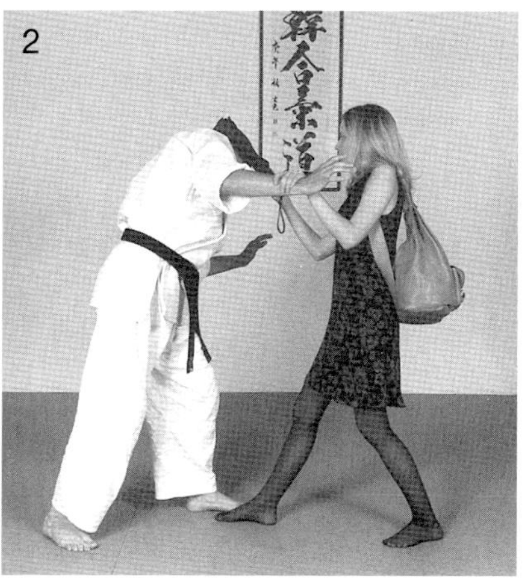

2

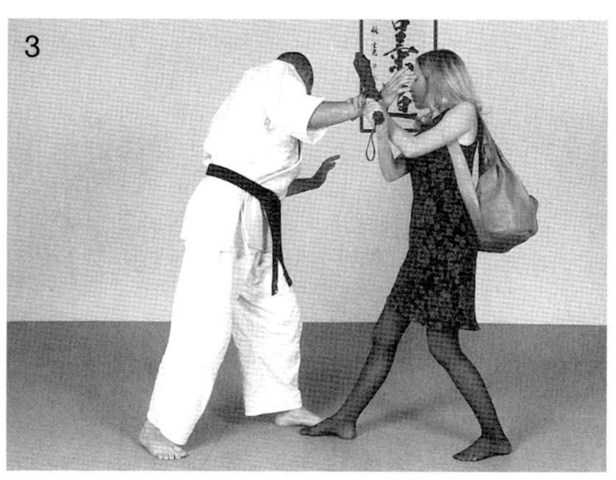

3

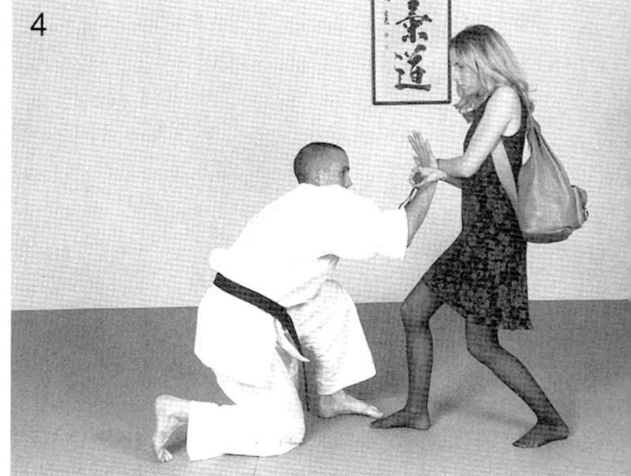

4

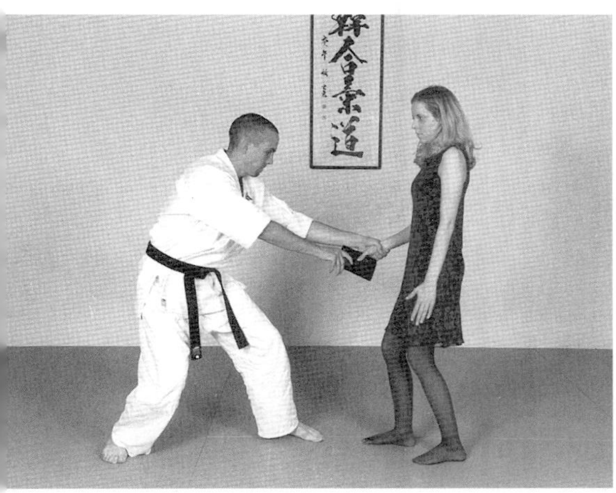

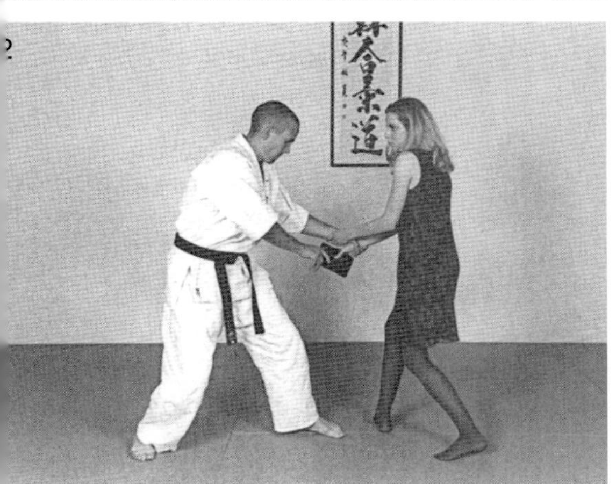

Technik 3

1. Du hältst deine Brieftasche in der rechten Hand. Der Angreifer packt dein rechtes Handgelenk mit der linken Hand und versucht dann, dir die Brieftasche mit der rechten Hand zu entreißen.
2. Packe sein linkes Handgelenk mit deiner linken Hand (mit oben liegendem Daumen). Geh mit dem rechten Fuß seitlich nach rechts sowie nach vorn.
3. Geh mit dem linken Fuß voran und hebe den Arm des Angreifers mit einer kreisenden Bewegung vor dir in die Höhe.

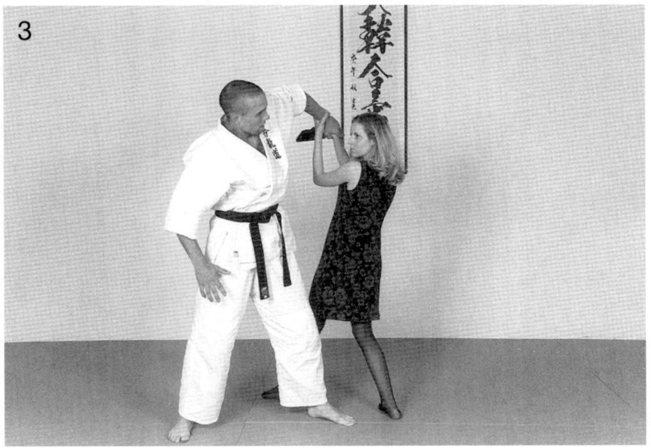

4. Zieh deine rechte Hand zurück und lege sie an den Ellenbogen des Angreifers. Übe Druck auf seinen Ellenbogen aus, bis er sich am Boden befindet. Zieh mit deiner linken Hand in die entgegengesetzte Richtung.
5. Dreh dich auf beiden Füßen im Uhrzeigersinn und führe den Arm des Angreifers über deinen Kopf, während du seinen Ellenbogen gestreckt hältst.

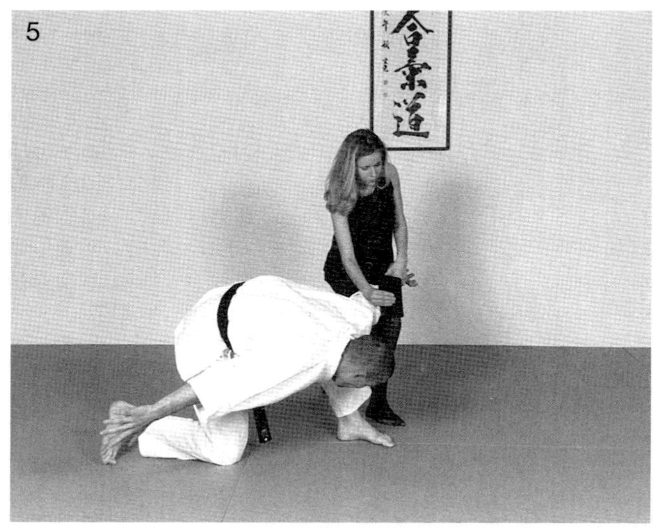
5

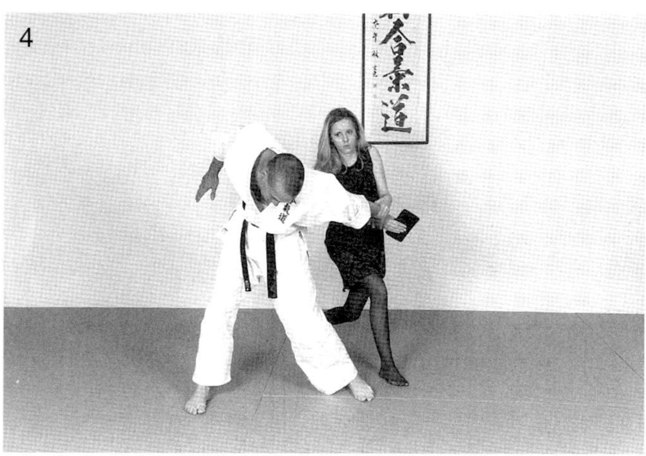
4

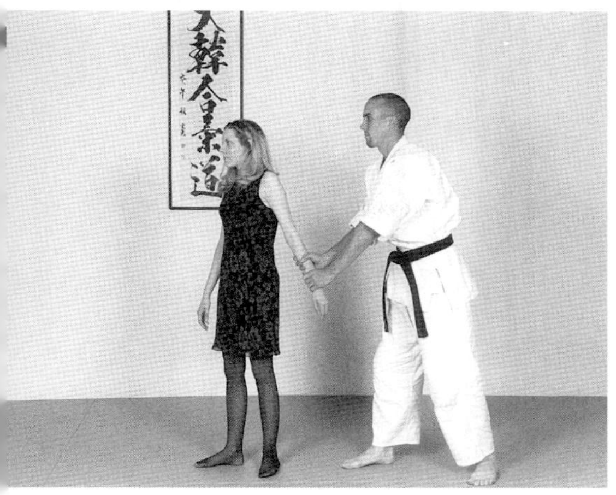

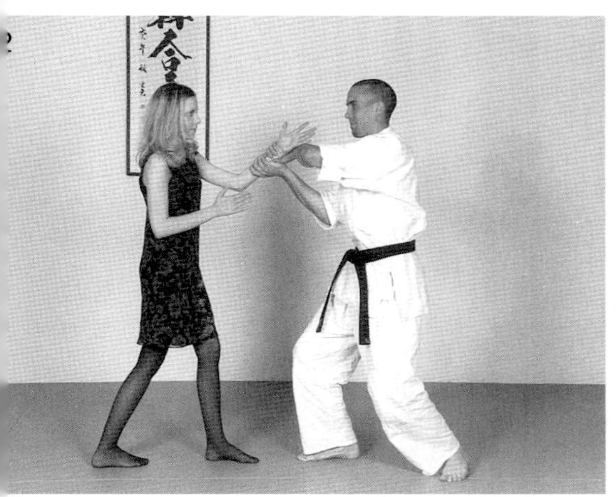

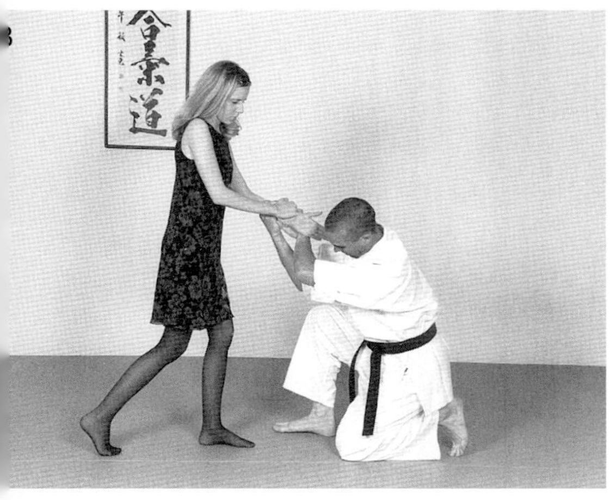

Technik 4

1. Der Angreifer nähert sich dir von hinten. Er ergreift dein linkes Handgelenk mit beiden Händen.

2. Geh mit dem linken Fuß rückwärts auf den Angreifer zu. Dreh dich schnell um und beuge dabei deinen linken Ellenbogen. Achte darauf, dass deine linke Hand geöffnet ist und sich über dem linken Handgelenk des Angreifers befindet.

3. Lege deine rechte Hand (die Finger befinden sich oben) auf die Finger der linken Hand des Angreifers, um zu verhindern, dass er seinen Griff an deinem Handgelenk löst. Üb langsam einen nach vorn sowie nach unten gerichteten Druck auf das linke Handgelenk des Angreifers aus, indem du deinen linken Arm ausstreckst. Unterstütze diese Aktion dadurch, dass du dich nach vorn lehnst.

3 87892 - 020 2 **Das Judo-Brevier**
Der bewährte Leitfaden für Technik und Prüfung, 114 Abb.

000 8 **1 x 1 des Judo**
Die Grundlagen wirksamen Judotrainings, 101 Abb.

001 6 **Die Judo-Wurftechnik**
Die exakte Beschreibung aller wichtigen Würfe, 209 Abb.

002 4 **Die Judo-Bodentechnik**
Das Fachbuch für Halte-, Hebel- und Würgetechniken, 165 Abb.

003 2 **Kombinationen und Kontertechnik**
Erfolgreiche Techniken für Kampf und Prüfung, 110 Abb.

011 3 **Kinder-Judo**
Das fröhliche Lehrbuch für kleine Judoka, 72 Abb

013 X **Koshiki-no-Kata**
Die ritterliche Verteidigungstechnik, 154 Abb.

3 87892 - 005 9 **Nage-no-Kata**
Die 15 Grundwürfe des Judo, 96 Abb.

006 7 **Katame-no-Kata**
Die 15 grundlegenden Bodentechniken, 70 Abb.

007 5 **Kime-no-Kata**
Die klassische japanische Selbstverteidigung, 140 Abb.

008 3 **Gonosen-no-Kata**
Die dynamischen Gegenwürfe des Judo, 58 Abb.

009 1 **Itsutsu-no-Kata**
Die Darstellung 5 traditioneller Judo-Elemente, 32 Abb.

010 5 **Ju-no-Kata**
Demonstration des „Siegens durch Nachgeben", 152 Abb.

012 1 **Goshin-Jitsu-no-Kata**
Die moderne japanische Selbstverteidigung, 118 Abb.

---

026 1 **Kraft-Training**
Ratschläge für Fitness + Leistungssport, 165 Abb.

021 0 **Karate ... mit bloßen Händen**
Die Grundlagen wirksamer Kampftechnik, 141 Abb.

044 X **Das Kampfsport-Lexikon**
Die Kampfkünste der Welt von A-Z, 51 Abb.

023 7 **Boxen ... Fechten mit der Faust**
Das bewährte Lehrbuch über den Faustkampf, 80 Abb.

059 8 **Das Taekwondo Brevier**
Der Leitfaden für Technik und Prüfung, 225 Abb.

028 8 **Taekwondo**
Kompaktlehrgang der koreanischen Kampfkunst, 104 Abb.

049 0 **Die 12 Taekwondo-Hyongs**
Präzisionsübungen für Fortgeschrittene, 436 Abb.

071 7 **Ein-Schritt-Kampf (Ilbo-Taeryon)**
Ausweichen · Abwehren · Kontern, 213 Abb.

076 8 **Allkampf-Jitsu**
Die vielseitige Selbstverteidigung, 235 Abb.

055 5 **Shuriken**
Sicherer Umgang mit Wurfsternen, 103 Abb.

029 6 **Ringen**
Freistiltechnik für Anfänger + Fortgeschrittene, 105 Abb.

024 5 **Sambo**
Der kraftvolle russische Kampfsport, 217 Abb.

022 9 **Aikido-Fibel**
Die Grundlagen des Aikido, 72 Abb.

045 8 **Das Aikido-Brevier**
Leitfaden für Technik und Prüfung, 140 Abb.

069 5 **Bokken**
Das Holzschwert der Samurai, 149 Abb.

041 5 **Die Kunst des Florettfechtens**
Das Fechtbuch für Anfänger + Fortgeschrittene, 266 Abb.

050 4 **Lehrbuch des Bogensports**
Vom ersten Schuß bis zur perfekten Technik, 132 Abb.

036 9 **Kyudo**
Die Kunst des japanischen Bogenschießens, 231 Abb.

053 9 **Armbrustschießen**
Das Standardwerk für Sport & Hobby, 95 Abb.

039 3 **Sport für Anfänger**
Strategien für etwas mehr Bewegung, 60 Abb.

075 X **Tai Chi Chuan**
Fitness für Körper & Seele, 619 Abb.

038 5 **Gymnastik**
Zweckmäßige Körperschule, die Spaß macht, 221 Abb.

047 4 **Fußball-Lehrbuch**
Mit vielen Spielübungen für die Praxis, 246 Abb.

056 3 **Sportliches Messerwerfen**
Über den sicheren Umgang mit Wurfmessern, 48 Abb.

063 6 **Arnis · Escrima · Kali**
Das Lehrbuch für den Stockkampf, mit 198 Abb.

067 9 **Pencak Silat**
Die alte indonesische Kampfkunst, 399 Abb.

065 2 **Tauch-Theorie**
Das Komplettwissen für den Tauchsport, 139 Abb.

070 9 **Das Wassersport Lexikon**
Die ganze Welt des Wassersports, 172 Abb.

079 2 **Tonfa**
... vom Kobudo zur modernen Waffe, 220 Abb.

091 1 **Schwertkampf**
vom Mittelalter zur Moderne, 238 Abb.

093 8 **Savate**
Französisches Boxen · Selbstverteidigung · Stockkampf, 406 Abb.

030 X **Das Ju-Jutsu Brevier**
Der Leitfaden für Selbstverteidigungssportler, 94 Abb.

004 0 **Selbstverteidigung**
Wirksame Verteidigungstechnik für den Ernstfall, 260 Abb.

074 1 **Krav Maga**
Abwehr bewaffneter Angriffe, 522 Abb.

031 8 **Chronik alter Kamptkünste**
Kampftechniken aus 3 Jahrhunderten, 369 Stiche

051 2 **Thai-Boxen**
Der dynamische asiatische Vollkontaktsport, 215 Abb.

073 3 **Kick Boxen**
Fitness · Kampfsport · Selbstverteidigung, 255 Abb.

027 X **Die 12 Karate-Kata**
Die wichtigsten Shotokan- und Wado-Ryu-Kata, 491 Abb.

033 4 **Sai**
Die Verteidigungstechnik mit der Waffe, 114 Abb.

072 5 **BO**
Kampf mit dem Langstock, 366 Abb.

032 6 **Kung-Fu**
Die Technik des chinesischen Boxens, 144 Abb.

040 7 **Sumo**
Der gewichtige japanische Ringkampf, 49 Abb.

042 3 **Spiele für Sport + Freizeit**
Ideen für alle, die gerne Spiele machen, 82 Abb.

035 0 **Iai-Do**
Blitzschnell die Waffe ziehen und treffen, 192 Abb.

025 3 **Das ist Kendo**
Eine Einführung in das japanische Fechten, 98 Abb.

037 7 **Kendo**
Lehrbuch des japanischen Schwertkampfes, 700 Abb.

068 7 **Capoeira**
Kampfkunst und Tanz aus Brasilien, 243 Abb.

034 2 **Yoga**
Die Kunst der Entspannung und Gelassenheit, 368 Abb.

061 X **SNOOKER**
Billard „made in England", 106 Abb.

048 2 **DARTS**
Konzentration + Präzision im Pfeilwurfspiel, 71 Abb.

052 0 **60 Spiele auf dem London-Board**
Die umfangreiche Spielesammlung für Darter, 22 Abb.

064 4 **Electronic Dart**
Das sportliche Spielvergnügen, 31 Abb.

078 4 **Boule - Pétanque**
Die Faszination der Eisenkugeln, 36 Abb.

054 7 **American Football**
Vom Kick-off zum Touchdown, 123 Abb.

057 1 **Baseball**
Vom Hit zum Homerun, 82 Abb.

060 1 **Rugby**
Kampf in Gasse und Gedränge, 90 Abb.

077 6 **Beachsport**
Sand · Fun · Action, 60 Abb.

062 8 **Das Ballsport Lexikon**
Die Ball- und Kugelspiele der Welt, 225 Abb.

066 0 **Das Wintersport Lexikon**
Sport & Spiel auf Eis und Schnee, 118 Abb.

090 3 **Wing Chun**
Für Anfänger und Fortgeschrittene, 186 Abb.

092 X **Brazilian Jujitsu**
Die überlegene Kampfkunst, 234 Abb.

---

081 4 **Der lachende Tennisball**
Humorvolle, aber treffende Tennisratschläge, 69 Cartoons

080 6 **Der lachende Ski**
Heiteres über den Skisport und seine Freuden, 52 Cartoons

083 0 **Die lachende Nixe**
Das Schmunzelbuch für alle Wassersportler, 64 Cartoons

082 2 **Das lachende Pferd**
Für Reiter und Pferdefreunde zum Wiehern, 57 Cartoons

084 9 **Der lachende Fußballer**
Viel Spaß um's runde Leder, 56 Cartoons

085 7 **Das lachende Fahrrad**
Schwungvolles über den Radsport, 49 Cartoons

Ausführliche Informationen finden Sie auch im Internet:
www.weinmann-verlag.de

VERLAG WEINMANN
Beckerstraße 7 · 12157 Berlin
Tel.: 030 / 855 48 95 · Fax: 030/ 855 94 64

Wir senden Ihnen gern unser ausführliches bebildertes Verlagsverzeichnis! Schreiben Sie uns oder rufen Sie an: